中国西部开发开放报告 2020：
新时代县域经济高质量发展

毛中根　伍骏骞 等　著

西南财经大学“一流学科建设计划”资助项目

科 学 出 版 社
北 京

内 容 简 介

发展县域经济是推进西部大开发形成新格局的关键。本书聚焦新时代西部地区县域经济高质量发展，首先从“扩权强县”激发县域经济新动能、“区域合作”构建县域协同新平台、“一带一路”带来县域开放新机遇、“西部大开发”形成县域新格局四个方面提出西部县域经济的发展机遇。在此基础上，按照“五大发展理念”的框架，分专题从发展现状、存在问题、案例分析三个方面把脉西部县域经济的发展，最后提出西部地区县域经济的发展路径。

本书可供国家和区域政府相关决策者，发展经济学、区域经济学、农业经济学等相关领域的研究人员，以及关心西部发展的社会公众等参考。

图书在版编目（CIP）数据

中国西部开发开放报告. 2020：新时代县域经济高质量发展 / 毛中根等著. —北京：科学出版社，2020.11

ISBN 978-7-03-066348-1

Ⅰ. ①中… Ⅱ. ①毛… Ⅲ. ①西部经济-区域经济发展-研究-中国 ②县级经济-区域经济发展-研究-中国 Ⅳ. ①F127

中国版本图书馆 CIP 数据核字（2020）第 197329 号

责任编辑：杭 玫 / 责任校对：王晓茜
责任印制：张 伟 / 封面设计：无极书装

科学出版社 出版
北京东黄城根北街 16 号
邮政编码：100717
http://www.sciencep.com
北京建宏印刷有限公司印刷
科学出版社发行 各地新华书店经销
*
2020 年 11 月第 一 版 开本：787 × 1092 1/16
2020 年 11 月第一次印刷 印张：10 1/2
字数：250 000

定价：105.00 元

（如有印装质量问题，我社负责调换）

《中国西部开发开放报告》序

中国西部地区拥有广阔而资源丰富的土地。千年之交，党中央、国务院实施西部大开发战略。二十年来，西部地区在经济建设、政治建设、文化建设、社会建设、生态文明建设等方面取得举世瞩目的成绩。“一带一路”倡议是我国深化向西开放、保障国家安全的重大战略举措，有利于拓展西部大开发的内涵和空间，使西部地区能够化区位劣势为区位优势，建立健全我国向西开放的战略体系。在“一带一路”倡议引领下，中国对外开放格局正由向东面向日、美、欧等经济体开放转向东西双向开放并重，逐步面向中东、中欧和非洲地区开放。中国对外开放格局的变化赋予了西部地区重要的开放内涵，西部地区成为国家的战略建设和开发的“桥头堡”。

党的十八大以来，习近平总书记立足新时代的新形势、新任务和新挑战，做出构建全面对外开放新格局的重大战略部署，赋予新时代西部大开发战略新的含义。2019 年 3 月，习近平总书记主持召开中央全面深化改革委员会第七次会议，会议审议通过《关于新时代推进西部大开发形成新格局的指导意见》（简称《指导意见》），提出总要求：推进西部大开发形成新格局，要围绕抓重点、补短板、强弱项，更加注重抓好大保护，从中华民族长远利益考虑，把生态环境保护放到重要位置，坚持走生态优先、绿色发展的新路子；要更加注重抓好大开放，发挥共建“一带一路”的引领带动作用，加快建设内外通道和区域性枢纽，完善基础设施网络，提高对外开放和外向型经济发展水平；要更加注重推动高质量发展，贯彻落实新发展理念，深化供给侧结构性改革，促进西部地区经济社会发展与人口、资源、环境相协调。《指导意见》是新时代推进西部大开发形成新格局的纲领性文件，指导思想明确、政策支持力度大，要求处理好现实需求与长远发展、开放与开发、保护与发展等关系。2019 年 8 月，国家发展和改革委员会印发《西部陆海新通道总体规划》，明确到 2025 年基本建成西部陆海新通道。加快西部陆海新通道建设，对于充分发挥西部地区连接“一带”和“一路”的纽带作用，深化陆海双向开放，强化措施推进西部大开发形成新格局，推动区域经济高质量发展，具有重大现实意义和深远历史意义。

西南财经大学地处西部、地处四川、地处成都，是西部地区经济和管理学科办学历史悠久、实力雄厚的综合性财经大学。学校坚持以习近平新时代中国特色社会主义思想为指导，按照“扎根中国大地办大学”的重要指示精神和国家西部大开发“十三五”规划提出的形成区域协调协同发展新格局的要求，将扎根西部地区、服务西部发展作为“双一流”建设的重大战略。2018 年 12 月，中国共产党西南财经大学第十三次代表大会提出加快建设国际知名财经特色鲜明高水平研究型大学，强调要把西南财经大学的发展与党和国家的需求、与行业和区域发展的需要更加紧密地联系在一起，继续打好“西部牌”，形成更加鲜明的人才培养特色、学科发展特色和学校办学特色。西南财经大学通过深化决策咨询、资政建言、重大课题研究、舆论引导及高端人才培养等方式积极服务于西部大开发战略。2018 年 5 月，西南财经大学与四川省实施西部大开发领导小组办公室签订战略合作协议，学校充分发挥学科人才优势，为推进新时代西部大开发大开放建言献策。2018 年 9 月，纳入第十七届中国西部国际博览会总体方案，由西南财经大学与四川省博览事务局共同主办，中国西部经济研究中心承办的西部大开发大开放研讨会在成都顺利召开，这是西南财经大学不断创新“政产学研”深度合作体制机制的体现。

国家西部大开发战略开启之年，西南财经大学及时设立中国西部经济研究中心。自成立以来，在学校党委的坚强领导下，在全体师生的共同努力下，中国西部经济研究中心紧紧围绕国家西部大开发战略，产出了一批密切关注西部发展重大战略问题的科研成果、咨询报告和政策建议，受到各级党委和政府的重视。2018 年 12 月，中国西部经济研究中心入选中国智库索引（Chinese Think Tank Index，CTTI）。

2019 年是中华人民共和国成立 70 周年，也是西部大开发战略实施 20 年。中国西部经济研究中心整合校内外优势资源开启《中国西部开发开放报告》（年度报告）撰写工作，拟就西部大开发大开放中乡村振兴、县域经济发展、生态文明建设等热点问题形成年度专题报告。这是在新时代西部大开发背景下，中国西部经济研究中心着力打造的献礼西部大开发的品牌性科研成果。

希望中国西部经济研究中心继续积极瞄准国家区域和行业重大战略需求，主动对接国家新一轮西部大开发战略，加快形成高质量的研究成果，积极推进研究成果的实践转化，打造“聚焦西部问题研究、提升西财话语权”品牌，支撑学校“双一流”建设，为西部大开发战略实施注入强大智力支持。

党委书记 赵德武 教授

西南财经大学

校　长 卓志 教授

2019 年 7 月于成都

目　录

总论　以新发展理念振兴西部地区县域经济

“郡县治，天下安”。2015 年，习近平总书记在会见全国优秀县委书记时提出：“在我们党的组织结构和国家政权结构中，县一级处在承上启下的关键环节，是发展经济、保障民生、维护稳定的重要基础，也是干部干事创业、锻炼成长的基本功训练基地。”[①]在中国，各县拥有决定使用土地的权利并逐步形成了规范的税收分成制的“县制度”，这种制度通过县级地方政府和上级政府对经济租的分成对县级地方政府形成巨大的激励，被认为是破解中国改革开放后经济高速发展奇迹的密码。县域经济发展是中国经济发展的重要内容。县域既是一个地理属性的区域，也是一个经济区域的划分。县域经济是以县级行政区划为边界的区域经济，在中国是一个具有长远历史的区域经济范畴，作为我国最基本、最重要的经济类型之一，量多面广，覆盖面大。县域经济是中国经济发展的重要内容，县域经济的总量增长和结构优化都将深入影响中国经济的走势。发展壮大县域经济是一个关系国家命运和前途的重大战略。作为国民经济的基石，县域经济既是宏观经济平稳运行的“稳定器”，也是推进新型城镇化和乡村振兴的重要抓手，是推动高质量发展的重要空间载体，战略意义十分重大。

改革开放以来，中国县域经济经历了快速发展的 40 年：20 世纪 80 年代，以乡镇企业兴起为主要特征的中国乡村工业化进程极大地激发了县域经济发展的活力，弥补了农民由于劳动力流动限制而造成的社会福利损失，但是乡镇企业缩小城乡收入差距的年度作用递减，城乡间的产品流动对于生产要素流动不充分的补偿作用可能已经发挥到了极致，并且位于农村的工业企业缺乏城市工业的规模经济与集聚效应（钟宁桦，2011）。但是不可否认，乡镇企业的发展对县域经济发展起到了重要作用。20 世纪 90 年代中后期以来，以园区工业为主的县域块状经济促进了经济强县的迅速壮大，县域产业发展逐步从分散式布局向专业化产业集群转变（李泉，2019）。集群式的工业化发展模式促进了长三角、珠三角等地区县域经济的快速发展。产业集群大多在农村和小城镇兴起，为农村贫困人口提供了最容易、最方便的就业机会和脱贫机会。集群式发展模式也是一种真正实现包容性发展的制度创新，对世界农村贫困人口的减少发挥了实质性的作用（阮建青，2009）。21 世纪以来，随着新型城镇化和新型工业化的互促共进，发达地区的县域经济发展逐步融入都市圈或城市群并演变为区域网状经济（李泉，2019）。各地县域

---

① 新华网. 习近平会见全国优秀县委书记. http://cpc.people.com.cn/n/2015/0630/c64094-27232673.html，2015-06-30.

经济发展也走向特色化和专业化，充分挖掘自身的比较优势，形成了各具特色的县域经济发展模式，培育出一批工业强县、农业强县、服务业强县、生态强县和信息化强县，并且通过培育特色小镇、特色村落，为推动县域经济高质量发展提供持续动力。

西部地区是我国发展的巨大战略回旋余地，也是全面建成小康社会、实现现代化的重点难点[①]。2020 年 5 月，《中共中央 国务院关于新时代推进西部大开发形成新格局的指导意见》强调“强化举措推进西部大开发形成新格局，是党中央、国务院从全局出发，顺应中国特色社会主义进入新时代、区域协调发展进入新阶段的新要求，统筹国内国际两个大局作出的重大决策部署”，并提出“到 2035 年，西部地区基本实现社会主义现代化，基本公共服务、基础设施通达程度、人民生活水平与东部地区大体相当，努力实现不同类型地区互补发展、东西双向开放协同并进、民族边疆地区繁荣安全稳固、人与自然和谐共生”。然而，西部地区发展不平衡、不充分问题仍然存在，西部地区与东部地区发展的差距仍然明显。县域作为相对完整的基本空间单元及省域经济增长的基础层次，在经济行为的组织运行上具有省域无法替代的特色，表现出其特有的行为机制和运行规律。县域经济不断发展壮大，成为西部经济高质量发展的重要支撑，对于夯实区域经济底部基础，推动西部大开发大开放具有重大意义。

2018 年底全国共有县级行政区 2 851 个（香港特别行政区、澳门特别行政区和台湾地区除外），包括市辖区、县级市、县、自治县，以及旗、自治旗、矿区、林区、特区等。其中，市辖区 970 个，县级市 375 个，县 1 335 个，自治县 117 个（表 0-1），县级市、县和自治县一共占县级行政区总数的 64%。其中西部地区有县级行政区 1 090 个，占全国县级行政区总数的 38%，在东、中、西、东北四大区域中占比最高，其中县数量占全国县数量的 45%，自治县数量占全国自治县数量的 68%（图 0-1）。

表 0-1 全国县级行政区总数（2018 年底） 单位：个

区域	县级行政区	市辖区	县级市	县	自治县
东北	288	145	56	75	12
中部	705	222	92	381	9
东部	768	345	126	281	16
西部	1 090	258	101	598	80
总计	2 851	970	375	1 335	117

从经济发展来看，以 2018 年《中国县域统计年鉴》[②]标准测算，西部县域地区生产总值占全国县域地区生产总值的 24%，高于中部和东北地区（图 0-2）。西部县域地区生产总值排名第一位的是陕西省神木市（县级市），其是中国最大的煤炭生产县（市），探明储量 560 多亿吨[③]。2017 年，神木市地区生产总值达到 1 116 亿元。西部地区排名前

① 引自 2018 年 8 月 21 日李克强总理在国务院西部地区开发领导小组会议上的发言。

② 本章如果没有特别说明，县级数据均来自《中国县域统计年鉴》。2018 年《中国县域统计年鉴》包含 2 054 个县级行政区，占所有县级行政区的 72%，具有较强的代表性。2018 年《中国县域统计年鉴》中数据截至 2017 年末。

③ 详见神木市基本概况，http://www.sxsm.gov.cn/info/iList.jsp?cat_id=10237。

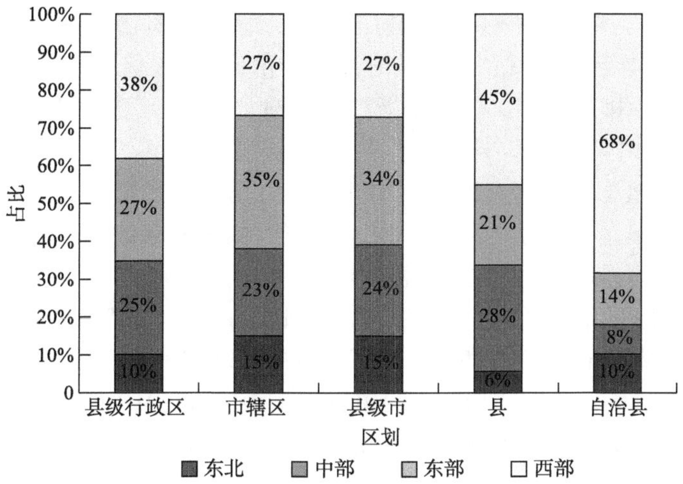

图 0-1　各区域县级行政区数量占比

10 位的县级行政区的地区生产总值占西部 1 090 个县级行政区的地区生产总值的 9%，即 1%的县级行政区创造了 9%的县域地区生产总值。2019 年，赛迪顾问县域经济研究中心编制的《2019 中国县域经济百强研究》公布的 2019 百强县榜单显示，百强县以不到全国 2%的土地、7%的人口，创造了 25%的县域地区生产总值，10%的全国 GDP（国内生产总值）；其中，西部地区占 7 席。西部县域地区生产总值超过 100 亿元的县级行政区有 338 个，超过 200 亿元的县级行政区有 131 个。

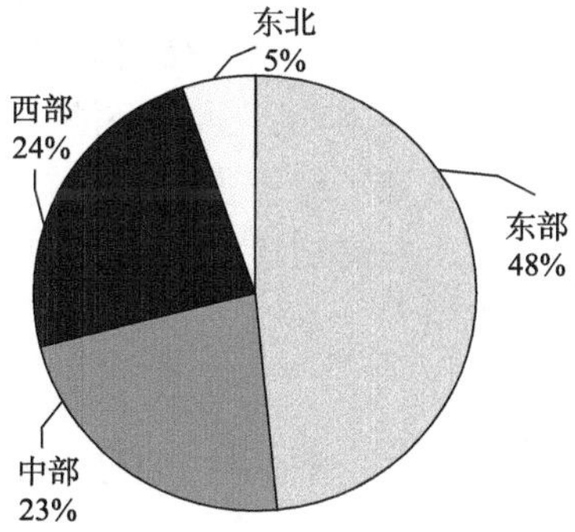

图 0-2　各区域县域地区生产总值占全国县域地区生产总值比重

在产业方面，西部县域的特色产业发展对中国经济发展具有重要意义。中华人民共和国成立以来，西部地区形成了诸多独具特色并且在全国占据重要地位的产业。2017 年，新疆维吾尔自治区阿拉尔市的棉花产量达到 33.4 万吨，位居全国县级单位产量之首，比排在第二的阿克苏地区沙雅县产量多 9 万吨。2019 年，新疆“库尔勒香梨”品牌荣获“中国果品区域公用品牌价值”第二名的殊荣，品牌价值突破 100 亿元，仅次于山东“烟台苹果”。库尔勒地级市是库尔勒香梨的主要产地，其种植面积 2.87 万公顷，结果面积 2.24

万公顷，年产果 46 万吨，香梨总产值 11.5 亿元。云南省勐海县是中国最大的普洱茶生产县，年产量达 2.67 万吨，其“普洱茶”品牌价值高达 66 亿元，在“2019 中国茶叶区域公用品牌价值”中排名第二，仅次于浙江“西湖龙井”。重庆市涪陵区是“涪陵榨菜”的原产地，被誉为中国榨菜生产第一县，年产值突破百亿元，荣获“2017 中国百强农产品区域公用品牌价值”第二名。四川省邛崃市有着西南地区最大的民族用品生产基地，四川省邛崃市冉义镇是一个中国西部小镇，是中国藏区大多数哈达的来源地。贵州省仁怀市的经济总量一直雄踞贵州省县域经济榜首，是西部百强县（市），其中白酒产量占全省的 80%，下辖茅台镇更是全球闻名。宁夏回族自治区灵武市的煤炭资源在宁夏首屈一指，为东北三省煤炭储量的总和，是国家 13 亿吨级煤炭生产基地之一，是少数入选中国工业百强县（市）的西部县（市）。四川省西昌市获评 2019 年度全国综合实力百强县市，其水能资源富集，位居全国前列，是国家最大的“西电东送”战略基地，多个大中型水电站在建，基建充足。

进入新时代，习近平总书记在党的十八届五中全会上提出创新、协调、绿色、开放、共享“五大发展理念”。县域经济的创新发展要解放思想、创新观念，推进经济从高速增长向高质量增长转变，从要素驱动向创新驱动转变；县域经济的协调发展要准确把握国家战略全局发展，推进区域、城乡、产业的协调发展，着力解决西部县域经济发展的不平衡、不充分问题；县域经济的绿色发展要明确经济发展不能以牺牲自然资源环境生态为代价，以生态为本底，突出保障国家生态安全、形成生态保护屏障、保障生物多样性等重要任务；县域经济的开放发展要主动融入世界经济分工，主动对接区域发展战略总体布局，既要“引进来”，也要“走出去”；县域经济的共享发展要明确是“以人为本”的经济发展，要“坚持在发展中保障和改善民生”，顺应人民期待，尊重人民意愿，充分调动人民积极性、主动性、创造性，不断增强群众的发展参与度、获得感和幸福感。

因此，需要以“五大发展理念”振兴西部县域经济。从根本上改变原有的经济增长方式和发展思路，积极探索西部县域地区经济发展的新内核，培育经济发展新牵引，强化产业新支撑，补齐发展“短板”，主动适应经济发展新常态，提升西部地区对外开放水平，努力开创西部县域经济的新局面。

第一节　科学内涵

一、创新发展：西部县域经济动能和结构转换

创新是推动一个国家和民族向前发展的重要力量，也是推动整个人类社会向前发展的重要力量。创新驱动发展战略是“中央在新的发展阶段确立的立足全局、面向全球、聚焦关键、带动整体的国家重大发展战略”。习近平总书记在党的十八届五中全会上提出的创新、协调、绿色、开放、共享“五大发展理念”，把创新提到首要位置，指明了我国发展的方向和要求，代表了当今世界的发展潮流。创新发展居于国家发展全局的核心位置，体现了对国家民族发展根本的深刻体认，这在我国几千年的治国理政思想史上是第一次，在我们党的历史上是第一次，在社会主义发展史上是第一次；放眼当今世界，

把创新放在国家发展如此极端重要的位置,放在制定未来五年发展规划理念的首要位置,也是极少见的。依靠创新发展成为密切对接协调发展、绿色发展、开放发展和共享发展的重要内容。创新发展是实现区域协调、产业协调、城乡协调发展，经济和社会、物质文明和精神文明、经济建设和环境保护协调发展，解决发展不平衡的原动力；创新发展是推进绿色发展，解决人与自然和谐发展问题，实现低碳、粗放产业向高新技术产业转型的基本路径；是对接“一带一路”和长江经济带，解决内外联动问题，推进“引进来”和“走出去”战略，着力实现向西开放发展的重要基础；是实现与民共享、精准扶贫，缩小城乡差距，解决社会公平正义问题，实现经济包容性增长的根本保障。

“创新驱动”也将是未来经济发展的两大重要特征（洪银兴，2014）。在全球化时代，国际竞争与合作的大背景下，我们在市场经济中必须推崇公平竞争和竞争中潜力、活力的释放（贾康，2015）。过去30多年我国走的是高投入、高消耗、高污染、低产出的经济发展路子，目前依靠要素驱动和投资驱动的经济高速增长模式已难以为继（洪银兴，2014）。随着要素投入进入边际报酬递减区间，初级生产要素对经济增长的拉动效应将加速减弱（林毅夫，2015）。因此，我国必须转向创新驱动发展战略，研发并采用绿色技术，节能减排，实现可持续发展；创新战略性新兴产业，提高附加值，增强国家整体竞争力。创新驱动突出的是将科学新发现转化为新技术，这需要产学研协同创新，需要企业真正成为创新主体（洪银兴，2014）。

创新发展对西部县域经济高质量发展具有重要的意义。实施创新驱动发展战略，基础在县域，活力在县域，难点也在县域。新形势下，支持县域开展以科技创新为核心的全面创新，发挥科技创新在县域供给侧结构性改革中的支撑引领作用，打造发展新引擎，培育发展新动能，实现县域经济社会协调发展，对于建设创新型国家乃至全面建成小康社会意义重大。在创新驱动发展战略推进过程中，县域也是不可或缺的重要一环。集中力量打通县域创新“毛细血管”，向区域创新体系“末梢”发力，破解创新的“最后一公里”难题，能够为基层带来活力，为发展注入动能，为我国真正跻身创新型国家前列提供有力支撑（陈芳和姜辰蓉，2017）。

二、协调发展：西部县域城乡融合发展

县域经济既是一个区域经济系统，也是一个开放的系统。它通过人力流、资金流、物质流、信息流等要素流动与外界广泛交流。县域之间存在着差异与梯度，不同地区有不同的发展条件和不同的比较优势，不同县域间的优势互补和经济交流，是县域经济发展的基础（李小三和徐鸣，2000）。协调城乡关系和促进区域发展一体化是县域经济崛起的重要途径（李泉，2019）。县域既是乡村振兴的依托，也是缓解“大城市病”、实现城乡协调发展的重要区域（宋迎昌，2020）。

因此，县域经济发展要准确把握国家战略全局发展，将县域经济发展融入战略全局发展的一部分。充分修正地方政府的“功利化”思想和最大化本地经济增长的政治逻辑，从经济整体发展的互补性与协调作用出发，制定全局的发展政策，实现产业、城乡、区域的协调发展。具体而言，第一，工农一体发展。工农一体发展要强调市场化的介入和

产业链的合作延长，以实现生产效率和组织效率。突破“城市搞工业、农村搞农业”的旧格局，引导城市非农产业和资本进入农村地区，使农民和农村地区能够分享工业化和城市化的巨大收益。这种城乡产业的迁移与调整应顺应产业组织演进和产业分工的新趋势，进行产业链层面的分工与重新布局，在城乡之间建立起一体化的产业体系，并最终形成我国产业体系与产业组织体系、城镇等级体系三者协调发展的局面（成德宁，2011）。要促进农业、工业与现代服务业实现产业耦合，使三大产业真正实现一体化合作共赢的发展状态。第二，城乡统筹发展。城乡统筹发展强调以政府行为为主导，打破户籍壁垒，实现社会保障均等化和一体化。加强和改善政府对农业农村发展的调控和引导，就需要基于农业市场化取向，改革农村基本经营制度和农业支持保护体系；以政府为主体，构建城乡一体化的基本公共服务体系，创新农村社会管理体制；重构政府行政管理体制（郁建兴和高翔，2009）。第三，区域联动发展。区域联动发展强调缩短经济距离，打破经济分割。从历史经验来看，人类发展从未离开人类社会与“距离专制”的斗争（库姆斯，2011）。经济距离的缩短，为原来位于区位劣势的地区提供了脱贫致富的途径。贫困地区因为基础设施落后和制度障碍而产生了经济距离，因此需要加大基础设施建设（如改善乡道、县道的条件），消除不同县区间的市场壁垒、贸易壁垒、行政壁垒。各地方政府需要立足全局发展，制定合理的、兼顾效率的、公平的产业发展政策，让贫困区域也能够分享经济集聚带来的福利。合理引导产业布局，建立由单一的转移支付向兼顾产业平衡的福利补偿手段，从根本上扭转市场最优与社会最优偏差带来的福利不公平（吴福象和蔡悦，2014）。通过城市化打破户籍制度，实现社会保障均等化和一体化；通过信息化给予贫困人口更多的就业机会，鼓励贫困人口多渠道、多形式就业，加强区域经济之间的互动，促进经济要素的自由流动，建立一体化的商品市场和就业市场。

三、绿色发展：西部县域生态文明建设

十九大报告提出“坚持人与自然和谐共生”，这就需要立足资源禀赋条件，明确经济发展不能以牺牲自然资源环境生态为代价，以生态为本底，突出保障国家生态安全、保障粮食安全等重要任务。牢固树立“保护生态环境就是保护生产力”和“绿水青山就是金山银山”的理念，把发展建立在生态安全的基础上，严守生态安全底线、红线，探索资源环境友好的经济发展方式。

西部地区是国家的“屋顶”和“水塔”，是重要的生态安全屏障。西部大开发战略实施以来，西部地区的重点生态地区生态修复治理加快，退耕还林还草、退牧还草、天然林保护等一批重点生态工程稳步推进（宣晓伟，2019）。西部地区有国家重要的生态安全屏障和战略资源储备基地，其发展必将在最严格的生态环境保护背景下，探索兼具比较优势和实现资源环境友好的发展战略。因此，西部地区在经济发展过程中，更需要尊重自然资源禀赋，克服资源禀赋约束，合理利用资源禀赋。未来县域经济发展应旗帜鲜明地坚持主体功能区规划的分类施策思路，这是一个前置条件。在县域内部空间上，应结合新型城镇化的推进，优化县市全域生产、生活和生态空间（罗黎平，2015）。实践中，各级政府十分重视西部地区生态文明建设，西部地区纳入重点生态功能区转移支

付范围的县（市、区、旗）占全国的 62%。2018 年中央财政下达重点生态功能区转移支付 721 亿元，比上年增加 94 亿元，增幅达 15%（王斌来，2019）。例如，2019 年四川省政府工作报告明确强调培育一批县域经济强县和生态示范标杆县，将经济强县与生态示范标杆县放到同等重要位置。

四、开放发展：西部县域开放合作

开放发展是“五大发展理念”的重要内容，与创新、协调、绿色、共享发展密不可分。开放发展是内外发展的新态度、新理念。构建全方位对外开放格局是县域经济发展的关键保障（李泉，2019）。在县域市场开放方面，外向型经济发展和县域政府职能转变，能为市场的发育成长提供环境保障，能为乘数效应发挥和县域发展潜力的激发、民间资本和民营经济发展拓展提供新的空间（迟梦筠等，2015）。经济全球化重塑世界经济地理，一方面，带来“世界是平的”这一认知，各国模糊其经济边界、打破行政分割，进入世界市场，形成具有规模经济和比较优势的产业生态圈；另一方面，全球化让人类发现“世界是不平的”，各国经济的差异不断扩大，经济发展日益不平衡，贸易争端摩擦不断。幸运的是，经济全球化也带来了人类理念的改革，不平衡的经济发展可以与和谐发展并行不悖。人类将突破国界、种族的界限，共同致力于建设一个更加开放、包容、普惠、平衡、共赢的命运共同体。开放发展的最终目的是实现共建人类命运共同体。

开放发展是县域经济构建开放型经济的要义。县域开放发展目标是提升县域内部和自身的开放发展质量，形成合力，与其他区域发展更高层次的开放型经济。县域开放型经济要求形成功能相互协调的主体功能区分布、区域范围内产业协调发展、产业经济地理优化布局。通过交通等基础设施的不断发展推进互联互通，进一步缩短与国内外各地区的经济距离。通过融入全球经济分工，加强区域合作，打破经济分割，进一步重塑县域产业经济地理，完善产业发展的组织化，推进产业发展的专业化、差异化。

五、共享发展：西部县域民生改善

西部县域经济发展要明确是“以人为本”的经济发展，经济发展是民生福利、社会稳定的重要保障，是精准扶贫、精准脱贫的重要路径，要“坚持在发展中保障和改善民生”，顺应人民期待，尊重人民意愿，充分调动人民积极性、主动性、创造性，不断增强各族群众的发展参与度、获得感和幸福感。另外，经济发展是加强民族团结，巩固祖国边防，维护国家统一，增进中外睦邻友好的重要基础，经济发展要凸显其在巩固平等、团结、互助、和谐的社会主义民族关系中的重要作用。

在开发开放中探寻乡村振兴之路必将是西部大开发战略寻求发展突破、打破体制束缚、从根本上缓解西部地区内部和西部地区与东部地区不平衡不充分态势的必然选择。西部地区是中国重要的“米袋粮仓”、内陆重要的“安全屏障”、流向全球的“人口红利”、农村改革的“试验田”、脱贫攻坚的“主战场”、向西开放的“桥头堡”（毛中根和伍骏骞，2019）。西部地区生产总值仅占全国的 19.90%，但农业增加值占全国的

30.92%，农业增加值所占比例位列四大地区的首位。西部地区农业农村现代化发展亟待实现农业与工业、服务业的融合发展，实现农村与城市的统筹发展。县域经济是以县城为中心、乡镇为纽带、农村为腹地的一种行政区划型区域经济，是“以工补农、以城带乡”的最佳桥梁。农业增加值排名前 10 位的县级行政区中，新疆阿拉尔市（县级市）农业增加值高达 1 132 368 万元，位列全国各县级行政区的第一位（表 0-2）。农业增加值排名前 20 位的县级行政区中，西部地区还有湖南省宁乡市（县级市），排名第 12 位。西部地区自治县排名最高的是贵州省威宁彝族回族苗族自治县，排名第 28 位；县排名最高的是陕西礼泉县，排名第 37 位。另外，牧业增加值排名前 10 位的县级行政区中，西部地区有 3 个，分别是四川省中江县（排名第 3）、四川省简阳市（排名第 4）、云南省宣威市（排名第 8）（表 0-3）。

表 0-2 县域农业增加值排名前 10 位的县级行政区

省（自治区）	市	县（市、区）	农业增加值/万元
新疆维吾尔自治区	自治区直辖	阿拉尔市	1 132 368
江苏省	徐州市	邳州市	950 816
广东省	茂名市	高州市	860 281
山东省	潍坊市	寿光市	816 025
黑龙江省	哈尔滨市	双城区	808 584
江苏省	宿迁市	沭阳县	787 015
黑龙江省	哈尔滨市	五常市	784 039
广东省	湛江市	雷州市	754 295
山东省	青岛市	平度市	721 319
黑龙江省	绥化市	海伦市	715 135

表 0-3 县域牧业增加值排名前 10 位的县级行政区

省	市	县（市、区）	牧业增加值/万元
黑龙江省	哈尔滨市	双城区	684 657
吉林省	四平市	伊通满族自治县	425 619
四川省	德阳市	中江县	401 628
四川省	成都市	简阳市	397 151
黑龙江省	绥化市	肇东市	388 347
吉林省	长春市	德惠市	384 471
山东省	潍坊市	诸城市	381 630
云南省	曲靖市	宣威市	366 568
吉林省	四平市	公主岭市	365 378
湖北省	襄阳市	襄州区	338 991

从脱贫攻坚工作来看，西部地区是贫困人口的主要聚居地，全国 592 个国家级贫困县中有 375 个位于西部地区，全国 14 个连片特困区中有 8 个分布在西部地区；云南、贵

州、陕西、甘肃4省国家级贫困县数量占全国的36%（胡浩等，2015）。脱贫攻坚进入决胜阶段，产业支撑成为实现稳定长效脱贫的关键。然而，西部地区在产业扶贫过程中，仍然存在农业产业与第二、三产业融合度不高，主导产业科学筹划、差异化发展不够等问题。部分地区乡村旅游产业出现粗放式、低端扎堆现象，高附加值、具有品牌效应的农产品仍然较少。据在西部某县的调查，现有的脐橙、竹笋、莼菜、生态牛羊、芭蕉芋猪、林下鸡等有机农特产资源虽具有一定规模，但贫困户在推进特色产业规模化、集约化、市场化方面，发展传统项目多且投入成本高，后续技术服务难度大，总体来看，无法形成“一乡一业”“一村一品”产业格局，贫困群众短时脱贫容易、稳定奔小康难。因此，需要通过县域经济发展实现产业的发展。进一步挖掘、培育以及想方设法做大做强县域的主导产业，争取形成专业化的产业生态圈。加大特色农产品宣传和区域品牌建设，积极动员社会力量，通过“以购代捐”等准公益性活动，解决当地农产品的“卖难”问题。

第二节　发 展 机 遇

一、“扩权强县”激发县域经济新动能

经济集聚将对经济高质量发展产生实质性影响。虽然世界各国往往将地广人稀视为经济发展的有利条件，但是几乎所有发达国家都不同程度地呈现人口、经济的集聚，也正是这种集聚带来了经济的繁荣。从历史经验来看，违背市场规律而一味地寻求将人口从经济集聚的区域转移出去，其代价是十分巨大甚至徒劳的。例如，日本东京曾制订了“首都功能分散计划”，在其后的十年里，东京人口的确下降了，但是却产生了“失去的十年”[①]（陈钊和陆铭，2009）。西部地区在推进县域经济发展过程中，通过发展“首位城市”的核心带头引领作用，不断推进特色产业发展，通过省直管县、区改县、县改市、扩权强县等一系列措施，不断增强县域的经济集聚、产业集聚、人口集聚能力。“扩权强县”政策包括三个层面：一是财政分权层面，省级财政直接管理县级财政，又称为财政“省直管县”或财政扩权；二是经济分权层面，赋予县级政府部分地市级政府的经济管辖权限，又称为“扩权强县”或经济扩权；三是行政分权层面，省级政府在行政、财政和人事等方面直接管理县级政府，又称为行政“省直管县”或行政扩权（贾晋等，2015）。例如，中国共产党四川省第十一届第三次全体会议上的《中共四川省委关于全面推动高质量发展的决定》提出发展壮大县域经济，培育一批工业强县、农业强县、服务业强县、生态强县和信息化强县，强调了县域经济在促进经济高质量发展中的重要作用。2019年四川省政府工作报告中又提出“加快县域经济高质量发展”，并强调了培育一批县域经济强县和生态示范标杆县，再一次突出了发展县域经济的重要意义。从“省直管县”到“扩权强县”，四川省委、省政府一直着力于探索以县为基本单元的经济改革。而这次“扩权强县”是在“一干多支、五区协同”的整体部署背景下提出的，更加

① “失去的十年”指在这十年间，日本经济增长速度跌落到第二次世界大战以来的最低谷。

强调了“扩权强县”并不是“自立山头”，开展“官员晋升的政治锦标赛”，而是充分激发县域经济的活力，发挥县级政府在制定本地化产业政策中的优势，探索各县的差异化、特色化发展。2019年7月，四川召开全省县域经济发展大会，并印发《关于推动县域经济高质量发展的指导意见》，提出“深化扩权强县改革，有序推进符合条件的县撤县设市（区）。按规定适当调整乡镇行政区划，稳妥推进撤乡设镇、乡镇撤并、村居撤并，优化乡镇规模结构”。进一步通过撤乡设镇着力打造西部地区的“小乡大集镇、小县大城关”，推进县域经济的集聚化发展。

二、“区域合作”构建县域协同新平台

一方面，西部地区通过“扩权强县”“省直管县”等措施不断扩大各县域自身竞争力；另一方面，西部地区也在不断强化区域的合作发展，充分修正地方政府的“功利化”思想和最大化本地经济增长的政治逻辑，从区域经济整体发展的互补性与协调作用出发，制定全局的发展政策。县域经济的发展已经逐步从原有的以各省会城市的“首位城市”的集聚式发展模式，逐步向区域平衡发展，鼓励和支持有条件的区域中心城市争创经济副中心的发展模式转变。区域经济的空间形态逐步迎来由“虹吸集聚”向“辐射扩散”发展的拐点。另外，西部地区的发展更加注重对民族地区、深度贫困地区的平衡发展，推出一系列的区域平衡政策。以四川、重庆合作为例。2020年1月3日，中央财经委员会第六次会议提出“大力推动成渝地区双城经济圈建设”。这是继京津冀协同发展、长江经济带发展、粤港澳大湾区建设、长三角一体化发展、黄河流域生态保护和高质量发展确定为国家重大战略之后，成渝地区经济圈建设力争成为重大国家战略的重要契机。成渝地区经济圈建设将带来更深层次的改革、更高水平的平台、更广阔的通道和更密切的合作。第一，更深层次的改革。2011年《成渝经济区区域规划》出台，在城乡统筹、内陆开放等方面开展一系列改革措施，带来了成渝经济区的快速发展。成渝地区双城经济圈建设将成为成渝经济区发展的2.0版本，推动更深层次的改革。第二，更高水平的平台。成渝地区双城经济圈建设将有利于提升成渝地区在世界经济格局中的能级和水平，推进要素集聚，形成合力，充分释放区域改革政策红利。第三，更广阔的通道。成渝地区双城经济圈将借助中欧班列、川藏铁路和西部陆海大通道形成更广的通道。第四，更密切的合作。中华人民共和国成立之后，成渝两地在行政区划上分分合合，成渝地区双城经济圈建设明确了成渝本是一家人。成渝地区双城经济圈将重塑成渝经济圈的空间布局和经济地理，构建省际“双核共兴”。为强化合作，重庆各区县与四川相关市县通过视频会议、党政代表团互访、签订合作协议等方式，推动成渝地区迈向一体化发展。例如，四川岳池县与重庆合川区签订《合川区人民政府、岳池县人民政府协同参与成渝地区双城经济圈建设战略合作框架协议》，明确在产业、交通、旅游等方面开展深入合作。

三、“一带一路”带来县域开放新机遇

“一带一路”建设是我国深化向西开放、保障国家安全的重大举措。“一带一路”

建设由过去向东部，面向日美欧三大经济体的海洋型开放，转变为向东西双向，新增面对西部、西南部，面向中欧、东南亚、非洲的全方位立体开放。这有利于我国更好地将本国资源和市场与这些国家的丰富资源和广阔市场结合起来，为我国经济结构调整和经济持续增长赢得更大的发展空间。“一带一路”建设的推进与实施有利于西部地区将区位劣势向区位优势转变，积极推进西部地区城市发挥自身比较优势，强化与沿线接壤国家及地区的区位优势。一是“一带一路”为县域发展外向型产业发展带来新机遇。“一带一路”中的“新丝绸之路经济带”覆盖了西部地区的大部分省（区、市），通过“一带一路”将带动产业的“走出去”和“引进来”，重塑产业经济地理，甄选出县域主导产业，调整产业结构，形成具有核心竞争力的县域产业。“一带一路”也将推进民营经济“走出去”的步伐，扩大民营经济领域。二是“一带一路”推动边境口岸贸易发展。边境口岸是连接中国与“一带一路”沿线国家的纽带，也将带动口岸沿线县域经济的发展。因此，需要充分利用“一带一路”契机，加强边境贸易口岸的发展，推动县域发展。三是“一带一路”将以文化为载体，实现中国与“一带一路”沿线国家的交流、交往、交融。随着“一带一路”的不断推进和发展，中国与“一带一路”沿线国家将建立起利益高度相关、文化彼此相融的伙伴关系，促进区域合作、优势互补，带动沿线国家在经贸、文化等方面的深度融合和共同发展。随着交流的不断深入，合作共赢将成为沿线各国的共识，文化将对沿线国家的经济、贸易、农业、教育等方面产生越来越重要的影响（刘晓丹，2018），也将为县域经济的深入合作带来实质性的机遇。

四、“西部大开发”形成县域新格局

千年之交，党中央、国务院实施西部大开发战略。党的十八大以来，习近平总书记立足新时代的新形势、新任务和新挑战，做出构建全面对外开放新格局的重大战略部署，赋予新时代西部大开发战略新的含义，强调开放与开发并重。《西部大开发“十三五”规划》明确提出以县城为重点发展小城镇，加快人口有序集聚，带动周边农村发展，提高县域经济发展活力和综合承载能力。强调县域和县域经济的重要作用。《西部大开发“十三五”规划》还提出积极开展国家新型城镇化试点和中小城市综合改革试点工作，依托相邻重点城市、特色优势资源、重要边境口岸与对外贸易通道等，培育发展一批特色小城镇。重点强调特色小镇在西部大开发和县域经济发展中的作用。2020 年 5 月，中共中央、国务院印发《中共中央 国务院关于新时代推进西部大开发形成新格局的指导意见》（简称《指导意见》）。《指导意见》是新时代推进西部大开发形成新格局的纲领性文件，指导思想明确、政策支持力度大，要求处理好现实需求与长远发展、开放与开发、保护与发展等关系。《指导意见》是西部大开发 20 年来党中央、国务院支持西部大开发政策文件的升级版和增强版。《指导意见》提出：推进西部大开发形成新格局，要强化举措抓重点、补短板、强弱项，形成大保护、大开放、高质量发展的新格局，推动经济发展质量变革、效率变革、动力变革，促进西部地区经济发展与人口、资源、环境相协调，实现更高质量、更有效率、更加公平、更可持续发展。《指导意见》对西部各地提出不同的要求。例如，支持重庆、四川、陕西发挥综合优势，打造内陆开放高地和开发开放枢纽。这对西部地区各省（区、市）从开放腹地变为开放前沿，形成全新的开放格局，孕育着巨大的机会。2019 年 8 月，国家发展和改革委员会印发《西部陆海新通道总体规划》，明确到 2025 年基本建成西部陆海新通道。加快西部陆海新通道建设，对于充分发挥西部地区连接“一带一路”的纽带作用，深化陆海双向开放，强化措施推进西部大开发形成新格局，推动区域经济高质量发展，具有重大的现实意义和深远的历史意义。

第三节 现实挑战

一、经济发展仍有短板

当前部分县域整体发展水平偏低，与城市的发展差距较大，是我国高质量发展的短板之一，也是我国高质量发展的难点之一（宋迎昌，2020）。西部地区部分县级行政区存在产业结构层次低、规模以上企业数量少、县级财政支持力度不足、支柱和主导产业不明确等问题。

西部地区产业结构层次低。近年来西部地区县域经济结构虽然呈现出不断调整优化的趋势，但整体而言，县域经济结构层次不高。从三次产业比重来看，2018 年，西部地区第一产业占比高出东部地区 7 个百分点，但是第二产业占比比东部地区低 6 个百分点（图 0-3）。东部地区县域平均第二产业增加值 196 亿元，西部地区县域平均第二产业增加值 50 亿元，东部地区是西部地区的 4 倍左右。东部地区县级行政区中最高的第二产业增加值达 1 917 亿元，西部地区县级行政区中最高的第二产业增加值为 1 465 亿元。东部地区县域平均第三产业增加值达 174 亿元，西部地区县域平均第三产业增加值为 43 亿元，东部地区是西部地区的 4 倍左右。东部地区县级行政区中最高的第三产业增加值达 1 570 亿元，西部地区县级行政区中最高的第三产业增加值为 540 亿元。

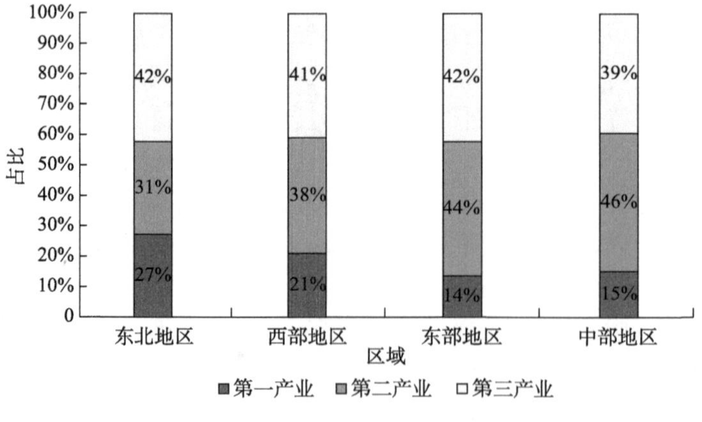

图 0-3 各区域三次产业增加值占本区域地区生产总值比重（2018 年）

西部地区规模以上企业数量少。如表 0-4 所示，西部地区县级行政区规模以上企业平均仅有 45 个，比东北地区少 15 个，仅有中部地区的 35%，仅有东部地区的 17%。东部地区规模以上企业数量最多的是广东南海区，有 2 268 个，西部地区规模以上企业数量最多的是成都简阳市，有 491 个，南海区规模以上企业数量是简阳市的 4.6 倍。按照县级行政区规模以上企业数量排名来看，西部地区排名第一的简阳市在所有县级行政区中仅排第 77 位，并且是西部地区唯一一个进入前 100 位的县级行政区，西部地区排名第二的重庆江津区在所有县级行政区中排在第 104 位。西部地区规模以上企业数量超过 100 的县级行政区仅有 55 个，占西部县级行政区数量的 5%，而东部地区规模以上企业数量超过 100 个的县级行政区有 339 个，占东部县级行政区数量的 44%，其中有 19 个县级行政区规模以上企业数量超过 1 000 个。

表 0-4 各区域规模以上企业数量（2018 年）

区域	最多数量/个	平均数量/个
东部地区	2 268	268
中部地区	859	127
西部地区	491	45
东北地区	294	60

西部地区县级财政支持力度不足。西部地区地域辽阔，国家财政支持力度很大，但因历史、自然等方面原因，县域自身财政供给不足，财政自给率偏低。如表 0-5 所示，西部地区县级行政区平均财政收入为 8 亿元，东部地区县级行政区平均财政收入为 29 亿元，东部地区是西部地区县级行政区平均财政收入的 3.6 倍。西部地区县级行政区平均财政支出为 28 亿元，东部地区县级行政区平均财政支出为 51 亿元，东部地区是西部地区县级行政区平均财政支出的 1.8 倍。西部地区县级行政区财政平均自给率为 23%，仅为东部地区县级行政区财政平均自给率的一半。

表 0-5 各区域公共财政收入和支出（2018 年）

区域	财政收入/亿元		财政支出/亿元		平均自给率
	最多	平均	最多	平均	
东部	353	29	293	51	46%
中部	89	13	161	36	35%
西部	174	8	250	28	23%
东北	51	7	89	34	21%

另外，部分西部县级行政区支柱和主导产业不明确，产业存在同质化现象，缺乏比较竞争优势。西部地区生态经济发展相对缓慢，九寨沟、稻城、红原等县具有良好的自然资源，也是知名旅游目的地，但是地区生产总值排名都比较靠后。民族地区经济发展

落后，自治县（区）地区生产总值排名也相对靠后，部分民族地区还处于脱贫攻坚阶段，县域经济发展落后。

二、地区差异较为明显

中国经济发展已进入新常态，西部地区经济发展仍然处于追赶阶段，区域平衡战略也初见成效，但是东、西部地区之间不平衡、不充分发展态势仍然较严重。西部地区县级行政区的数量比东部地区多出 322 个，但是东部地区县域地区生产总值是西部县域地区生产总值的 2 倍左右，东部地区县域地区生产总值排名第一的县级行政区昆山市，其地区生产总值高达 3 520 亿元，是西部排名第一县级行政区神木市的 3.2 倍。县域地区生产总值排名方面，排名前 10 位的都是东部地区，西部排名第一的神木市仅排在中国所有县级行政区的第 18 位。如图 0-4 所示，从东部和西部各县级行政区的核密度①来看，东部较西部整体分布向右移动，可见东部地区县域地区生产总值普遍高于西部地区。东部地区核密度图较西部地区峰值趋缓，并且向右尾延长，说明东部地区县域地区生产总值的密度趋于平均，有部分地区县域地区生产总值较高。东部和西部地区县域地区生产总值的核密度图都是单峰形态，但是西部地区峰值更陡，说明西部地区大部分县域地区生产总值集中在较低的数值，但是有少部分地区的地区生产总值较高，存在一定的区域内部差异。西部地区县域地区生产总值排名第一的神木市的县域地区生产总值比西部地区排名最末的县级行政区高出 1 113 亿元，是最末县级行政区的 372 倍。

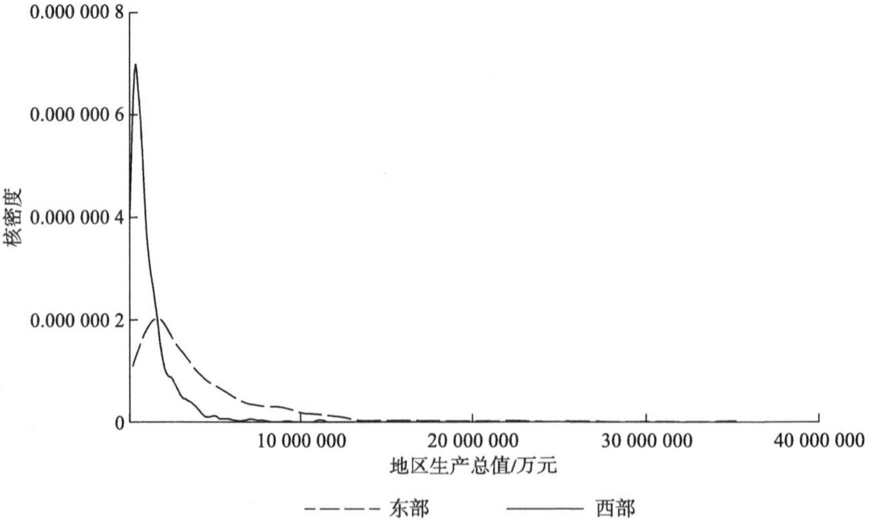

图 0-4　东部和西部地区县域地区生产总值核密度图比较（2018 年）

另外，西部地区内部各县级行政区的差距也较明显。如前所述，西部地区排名前 10 位的县级行政区地区生产总值占西部 1 090 个县级行政区地区生产总值的 9%，而西部地

---

① 核密度估计（kernel density estimation）可以同时观察到分布的位置、延展性和形态三种重要特征，从而得到关于整体分布状况的一个直观且清晰的描述。在核密度估计图中，横轴表示各变量的取值，纵轴表示相应值的密度。

区排名最后10位的县级行政区地区生产总值仅占西部地区生产总值的0.03%。排名最后一位的县级行政区地区生产总值与排名第一位的县级行政区地区生产总值相差1 113亿元，仅相当于0.2%。从县域地区生产总值的基尼系数来看，东部为0.49、中部为0.39、西部为0.52、东北为0.41，西部县域地区生产总值的基尼系数在四大区域中最高，高出排名第二的东部地区0.03。

三、社会治理任务艰巨

西部地区与周边14个国家和地区接壤，陆地边境线占全国的85%左右，边界线漫长。由于特殊的地缘环境和历史渊源，加上民族问题复杂，西部地区在维护国家领土和主权完整方面具有重要意义。西部地区的疆域是在统一多民族国家过程中逐步形成、发展和固定下来的。此外，西部地区人民经过千百年不断的迁徙、斗争、分化、融合，最终形成了不同的民族，历代统治者针对不同的民族实施不同的治理政策，形成了独特的民族治理方式。公共安全是西部地区经济社会发展、维护社会稳定和全面建成小康社会的重要保障（毛中根和伍骏骞，2019）。一些少数民族地区的县域存在贫困人口分布广、致贫原因复杂、扶贫成本高、脱贫攻坚任务重的特点，是打赢脱贫攻坚战仍面临的“硬骨头”。民族、边疆及发展问题交织，使得西部地区社会治理面临着加强民族团结、巩固祖国边防、维护国家统一、反分裂斗争、增进中外睦邻友好、促进经济社会发展等多重要求。特别是伴随“一带一路”建设带来的对外开放进一步深化，加强民族团结，确保边疆安全的任务更加艰巨。另外，目前，都市圈和城市群建设以及乡村振兴都已经上升为国家战略，但连接都市圈、城市群和乡村地区的县域的重要性还没有得到广泛认知，导致实践中都市圈和城市群的发展战略与乡村振兴战略相互分割、互不关联（宋迎昌，2020），这就造成社会治理存在一定程度上城乡分割的问题。

第四节　发展路径

一、优化区域主体功能

《全国主体功能区规划》明确提出：“要根据不同区域的资源环境承载能力、现有开发密度和发展潜力，统筹谋划未来人口分布、经济布局、国土利用和城镇化格局。”其要义在于以区域分异视角科学定位功能区，这就要求在不同的行政级别、不同的空间尺度范围内合理实施功能分区和产业分区。在县级层面的主体功能分区能够更科学地推进形成人口、经济和资源环境相协调的国土空间开发格局。因此，需要在《全国主体功能区规划》“构建高效、协调、可持续的国土空间开发格局”的国家战略定位基础上，对接国家战略总体布局，立足西部地域特色，按照生产空间集约高效、生活空间宜居适度、生态空间山清水秀的总体要求，根据不同区域的资源环境承载能力、现有开发强度和发展潜力，划分具有全局高度、区域协调、地方特色的主体功能区。强化县域作为单独的经济单元，在促进经济高质量发展、提高民生福祉方面的重要作用。从区域经济整体发展的互补性与协调作用出发，明确每个县级行政区的主体功能，形成各县级行政区特色化、差异化的产业集群，做好县域之间的产业布局与分工，避免同质化发展。以生态环境为本底，实现经济绿色化发展；以民生改善为目标，实现经济包容性发展；以“互联网+行动”为动力，实现经济智慧化发展；以中华民族文化为特色，实现经济差异化发展；以内陆开放为契机，实现经济全球化发展。

二、重塑产业发展体系

构建具有国际竞争力的现代产业体系，以“五大发展理念”统领产业发展，产业的发展需要从要素驱动向创新驱动转换，从传统产业向新兴产业引领转型，推进产业向中高端发展，提升产业价值链和价值体系。根据西部地区资源禀赋、区位优势、产业基础、生态条件以及与周边国家毗邻地区的互补性，进一步健全市场体系，吸引资金、技术和人才等资源要素集聚，大力推进产业园区发展。构建以技术密集型和知识密集型为核心的高端、高质、高新的具备全球竞争力的现代产业体系，破除“唯 GDP 论英雄”，积极推进资源环境友好的产业发展路径，重塑区域经济地理，大力发展绿色产业，促进传统产业绿色化。按照“一产上水平、二产抓重点、三产大发展”的经济发展战略，培育主导产业，推动特色优势产业向“高起点、规模化、长链条”方向发展，培育具有比较优势的产业和具有市场竞争力的品牌。通过城市化和工业化发展促进经济集聚，即充分发挥县域经济的活力，大力发展符合比较优势的劳动密集型产业，从公共品建设、土地政策、财税政策等方面支持产业集群的发展，真正实现产业集群的规模效率、分工效率和结构效率（巴曙松和杨现领，2013）。另外，应充分发挥产业集群比较优势，合理引导产业集群的转型升级和质量提升，建立具有区域特色的集群品牌。同时，合理建立兼具工作、生活和娱乐功能的经济集聚体，促进“小乡大集镇、小县大城关”的建设，真正实现“产业和城镇融合发展”。从公共品建设、财税政策上支持产业集聚特别是集群式产业发展，以产业集群为平台，推进产业的供给侧结构性改革，根据当地的历史条件、地理位置、资源禀赋、市场环境等因素，制定具有指导性和控制性的详细功能区规划，综合考虑“空间、规模、产业”三大结构，确立具有当地特色和比较优势的主导产业以及相关的辅助产业，避免产业结构同化、特点同化、职能同化，培育和建立起具有区域特色的集群品牌。

三、强化生产要素保障

推进土地、资本、人才要素和科技创新要素供给与优化配置，提供与资源禀赋结构相匹配的基础设施。深化以“要素市场化”为特征的经济体制改革（宋迎昌，2020）。在中央统一部署下，加快推进土地、户籍、劳动就业、金融、财税、科技、教育、国企等关键性改革，促进要素自由流动，激发市场主体活力，提升各种要素配置效率。科学制定国土规划、城乡规划和发展规划，做好科技相关重点产业的空间布局，将保障创新驱动发展战略作为土地供应的主要方向，重点支持培育发展新产业、新业态发展用地，将土地供应的重心放在调控区域经济平衡、倒逼利用方式转型、引导土地利用结构优化、促进土地用途混合布局等方面。优化建设用地的结构，科学合理处置闲置土地，推进低效用地的再开发。推动土地要素市场化配置综合改革，提高资源要素配置效能和节约集约利用水平。通过建立土地承包经营权有偿退出审查制度、土地承包经营权退出补偿机制、土地承包经营权退出服务机制、退地农户社会保障制度等，实现农民财产权收益，为科技创新和新兴产业培育提供土地要素保障。建立管理规范、开放包容、运行高效的人才发展机制，最大限度调动人才的积极性、激发人才的创造力。着力提升人力资源素质，培养具有战略经营眼光、市场开拓精神、管理创新能力和社会责任感的现代企业经营管理人才队伍。加快金融领域协同改革和创新，促进资本跨区域有序自由流动，引导金融机构加大对中小微企业创新的支持力度，鼓励企业运用债务融资工具。对中小企业的金融服务，需要强化中介职能，建立实施政府、银行、担保公司、企业四方联动机制，定期举行银企对接会，不断深化“融资超市”模式。遏制地方政府“土地财政思想”，加大在产业集聚基础上人口要素的集聚，合理定位产业发展方向和规模，建立与工业园区规模相匹配的人口规模，建立城镇建设用地增加规模同吸纳农业转移人口落户数量挂钩的机制。完善公共设施、生活配套、环境生态、员工配套住房等配套服务体系，打造生产、生活、生态融合发展的产城融合发展模式。采取差别化落户政策，根据综合承载力和发展潜力，因地制宜地制定具体的农业转移人口落户标准。增强产业集聚对户籍人口城镇化的促进作用，探索以集群为平台的人才引进模式和落户政策。逐步解除户籍与城镇福利之间的依附关系，推进常住人口享有均等化的教育、医疗等公共服务，增强城市的包容性和常住人口在城市的归属感，实现从以地为中心的城镇化转向以人为本的城镇化。

参考文献

巴曙松，杨现领. 2013. 城镇化大转型的金融视角. 厦门：厦门大学出版社.

陈芳，姜辰蓉. 2017. 向区域创新体系“末梢”发力——解读国办《关于县域创新驱动发展的若干意见》. 农村·农业·农民（B 版），（6）：12-13.

陈钊，陆铭. 2009. 在集聚中走向平衡. 北京：北京大学出版社.

成德宁. 2011. 我国城乡间产业的迁移与分工协调发展. 经济学家，（8）：43-50.

迟梦筠，邓睦军，龚勤林. 2015. 多点多极发展格局中的县域经济底部支撑研究. 经济体制改革，（3）：62-67.

洪银兴. 2014. 论中高速增长新常态及其支撑常态. 经济学动态，（11）：4-7.

胡浩，魏后凯，晏世琦. 2015. 中国西部城镇化的空间格局优化研究. 开发研究，（5）：1-7.

贾晋，李雪峰，刘莉. 2015. “扩权强县”政策是否促进了县域经济增长——基于四川省县域 2004—2012 年面板数据的实证分析. 农业技术经济，（9）：64-76.

贾康. 2015. 把握经济发展“新常态” 打造中国经济升级版. 国家行政学院学报，（1）：4-10，14.

库姆斯 P P. 2011. 经济地理学：区域和国家一体化（中译本）. 安虎森译. 北京：中国人民大学出版社.

李泉. 2019. 中国县域经济发展 40 年：经验与启示. 石河子大学学报（哲学社会科学版），33（1）：

74-84.
李小三，徐鸣. 2000. 关于县域经济的理论思考. 江西社会科学，（3）：84-89.
林毅夫. 2015. 什么是经济新常态. 领导文萃，（4）：32-34.
刘晓丹. 2018. “一带一路”中的文化交流. 人民论坛，（33）：134-135.
罗黎平. 2015. 均衡发展的三个维度与县域经济走向. 改革，（2）：91-97.
毛中根，伍骏骞. 2019. 新时代西部地区的乡村：在开发开放中探寻振兴之路. 中国西部，（5）：12-25.
阮建青. 2009. 基于产业集群模式的农村工业化萌芽与成长机制研究. 浙江大学博士学位论文.
宋迎昌. 2020-05-14. 新时代推进县域高质量发展意义重大. http://www.rmlt.com.cn/2020/0514/580375.shtml.
王斌来. 2019-10-31. 打开西部新格局. 人民日报.
吴福象，蔡悦. 2014. 中国产业布局调整的福利经济学分析. 中国社会科学，（2）：96-115.
宣晓伟. 2019. 西部大开发的新征程. 中国发展观察，（8）：9-11.
郁建兴，高翔. 2009. 农业农村发展中的政府与市场、社会：一个分析框架. 中国社会科学，（6）：89-103，206-207.
钟宁桦. 2011. 农村工业化还能走多远？经济研究，（1）：18-27.

第一章 创新发展：西部县域经济增长动能

党中央国务院强化举措推进西部大开发形成新格局，这是顺应中国特色社会主义进入新时代、区域协调发展进入新阶段的重大战略部署。西部县域经济整体保持较快增长，固定资产投资保持高位运行，西部地区对外开放也逐渐取得较大进步，但西部地区的经济发展水平与沿海发达地区仍有不小差距。“一带一路”“长江经济带”“成渝地区双城经济圈”建设等为西部大开发带来重大机遇。西部陆海新通道建设正在推进之中。“陆海内外联动，东西双向共济”的开放格局正在形成。自由贸易区建设加速推进；中欧班列开通运行，货运保持快速增长。西部大开发与区域开放交织在一起，为西部县域经济发展奠定好的基础。西部地区要形成大保护、大开放、高质量发展的新格局，推动经济发展质量变革、效率变革、动力变革，促进西部地区经济发展与人口、资源、环境相协调，实现更高质量、更有效率、更加公平、更可持续发展。

创新是经济发展的源泉，这是西部县域经济增长的动力之源。新发展理念中，创新发展排在第一位，要不断提升西部地区的创新发展能力。以创新能力建设为核心，加强创新开放合作，打造区域创新高地。创新是指建立生产要素新组合的过程，实施创新的是企业家，是企业家精神驱动他们开创企业。创新过程中，需要资本要素参与，投资是创新的必要工具，中小企业融资难、融资贵问题会制约创新发展，而风险投资会促进创新发展。良好的营商环境可以降低交易成本，促进分工演进和创新发展。扩大对外开放，如“一带一路”倡议可以扩张市场范围，有利于分工演进和创新发展。

第一节 发展现状

一、西部地区县域经济平均增速

根据西部省（区、市）2019 年的统计年鉴数据，截至 2018 年末，县域平均经济增速处于 2.1%~10.3%，青海省的县域经济增速是 2.1%，贵州省的县域经济增速是 10.3%（表 1-1）。贵州（10.3%）、云南（9.1%）、陕西（8.6%）三省的县域经济增速靠前。青海（2.1%）、甘肃（4.9%）、内蒙古（5.1%）的县域经济增速靠后。2018 年，全国 GDP 增速是 6.6%，部分西部省（区、市）的县域经济增速低于全国增速，分别是新疆、青海、宁夏、内蒙古、甘肃，西部县域经济发展仍面临挑战。

表 1-1　西部省（区、市）县域经济平均增速

省（区、市）	最大值	最小值	平均值
重庆市	10.1%	−2.8%	6.7%
云南省	25.5%	0.3%	9.1%
新疆维吾尔自治区	12.9%	0.8%	5.7%
四川省	13.7%	−9.5%	7.8%
陕西省	14.6%	−13.2%	8.6%
青海省	9.0%	−20.2%	2.1%
宁夏回族自治区	10.6%	−9.2%	6.1%
内蒙古自治区	15.9%	−4.0%	5.1%
贵州省	13.9%	3.1%	10.3%
广西壮族自治区	15.7%	−5.8%	7.9%
甘肃省	24.3%	−14.3%	4.9%

注：《青海统计年鉴》只提供市州的增速数据，没有县域的增速数据。另外，新疆和甘肃也有几个市没有县域的增速数据

二、地区生产总值及“三驾马车”比例关系

为分析当前西部县域经济增长的主要动力，在凯恩斯主义“三驾马车”框架下，探讨西部县域经济地区生产总值与投资、消费、进出口的关系。为此，我们获得 2018 年重庆市、四川省共 100 个县级行政区样本，其中重庆市 28 个，四川省 72 个。研究变量分别为地区生产总值、固定资产投资、社会消费品零售总额和进出口总额，样本数据来源于 2019 年省（区、市）统计年鉴及县域 2018 年国民经济与社会发展统计公报，单位均为亿元。

做县域经济地区生产总值对固定资产投资、社会消费品零售总额和进出口总额的散点图，地区生产总值对固定资产投资、社会消费品零售总额和进出口总额的正向拟合特征非常明显（图 1-1~图 1-3），变量的描述性统计见表 1-2。从这 4 个变量的相关系数矩阵可以看出，地区生产总值与固定资产投资的相关系数为 0.795，与社会消费品零售总额的相关系数为 0.699，与进出口总额的相关系数为 0.497，见表 1-3。

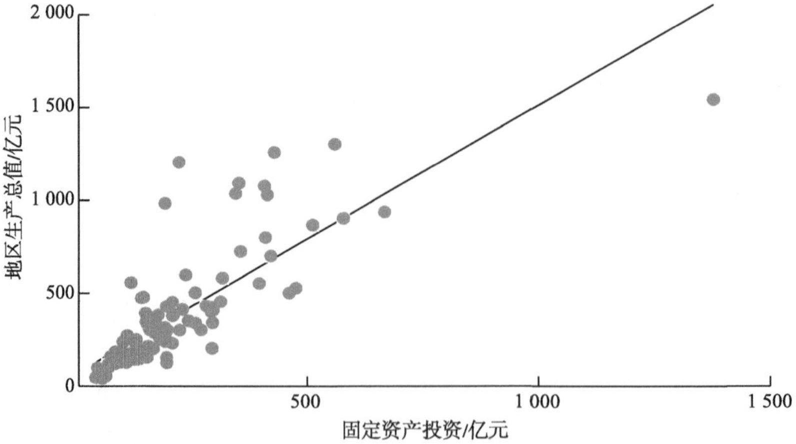

图 1-1　地区生产总值与固定资产投资

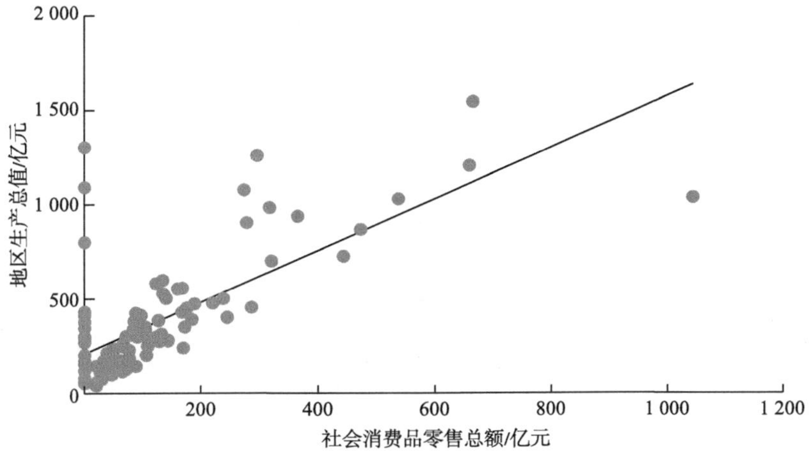

图 1-2　地区生产总值与社会消费品零售总额

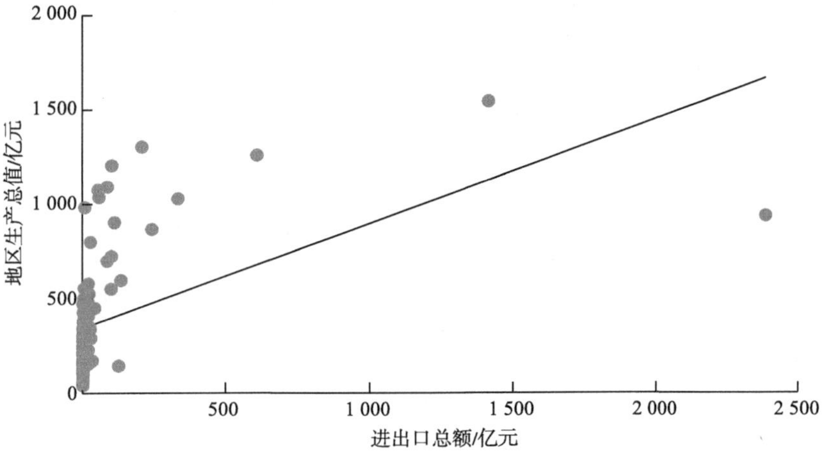

图 1-3　地区生产总值与进出口总额

表 1-2　变量的描述性统计

变量	观测数	平均值	标准差	最小值	最大值
地区生产总值	100	379.5	315.5	40.18	1 543
固定资产投资	100	213.2	174.2	37.19	1 376
社会消费品零售总额	100	125.6	161.4	0.003	1 043
进出口总额	100	67.67	283.3	0.001	2 387
地区生产总值（取对数）	100	5.639	0.789	3.693	7.342
固定资产投资（取对数）	100	5.134	0.668	3.616	7.227
社会消费品零售总额（取对数）	100	3.078	3.557	−5.809	6.950
进出口总额（取对数）	100	1.471	2.554	−6.908	7.778

表 1-3　相关系数矩阵

变量	地区生产总值	固定资产投资	社会消费品零售总额	进出口总额
地区生产总值	1.000			
固定资产投资	0.795	1.000		
社会消费品零售总额	0.699	0.565	1.000	
进出口总额	0.497	0.653	0.394	1.000

以县域经济地区生产总值为因变量，以固定资产投资、社会消费品零售总额和进出口总额为自变量，做最小二乘回归，回归结果如表 1-4 所示，回归方程拟合系数达到 0.802，这 3 个变量解释了约 80%的地区生产总值。双对数模型的回归系数表达的是因变量对自变量的弹性。固定资产投资对县域经济的作用在 1%的显著性水平上显著，系数达到 0.811，固定资产投资增加 1%，使地区生产总值增加 0.811%。进出口总额带动县域经济显著，在 1%的显著性水平上显著，只是弹性系数较小，只有 0.076，进出口总额增加 1%，地区生产总值增加 0.076%。社会消费品零售总额对县域经济作用不显著。

表 1-4　回归结果

自变量	因变量：地区生产总值（取对数）
固定资产投资（取对数）	0.811*** （11.21）
社会消费品零售总额（取对数）	0.018 （1.65）
进出口总额（取对数）	0.076*** （4.11）
常数项	1.310*** （3.75）
观测数	100
R^2	0.802

***表示 p<0.01

注：括号里是稳健 t 统计量

总之，基于四川和重庆的县域样本，在“三驾马车”框架下，本部分分析了带动西部县域经济增长的三个因素，即固定资产投资、消费和进出口。固定资产投资的带动力最强，其次是进出口总额，社会消费品零售总额对县域经济的作用在统计上不显著。因此，西部县域经济增长依赖固定资产投资较高，应该提高消费对经济增长的贡献。但是，在现在高房价背景下，居民储蓄意愿更强，消费动力较弱。新型冠状病毒肺炎疫情发生后，很多人认为疫情控制后会出现报复性消费。但是，西南财经大学中国家庭金融调查与研究中心调查显示，中国有五成家庭表示将增加储蓄并减少消费，疫情让大家变得更加保守，更愿意存钱而不是消费。如果没有大规模消费刺激政策，“报复性消费”不太可能出现。

第二节 存在问题

一、区域增长不均衡

据工信部赛迪顾问县域经济研究中心发布的《2019年县域经济高质量发展指数研究成果》，百强县东多西少，县域百强县东部地区占71席，中部地区占19席、西部地区占7席。西部的7个百强县分别是内蒙古的准格尔旗、伊金霍洛旗，贵州的仁怀市、盘州市，陕西的神木市，新疆的库尔勒市、昌吉市。

西部省（区、市）县域经济的平均增速也相差较大。例如，贵州县域经济增速达到10.3%，而甘肃只有4.9%。同一省（区、市）内部县级行政区之间的增速也相差较大，以四川省为例，青白江区、金堂县、大邑县、蒲江县、新津县、邛崃市、崇州市、沿滩区、龙马潭区、翠屏区、康定市、巴塘县、得荣县、乡城县保持10%以上的增速，最高增速达到13.7%。而彭州市、会理县、九寨沟县、茂县、红原县、布拖县、黑水县的增速为1%以下甚至负增长，最低增速为−9.5%。

二、经济增长过度依赖投资

从前面的回归可以看到，地区生产总值对固定资产投资的弹性系数是0.811，远大于地区生产总值对进出口总额的弹性系数0.076和地区生产总值对社会消费品零售总额的弹性系数0.018。这意味着，西部县域经济过度依赖固定资产投资，进出口和消费对西部县域经济的拉动作用没有得到充分体现，三驾马车中“一强马两弱马”，可能制约西部县域经济增长的动力，一旦固定资产投资放缓，经济可能增长乏力，甚至出现断崖式下滑和增速为负的状况。

在投资中，西部地区又过度依赖房地产建设投资。2018年，重庆市渝中区固定资产投资218.9亿元，增长2.8%，其中建设改造和房地产开发投资分别为63.3亿元、155.6亿元，房地产开发投资占固定资产投资比例达到71%。四川省阆中市2018年全年完成固定资产投资2 324 407万元，增长15.0%。从投资类型来看，建安工程投资2 142 021万元，增长19.3%；房地产开发投资383 881万元，增长60.5%，房地产投资占固定资产投资比例达到16.5%，房地产投资增速远大于固定资产投资增速。

三、三次产业比例发展不协调

配第-克拉克定理指出，随着经济发展水平提升，第一产业的国民收入和劳动力的占比逐渐下降，第二产业的国民收入和劳动力占比相对上升，随着经济进一步发展，第三产业国民收入和劳动力占比也开始上升。国民经济呈现一种演进趋势，即国民收入和劳动力首先由第一产业向第二产业转移，然后再向第三产业转移。诺贝尔经济学奖获得者库兹涅茨提出产业结构论。随着经济发展，农业部门在整个国民收入中的比重及农业劳动力在总劳动力中的比重均呈下降趋势；工业部门占国民收入的比重大体是上升的，劳动力的相对比重大体上不变或略有上升；服务部门的劳动力比重呈上升趋势，但在国民收入中的占比大体不变或略有上升。

西部地区县域多为农业县和资源县，大多是一、二产业占比较大，而第三产业占比较小，落后于全国水平。以四川省珙县为例，2018 年，四川省珙县的一、二、三产业占比为 12.0：58.3：29.7。2018 年宜宾市的一、二、三产业占比为 10.8：50.3：38.9。2018 年四川省的一、二、三产业占比为 10.9：37.7：51.4。2018 年全国一、二、三产业占比为 7.2：40.7：52.2。珙县的第三产业占比落后于宜宾市，宜宾市落后于四川省，四川省落后于全国。珙县的第二产业占比要高于宜宾市、四川省和全国水平，第一产业占比也要高于宜宾市、四川省和全国水平，见图 1-4。

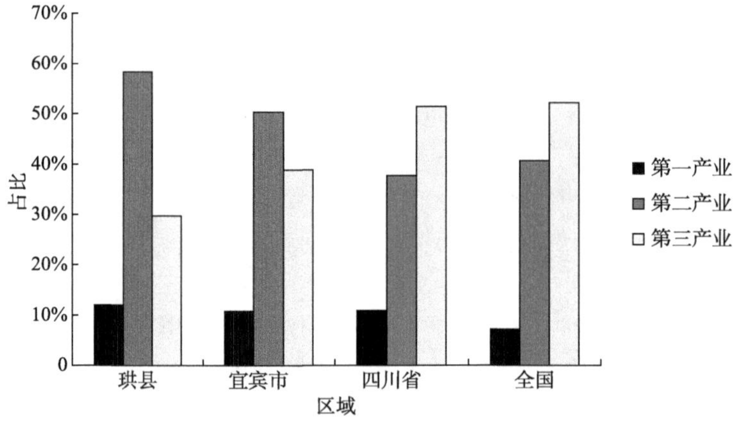

图 1-4　全国、四川省、宜宾市、珙县一、二、三产业占比对比

四、地方债务存在风险

中国社会科学院财经战略研究院发布的《中国县域经济发展报告（2018）》对 100 个县政府债务的监测显示，约有 15%的县（市）债务水平超过了警戒线，如果考虑到无法完整统计的隐性债务及样本选择偏差，这一比重可能更高①。地方政府债务风险已经成为当前经济运行中最主要的风险之一。一是举债规模较大，一些地方在法定限额外变相举债，实际债务负担不断加重。二是举债主体多样，隐蔽性较强。除了政府部门，融资平台公司、事业单位等也在积累债务，地方基础设施建设债务占比较高。三是通过城投债和政府项目形成新的债务，可能形成新的政府隐性债务。一些地方在发展中不遗余力地举债，把“政绩”留给自己，把风险留给后人②。

① 《中国县域经济发展报告（2018）》发布，15%县级政府债务危机拉响警报. 华夏时报，2018-12-07.

② 地方政府债务风险已经成为当前经济运行中最主要的风险之一. 经济日报，2018-03-08.

第三节 案例分析

一、县域创新发展——四川省南充市西充县案例

四川省南充市西充县正处在深化供给侧结构性改革阶段。西充县坚持新发展理念，着力推动高质量发展，从传统的农业、资源型发展向工业、旅游、商贸等第二、三产业发展，打造高端装备制造产业园、有机农产品精深加工产业园，打造南西田园新城综合体，坚持产城一体化发展。西充县着力打造乡村旅游目的地，把乡村旅游作为服务业新突破，这符合我国消费升级的发展趋势。传统产业也着力进行产业转型升级，实施农业供给侧改革，着力发展有机农业，争当有机农业排头兵，建立各类有机农业生产基地，如打造万亩柑橘产业园，广泛开展农产品有机认证。为了打造良好的营商环境，西充县加强了交通等基础设施建设，建设南充科技职业学院，降低交易成本，培育人力资本，为经济健康持续发展提供强劲动能。

2018 年，四川省西充县地区生产总值为 135.04 亿元，同比增速为 9.6%，第一产业实现增加值 34.10 亿元，增速 4.2%；第二产业实现增加值 50.77 亿元，增速 10.8%；第三产业实现增加值 50.17 亿元，增速 12.7%。从生产的角度看，第一产业对经济增长的贡献率为 12.1%，第二产业对经济增长的贡献率为 45.1%，第三产业对经济增长的贡献率为 42.8%，三次产业结构为 25.2∶37.6∶37.2，与 2017 年相比，一、二产业占国民经济比重分别下降了 1.2 个百分点、0.7 个百分点，第三产业提高了 1.9 个百分点。西充县作为西部地区典型的传统农业县，经济保持稳健的中高速增长，三次产业发展较为均衡，第三产业比重提高，一、二产业占比下降。该县对房地产的依赖程度较低，2018 年建筑业增加值 13.28 亿元，比上年增长 14.0%，新开工面积 167.66 万平方米①，同比增长 10.0%。

西充县确定了“争当有机农业排头兵、打造乡村旅游目的地、建设产城一体示范区”三大战略定位。实施“533 战略规划”，确定了现代农业、工业振兴、旅游康养、城乡建设、脱贫攻坚“五大战场”是西充跨越发展的主引擎，确定了重点改革、精准招商、创新创业“三大动力”是西充跨越发展的加速器，确定了依法治县、从严治党、基层党建创新“三大保障”是西充跨越发展的强心剂。

西充县围绕“三大战略”定位，实施“533 战略规划”，深化供给侧结构性改革，着力推动高质量发展，全县经济持续健康稳定发展，经济活力和韧性持续增强，经济运行总体平稳。

西充县围绕建设“中国有机农业第一县”目标，着力推进农业供给侧结构性改革，走出了一条乡村振兴、绿色发展的路子。全力争创“生态经济标杆县”，奋力开创西充高质量发展新局面。

西充县大力实施“产业年、项目年、开放年”行动，着力抓投资，抓项目建设，实施重大项目 106 个，总投资 535 亿元，年度计划投资 144 亿元，涵盖海绵城市建设、“中

① 西充县统计局. 2018 年我县国民经济与社会发展统计公报，2019-05-24.

国有机农业第一县”建设、军民融合高端装备制造产业园建设等。

壮大特色产业。西充县全力以赴建设“中国有机农业第一县”，着力打造万亩柑橘产业园。鱼池寺村成片打造的柑橘种植基地，已完成有机认证 66.67 公顷。园区全覆盖可视监控系统，可实现生产和投入品全程监控、追溯。为了保证柑橘有机品质，园区全部使用液态有机肥，采用绿色防控技术，传统农业转型走上现代智慧农业之路。西充建成有机农业生产基地 105 个、面积 18.5 万亩①，12 万亩基地、100 个品种获得有机认证，基地规模稳居西部第一。

西充县着力打造川东北有机农产品精深加工产业园。该产业园区坚持低碳、循环、高效、绿色发展目标，探索智能化、精细化、现代化加工新模式，规划精深加工、仓储物流、营销展示、科技研发、综合配套五大功能区，占地 4 500 亩，概算投资 100 亿元。一期于 2019 年完成，二期计划于 2021 年建成。可入驻企业 50 余家，实现年产值超 150 亿元，填补川东北有机农产品精深加工产业空白，打造西部领先、全国一流的农产品精深加工中心、仓储物流配送中心、农产品研发展示中心。园区招商、运营和管理全面按照“一站式”“保姆式”服务理念，为企业创造良好发展条件。西充县组建了 4 个常年驻外招商分队和 8 个部门招商团队，聚焦京津冀、长三角、珠三角、成渝西，主动敲门，精准发力。跟踪在谈项目 48 个，成功签约亿元以上项目 21 个，入园建设企业达 16 家。

西充县着力打造军民融合高端装备制造产业园建设。该园区规划占地 500 亩，计划总投资 35.4 亿元。园区已有 12 户企业入驻，四川思杰聚典智能科技有限公司是目前园区已投入生产的企业之一，这是一家集智能自助终端设备及系统研发、生产、销售为一体的高科技企业，产品主要应用于银行、医院、政务服务中心等。

西充县着力打造最美乡村旅游目的地。该县乡村旅游以有机生活公园、中国有机生态循环第一村、古楼充国香桃源、仙湖山庄、张澜故里等为特色，成功创建“全国休闲农业与乡村旅游示范县”“四川省乡村旅游示范县”“四川省有机农业与乡村旅游示范基地”，青龙湖休闲旅游度假区建设成功纳入国家旅游优选项目。

西充县强化基础设施。要想富，先修路，完善基础设施可以降低交易成本，促进产业分工发展。西充近年加强了市政道路建设、雨污管网铺设等，建设绵南高速西充南互通连接线、金领路、黄石大道、金领大道二段、张澜一路、张澜路弯改直等。启动西顺嘉快速通道、潆华大道北延线等基础设施项目建设。规划建设学校、医院、健康疗养中心、景观公园、地下超市等配套设施。打造南西田园新城项目，体现“一体三中心”建设思路，即田园综合体、城南新区公共服务中心、多扶产业创业中心、康养文化中心。

打造南充科技职业学院，标志着南充再添一所高职院校。该学院属于民办非营利性高等教育机构，主要举办全日制专科层次高等职业学历教育，是川东北地区第一所工科类高职院校。结合国家的战略发展布局和当前产业发展趋势，学院首批设置了新能源汽车技术、机械装备制造技术、工程机械运用技术、无人机应用技术、电子商务、旅游管理、财务管理等 7 个专业②。

---

① 1 亩≈666.7 平方米。

② 推动县域经济高质量发展. 南充日报，2019-07-09.

二、国家双创示范基地建设——重庆市两江新区案例

2016 年 9 月，《重庆两江新区建设国家双创示范基地工作方案》出炉，新区管委会规划设计了“五大政策”，着力在财税支持、成果转化、科技金融、人才激励和行政服务五个方面形成突破，推动“大众创业、万众创新”向更大范围、更深程度、更高层次发展。

创新财税支持方式，提升科技研发能力。两江新区政府将主要从创新财政资金投入方式、加大创新研发机构扶持力度、鼓励研发主体基础设备投入三方面着手，为创客提供资金扶持。探索实施研发准备金制度，鼓励企业与国内外大学、科研院所合作，支持国内外高校与两江新区企业联合开展技术攻关、产品研发，研发费用补贴力度将突破现有标准。新区对新建研发机构及新认定为国家级、市级重点实验室、工程技术研究中心、产业技术创新研究院、协同创新中心等创新研发平台给予资金支持。对设立博士后流动站、科技工作站的设站单位加大科研项目资助。对到两江新区从事科技创新和成果转化的博士后人员，给予补贴支持。对进口科研仪器设备符合规定的，免征进口关税和进口环节增值税等优惠政策。

创新人才激励机制，吸引双创人才集聚。创新驱动关键在人才，两江新区完善人才政策体系，建立分层分类的人才评价体系，加大人才培养力度，完善双创人才保障体系，充分发挥人才在推动创新发展中的重要作用。新区将加大力度资助海内外顶尖科技专家主持的科技创新项目，并提供免费办公场地。针对“高、精、尖、缺”人才推行“一事一议、特事特办”的工作机制。允许科研院所人员离岗创业。为了激发引才聚才积极性，创新人才流动机制，两江新区还奖励成功引进高水平双创人才的相关机构，并对引进的高级技术专家和研发团队带头人，按照用人单位实际发放年薪的一定比例给予一次性奖励。鼓励事业单位通过“柔性引才”机制，畅通企业人才引进绿色通道，并鼓励事业单位人才到企业兼职从事科技成果转化与技术攻关，促进人才在事业单位与企业间流动。同时，新区还积极改进人才评价奖励办法，深化人才分类评价和职称改革，畅通民营企业职称评审渠道，改革人才管理体制。在人才的安居保障上，新区积极探索多层次、多样化的医疗卫生服务，提高人才医疗保障水平。引进国内外优质教育资源，为双创人才子女提供更好的教育，协助解决人才家属就业，消除人才后顾之忧。

创新技术对接机制，提高成果转化效率。两江新区加大科技成果转化激励，鼓励科技成果在产权单位与科研人员之间按比例分配和作价入股，将科技成果转化收益向研发和转化团队倾斜。积极引导科技成果在区内转移转化。对人才带高新技术研发成果、专利技术等自主知识产权项目在两江新区实行产品化、产业化，符合相应条件的予以一定补助。对所持核心技术的团队到两江新区创办企业，对各创新主体产学研合作并实现产业化的项目，给予一定资助。扶持建立成果转化专业服务机构。

创新科技金融体系，扩大双创投资来源。金融服务是加速科技创新和成果转化的有效手段。2015 年，两江新区管委会出资 10 亿元设立“两江科技创新专项资金”，新设 7 只股权投资基金，总规模达到 17.5 亿元。两江新区引导和支持科技创新企业多渠道融资，

为挂牌企业提供股权融资、股份转让、债券融资等金融服务。对创业投资基金、天使投资机构等创投主体，以不同方式给予支持和引导，激发对种子期、初创期的创新企业进行投资。新区鼓励保险机构通过参股、设立创业投资基金或与国内外基金管理公司合作等方式，完善科技型中小微企业融资服务体系。

创新行政服务机制，优化双创服务水平。两江新区通过优化创新服务、规范服务监管、公开服务信息等方式，强化服务功能，为创新创业拓展空间、创造条件。两江新区重点推进“放、管、服”行政管理体制改革，简化工作流程，设立双创企业办理窗口，一窗对外、限时办理。同时实行提前介入和服务专员协办机制，建立联系工作机制，在全市率先探索实现企业登记全程电子化，并建设“一站式”创业公共服务智慧化平台，建立主动服务、后台保障的长效工作机制。两江新区开发建设市场信用监管平台，制定信用评级标准，规范监管行为，提高监管效能，明确监管责任①。

第四节　发 展 路 径

一、降低交易成本

斯密定理给出分工是经济增长的源泉，分工受限于市场范围。其实，分工演进就是创新过程。创新发展可以从古老的斯密传统找到依据。亚当·斯密在《国富论》的开篇论述分工，分工是指以前一个人做的工作现在由几个人来分别承担，每个人从事专业化生产。他认为生产力的进步是分工的结果，各种生产因分工而显著增长，这是国民富裕的基础；他以造针厂为例说明分工的生产力效果，凡能采用分工制的工艺，一经采用便能增进劳动生产力。

分工的过程必然伴随着专业化，人们从事的经济活动范围变小，甚至专于一业，各人专业化选择自己最熟练的生产，并用自己的产品与别人的产品进行交换。分工受到交换能力的限制，如果市场太小，人们没办法发展分工。手工业者往往聚集在中心城镇，可以扩大辐射的市场范围。亚当·斯密将市场范围与运输效率联系在一起，因为运输可以在一定程度上解决市场范围的问题。在亚当·斯密所处的时代，以马车为代表的陆运效率低下，而水运效率高得多，直至今天，水运仍具成本优势。因此，分工演进往往开始于沿海沿江地区，沿海沿江地区也往往是最先发达起来的地区。亚当·斯密强调积累和投资对发展分工的作用，要想通过分工来促进生产力和经济增长，“预储资财是绝对必要的”，储蓄和资本是专业化分工的前提条件，资本和投资是发展分工的工具。

以杨小凯为代表的新兴古典经济学结合了斯密的专业化分工思想以及科斯的交易费用思想，分工的好处与分工产生的交易费用的两难冲突决定了分工的水平。交易效率的改进会促进分工发展。杨小凯和张永生（2003）把交易费用区分为外生交易费用和内生交易费用，前者包括运输、通信基础设施等，斯密（1972）认为分工受限于市场范围，

① 两江新闻网. 两江新区出台五大政策，激发“双创”活力. www.liangjiang.gov.cn/content/2016-09/27/content_310679.htm，2016-09-27.

而市场范围取决于运输条件。中国流行的一句话——“要想富，先修路”就是这个道理。钱德勒（1987）在《看得见的手》一书中描述了铁路、电报联通了全美大市场，促进了美国大规模企业的发展。内生交易费用是指自利决策时人的机会主义行为所引起的交易费用，像逆向选择、道德风险、欺诈、掠夺等行为，可能使本可以增进福利的交易流产。交易费用与制度息息相关，科斯（2009）开创的新制度经济学旨在研究组织和制度的选择，以降低交易成本。

按比较优势发展产业，可以从两个路径进入良性循环。第一个路径是投资方面。因为储蓄和资本是专业化分工的前提条件，根据比较优势选择专业化分工，有竞争优势，积累较快，扩张的储蓄和资本促进进一步分工。第二个路径是需求方面。杨格（1996）在经典论文《报酬递增与经济进步》中指出，“分工取决于市场规模，而市场规模又取决于分工，经济进步的可能性就存在于上述条件之中”。他第一次论证了分工自我演进的机制，从而突破了斯密关于分工受市场范围限制的思想。杨格关于劳动分工自我演进的思想被称为“杨格定理”。专业化分工使劳动生产率提高、人均收入提高，进而购买力提高，市场规模扩大，反过来进一步促进分工的演进。

按照比较优势发展，其前提是有效降低交易成本。一是降低硬设施有关的交易成本，包括各种基础设施（包括交通、电力、通信等）的完善。例如，若技术相当，钢铁产业布局在上海（宝钢）比武汉（武钢）交易成本更低，武汉（武钢）比重庆（重钢）更低，重庆比不沿江不靠海的某个内陆地区更低，主要原因是能依靠水运条件降低运输成本。不沿江不靠海的内陆地区要布局冶炼产业（如攀钢），一定选择靠近矿产资源丰富的地区，但仍然面临产品物流费用较高的问题。西部地区虽然开通中欧班列或依靠日益发达的铁路网，但铁路运输的成本比水运要高。二是降低软设施有关的交易成本，完善法律和制度。例如，统一度量衡、建立会计做账标准、统一铁轨间距标准、统一产品制式等就是为了降低交易成本。货币作为交易媒介是人类降低交易成本的伟大发明，货币把人们从物物交换的不便中解脱出来。各地强调建设“水空铁”无缝联运体系，旨在降低运输成本。另外，要减少机会主义行为引起的交易费用，则要依靠法治。钱颖一（2000）指出：法治是现代市场经济有效运作的条件。法治一方面约束政府，限制政府对经济活动的任意干预；另一方面约束经济人的行为，其中包括产权界定和保护、合同的执行、公平裁判、维护市场竞争。要建立完善的市场机制，让市场在资源配置中起决定性作用，各种价格信号可以反映各种要素的相对稀缺性。政府要在金融、教育、生态环境、政务服务等软设施上营造良好环境，降低交易成本，便利生产经营和生活条件。要推进新时代加快完善社会主义市场经济体制的进程，构建更加完善的要素市场化配置体制机制，通过进一步改革开放，推进西部大开发形成新格局。

二、创新驱动增长

创新是经济发展的源泉。在奥地利学派经济学大师熊彼特看来，创新是“建立一种新的生产函数”，把一种“生产要素新组合”引进生产体系。他把创新区分为五种情况：①采用一种新的产品；②采用一种新的生产方法；③开辟一个新的市场；④获取一种新的供应来源；⑤实现一种新的组织。后来人们将他这一段话归纳为五个创新，分别是产品创新、技术创新、市场创新、资源配置创新、组织创新，组织创新也可看作部分的制度创新。南京大学洪银兴（2011）指出，创新型经济是体现资源节约和环境友好的要求，以知识和人才为依托，以创新为主要推动力，以发展拥有自主知识产权的新技术和新产品为着力点，以创新产业为标志的经济，经济增长由主要靠物质投入推动转向创新驱动，构建具有自主创新能力的现代产业体系，企业是技术创新的主体，大学和科研机构是技术创新体系的重要力量。

波特（2002）指出，在经济发展的不同阶段，驱动经济增长的力量是不同的，经济发展可分为四个阶段，即要素驱动阶段、投资驱动阶段、创新驱动阶段和财富驱动阶段。随着经济发展水平提高，从要素驱动阶段、投资驱动阶段逐渐向创新驱动阶段转变。在创新驱动阶段，经济发展不再严重依赖自然资源、劳动力和资本的投入，而是依赖于国家和企业的创新能力。

完善国家重大科研基础设施布局，支持西部地区在特色优势领域优先布局建设国家级创新平台和大科学装置。加快在西部具备条件的地区创建国家自主创新示范区、科技成果转移转化示范区等创新载体。进一步深化东西部科技创新合作，打造协同创新共同体。支持“双一流”高校对西部地区开展对口支援。深入推进大众创业万众创新，促进西部地区创新创业高质量发展。健全以需求为导向、以企业为主体的产学研一体化创新体制，鼓励各类企业在西部地区设立科技创新公司。支持国家科技成果转化引导基金在西部地区设立创业投资子基金。

实施创新的主体是企业家，要激发和保护企业家精神。加强科技研发，加大政府支出引进高科技人才力度，补贴引进科研机构和研发团队入驻，在关键技术领域创造突破，强化知识产权保护。构建产学研协同创新机制，加强产业主体和科研院所之间的合作创新，加强科技成果就地转化，促进军民融合发展。推进改革创新，弘扬创新文化，崇尚创业精神，宽容创业失败。加大产权保护力度，发展风险投资和资本市场，解决创业者融资难、融资贵问题。建立创客空间，搭建创新创业载体。吸引创业主体入驻，孵化、指导新创企业成长。着力降低创业成本，提高创业服务水平，帮助解决创业者遇到的难题。搭建创业大赛、企业家论坛、园区餐厅咖啡屋等交流空间，形成技术扩散的氛围。优化企业家生活环境，在生态环境、人才公寓、子女入学、医疗保健、休闲娱乐等方面提升生活品质。

着力发展民营经济，提高民营经济在地区生产总值中的占比，健全平等保护的法制环境。消除所有制歧视，建立竞争中性原则。切实保护民营企业家人身和财产安全，理解企业家，尊重企业家，爱护企业家，支持企业家。依法保护民营企业财产权、创新权益、自主经营权，稳定企业家预期，激发民营企业家创新创业创富热情。坚决反对和纠正以权谋私、钱权交易、贪污贿赂、吃拿卡要等违纪违法行为，保障企业合法经营。促进民营企业规范健康发展，按照罪刑法定、疑罪从无的原则处理民营企业的一些不规范行为。人民法院发挥审判职能，提供更好的司法保障服务，让民营企业增强安全感、获得感。设立民营经济权益保护机构，使民营权益保护与民营经济工作绩效考核挂钩，建立市场主体维权服务平台。

长期以来，西部县域经济发展面临比较封闭、保守的局面。要解放思想，破除束缚，让民营经济法无禁止即可为。敢于先行先试，在电力、电信、铁路、石油、天然气等重点领域放开竞争性业务，引入市场竞争机制；在重大规划、重大项目、重大工程、重大活动中积极吸引民营企业参与。加快推进民间资本进入能源、通信、金融等领域的试点工作，吸纳民营资本参与产业园区和公共基础设施建设。营造良好的政策环境，降低民营企业经营成本，建立和完善税收优惠、财政补贴、人才引进和培育、行业准入、企业孵化、招商引资、要素保障、政务服务等政策。

三、强化创新保障

（一）基础设施先行

西部地区发展滞后与基础设施条件较差有关。亚当·斯密在《国富论》中强调，全世界最先发达起来的地区总是沿海沿江地区，原因是沿海沿江地区有良好的水运条件，可以大大降低交易成本，从而促进分工演进和产业投资，同时面向更广的市场范围。现代工商业是在铁路、电报等基础设施发展起来之后才出现大规模生产。我国西部地区的基础设施比较落后，不沿江不沿海，道路系统仍在完善之中。因此，西部地区应着力发展高速公路、铁路（含高铁）、机场、桥梁等道路基础设施。完善通信、电力、油气管网、水利、环境等基础设施。西部地区也要打造良好的学校、医院、政务服务等公共服务设施。

通江达海是西部地区的梦想，构建西部陆海新通道可以逐步实现这一梦想。2019 年 8 月，国家发展和改革委员会印发《西部陆海新通道总体规划》。西部陆海新通道位于我国西部地区腹地，北接丝绸之路经济带，南连 21 世纪海上丝绸之路，协同衔接长江经济带。随着区域协调发展战略的深入推进，需要强化西部地区交通基础设施建设，扩大既有通道能力，协同衔接长江经济带发展，提升物流发展质量和效率。

西部陆海新通道的战略定位是推进西部大开发形成新格局战略通道，是连接丝绸之路经济带和 21 世纪海上丝绸之路的陆海联动通道，支撑西部地区参与国际经济合作的陆海贸易通道，促进交通物流经济深度融合的综合运输通道。建设自重庆经贵阳、南宁至北部湾出海口（北部湾港、洋浦港），自重庆经怀化、柳州至北部湾出海口，以及自成都经泸州（宜宾）、百色至北部湾出海口三条通路，共同形成西部陆海新通道的主通道。着力打造国际性综合交通枢纽，充分发挥重庆位于“一带一路”和长江经济带交汇点的区位优势，建设通道物流和运营组织中心；发挥成都国家重要商贸物流中心作用，增强对通道发展的引领带动作用；建设广西北部湾国际门户港，发挥海南洋浦的区域国际集装箱枢纽港作用，提升通道出海口功能。

围绕主通道完善西南地区综合交通运输网络，密切贵阳、南宁、昆明、遵义、柳州等西南地区重要节点城市和物流枢纽与主通道的联系，有力支撑西南地区经济社会高质量发展。强化主通道与西北地区综合运输通道的衔接，加强西部陆海新通道与丝绸之路经济带的衔接，提升通道对西北地区的辐射联动作用。同时，注重发挥西南地区传统出海口湛江港的作用，加强通道与长江经济带的衔接[①]。

（二）营造良好营商环境

营商环境代表着制度基础设施，是旨在降低交易费用的软设施，营商环境越好的地方，投资的信心越足，投资和经济活力越强。习近平总书记指出“营商环境只有更好，没有最好”[②]，要“以优化营商环境为基础，全面深化改革”[③]。李克强总理在 2018 年 1 月 3 日国务院常务会议上指出，软硬环境都重要，硬环境要继续改善，更要在软环境建设上不断有新突破，让企业和群众更多受益[④]。国务院常务会议强调，要把进一步优化营商环境作为促进高质量发展、应对复杂形势的重要举措。2019 年 10 月 8 日，国务院常务会议审议通过《优化营商环境条例（草案）》，这是各地优化营商环境的指导性文件。

深化“放管服”改革，加快建设服务型政府。落实市场准入负面清单制度，推动“非禁即入”普遍落实。推行政务服务“最多跑一次”和企业投资项目承诺制改革，大幅压缩工程建设项目审批时间。落实减税降费各项政策措施，着力降低物流、用能等费用。实施“双随机、一公开”监管，对新技术、新业态、新模式实行审慎包容监管，提高监管效能，防止任意检查、执法扰民。强化竞争政策的基础性地位，进一步落实公平竞争审查制度，加快清理废除妨碍统一市场和公平竞争的各种规定和做法，持续深入开展不正当竞争行为治理，形成优化营商环境长效机制。

国家持续深化简政放权、放管结合、优化服务改革，最大限度减少政府对市场资源的直接配置，最大限度减少政府对市场活动的直接干预，加强和规范事中事后监管，着力提升政务服务能力和水平，切实降低制度性交易成本。优化营商环境应当坚持市场化、法治化、国际化原则，对标国际先进水平，为各类市场主体投资兴业营造稳定、公平、透明、可预期的良好环境。加强市场主体保护、改善市场环境、完善政务服务、完善监管执法、强化法治保障。压减企业开办时间，保障平等市场准入，规范涉企收费，简化企业注销流程等。在基础产业领域放宽准入，鼓励竞争，推进体制创新，提升政务服务水平，精简行政许可和优化审批服务，完善在线政务平台，推进“最多跑一次”和“全程网办”改革。完善法治保障，规范和创新监管执法，构建亲清新型政商关系，听取民营企业诉求，帮助解决民营企业的实际困难，等等。

世界银行的营商环境报告包括开办企业、处理建设许可、获得电力、注册产权、获得信用、保护小投资者、税赋、跨境贸易、实施契约、解决破产等指标。近年来，中国的营商环境显著改善，2019 年，中国的营商环境排名第 46 位，上升 32 位。西部地区县域经济尤其要重视营商环境，让投资者放心，进得来，有钱赚，出得去。政府对投资企业要服务好、照顾好，构建亲清新型政商关系，解决企业的实际困难。

---

① 新华网. 我国印发《西部陆海新通道总体规划》. http://www.xinhuanet.com/2019-08/15/c_1124880536.htm，2019-08-15.

② 共产党员网. 习近平在首届中国国际进口博览会开幕式上的主旨演讲. http://www.12371.cn/2018/11/05/ARTI1541394181986723.shtml?from=timeline，2018-11-05.

③ 刘晓君. 以优化营商环境为基础全面深化改革. 黑龙江日报，2018-11-06.

④ 新华社. 李克强主持召开国务院常务会议，部署进一步优化营商环境. https://baijiahao.baidu.com/s?id=1588576197996582377&wfr=spider&for=pc，2018-01-03.

成都市于 2019 年 2 月 11 日召开了国际化营商环境建设年动员大会。对标国际一流，培育国际化投资经营环境，成都将 2019 年确立为“国际化营商环境建设年”，致力于打造国际化营商环境先进城市，努力提升营商环境和市场化水平，增强城市软环境竞争力。聚焦国际化、法治化、便利化三个维度，以壮士断腕的决心向“盆地意识”“西部思维”“固有旧习”说不，着力破解企业集中反映的痛点、难点、堵点。政府、社会、市场协同发力，“人人都是营商环境，人人都是建设者”；大力培育“遵守法律即安全，按章就能办成事”“办事不用求人，办成事不用找人”的营商环境。

成都加强营商环境建设，国际化是目标、市场化是基础、法治化是保障、便利化是重点。从五个方面重点突破：①要在市场准入上大胆创新突破，全面实行“准入前国民待遇加负面清单管理制度”，为各类投资者敞开开放之门。②要在政务效率上大幅创新突破，主动深化“放管服”改革，能减的彻底减到位，能放的坚决放到位，努力实现审批最少、流程最优、效率最高、服务最好。③要在要素配置上大力创新突破，进一步深化要素供给侧结构性改革，以政府“有形之手”引导专业化企业参与全球供给体系建设、产业功能区建设和市场化改革，千方百计降低企业经营、建设和运营成本。④要在市场监管上大胆创新突破，高标准建立以包容创新、审慎执法为理念的市场监管制度，为市场在法治保障下发挥资源配置的决定性作用提供坚强保障。⑤要在权益保护上大力创新突破，建立以提高企业安全感为导向的合法权益保护制度，让每一位企业家吃下定心丸、安心谋发展。

成都市推出“1+10”方案打造国际化营商环境，即 1 个行动方案、10 个配套行动计划。行动方案提出到 2019 年底，营商环境短板弱项明显改善，所有涉企事项网上可办率提高至 95%以上，办理时限压缩 30%以上，部分领域营商环境指标达到国际公认的先进水平。到 2020 年底，以企业为中心的全生命周期服务水平显著提升，力争涉企事项网上可办率达 100%，办理时限压缩 50%以上，各领域营商环境指标全面进入国际先进行列，在全国营商环境评价排名中位居前十强，加快打造国际化营商环境先进城市。

深化全面创新改革，着力优化创新创业环境。建立市场导向的创新创业生态，推动知识产权创造、保护和运用，优化科技成果转移转化服务体系，培育新产品新模式新业态应用场景，完善人才引育和评价激励机制，推进包容审慎监管。

深化“放管服”改革，着力优化政务服务环境。全面提升网络理政效能，大幅压减企业开办时间，深入推进“证照分离”。推广“首证通”新模式，全面推进企业简易注销，大幅压减工程建设项目审批时间。全面实施企业投资项目承诺制，建立重点投资项目“首席服务制”，全面推行“区域评估”，推进中介服务市场化进程，提升缴纳税费便利度，全面压减财产登记时间。

深化要素供给侧改革，打造产业服务示范环境。提升企业获得信贷便利度，提升企业获得电力便利度，提升企业获得给水便利度，提升企业获得用气便利度。

深化贸易和投资自由化便利化改革，打造内陆开放领先环境。全面提高市场开放度，推进跨境贸易便利化。

深化产权保护制度改革，着力构建法治化市场环境。严格依法保护产权，完善社会信用体系建设，构建亲清新型政商关系。

（三）产业转型升级

以林毅夫（2010，2012）为代表的新结构主义认为，要基于要素禀赋结构发展具有比较优势的产业。发达国家资本相对丰富，因此在资本技术密集型产业上有优势；发展中国家的资源和劳动力相对丰富，因此在资源或劳动力密集型产业上有优势。波特（2002）提出国家竞争优势理论，如果一个国家按比较优势发展就会具有竞争优势。按照比较优势发展，可以创造最多的剩余和积累，资本积累越快，发展分工的条件就越充分。随着资本的积累，要素禀赋结构也会提升，产业结构会从资源或劳动力密集型向资本或技术密集型转型升级。

在新古典经济学的成本理论中，厂商追求成本最小化。中国的劳动力价格相对较低，等成本曲线较为平缓，实现最优化时，使用较多的劳动力、较少的资本，采用劳动力密集型生产技术具有竞争优势，如图 1-5（a）所示。劳动密集型产业种类繁多，包括纺织、服装、鞋类、玩具、皮革、家具、陶瓷、打火机、电子产品组装、服务业等，这些产业技术门槛较低，资本需求较少，劳动力使用较多，对增加 GDP、财税、解决就业、出口创汇都具有十分重要的作用。中国制造的产品在全球范围内畅销，中国成为全球制造中心。发展劳动密集型产业，是从改革开放后才开始的，中国由 20 世纪 50 年代初的进口替代战略转向出口导向战略，放弃 20 世纪 50 年代初确立的重工业优先发展战略，转向发展劳动力密集的轻工业。发展劳动力密集的轻工业，是符合经济规律的，契合了中国的要素禀赋条件，因而具有比较优势，具有竞争优势。

近年来，随着中国的人口增速下滑，农村剩余劳动力转移基本完成，劳动力的工资趋向上涨，土地、房地产等要素也趋向上涨，而资本随着不断积累变得相对丰富，因此，中国的要素禀赋结构正在发生变化，等成本线变陡，最有效率的生产要求发生资本对劳动力的替代，见图 1-5（b），成本最小化的点从 *A* 点向 *B* 点转变。在生产实践中，资本对劳动的替代正在发生，机器在生产中的使用不断增多，供给侧结构性转型升级正在发生。

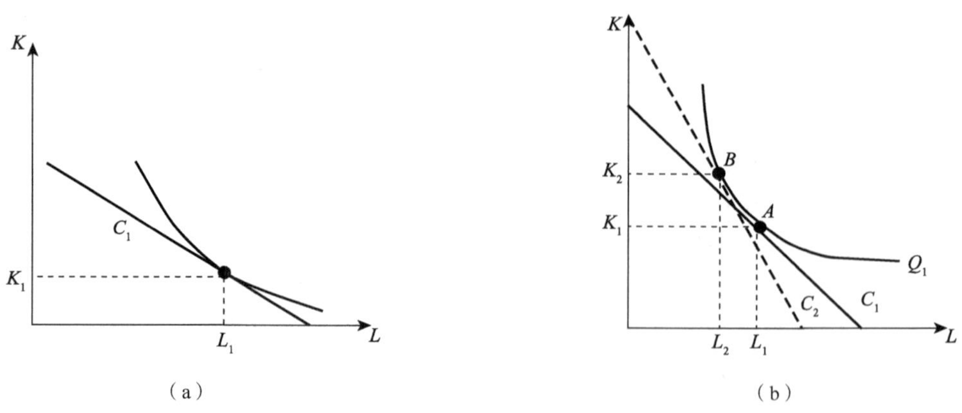

图 1-5　要素价格变化与产业转型

西部地区县域经济产业的选择要基于资源要素禀赋优势，发展具有比较优势的产业，否则难以形成竞争优势，也就没有生存发展的空间。

推动形成现代化产业体系，实现产业集群化发展。推动发展现代制造业和战略性新兴产业。积极发展大数据、人工智能和“智能+”产业，大力发展工业互联网。推动农村一、二、三产业深度融合，促进农牧业全产业链、价值链转型升级。支持发展生态集约高效、用地规范的设施农业。加快发展现代服务业特别是专业服务业，加强现代物流服务体系建设。推动“互联网+教育”“互联网+医疗”“互联网+旅游”等新业态发展，推进网络提速降费，加快发展电子商务（含跨境电商）。支持西部地区发挥生态、民族民俗、边境风光等优势，深化旅游资源开发，提升旅游服务水平。依托风景名胜区、边境旅游试验区等，大力发展旅游休闲、健康养生等服务业。

着力发展实体经济，提升县域工业化水平，针对大消费、老年化社会相关产业着力发展第三产业。对传统产业进行改造升级，发展现代农业，如茶叶、蔬菜、水果、林木、养殖等，提高农产品附加值，发展本地农产品精深加工。发展资源采掘业，提高采掘业生产安全和生态环境保护水平。承接发达地区产业转移，发展劳动密集型制造业。发展现代服务业特别是生产性服务业，发展商业、电子商务、现代物流业、旅游业等服务产业。

2019 年，四川省宜宾市珙县县委县政府《关于贯彻落实高质量发展要求推进县域经济转型提质升位三年攻坚行动的实施意见》明确提出，创新转型，优化产业结构。坚持建设特色鲜明“资源转化创新区”发展取向，全要素、全链条、全地域谋划、布局和发展县域经济。深化“双轮驱动”战略，大力推动水泥、陶瓷等传统产业转型升级；统筹推进页岩气、石英砂、玄武岩等优势资源就地深度转化利用，加快发展新能源、新材料、绿色建材等先导性、支柱性新兴产业。深化农村产权制度系列改革，培育壮大新型农业经营主体，全面提升蚕桑、茶叶、烤烟、畜牧和林业综合开发“4+1”特色优势产业发展水平，大力发展科技农业、绿色农业、品牌农业、质量农业。高起点推进全域旅游发展，培育县域经济新增长极；加快发展金融、物流、信息、康养等现代服务业，提升新兴服务业发展比重和层次，增强第三产业对全县生产总值的贡献率。

（四）开放促进创新发展

加大西部地区开放力度，积极参与和融入“一带一路”建设，强化开放大通道建设，构建内陆多层次开放平台，加快沿边地区开放发展，发展高水平开放型经济，拓展区际互动合作，积极对接京津冀协同发展、长江经济带发展、粤港澳大湾区建设等重大战略。持续扩大开放，可以扩展市场范围，有利于分工演进和创新发展，优化产业链全球布局。要以“一带一路”建设为重点，坚持引进来和走出去并重，利用国际国内两个市场、两种资源。拓展对外贸易，培育贸易新业态新模式，实行高水平的贸易和投资自由化便利化政策，大幅度放宽市场准入，扩大服务业对外开放，保护外商投资合法权益，平等对待国内外企业和企业家。我国持续优化区域开放布局，加大西部开放力度。赋予自由贸易试验区更大改革自主权，探索建设自由贸易港。

西部县域经济发展要充分利用“一带一路”“长江经济带”“成渝地区双城经济圈”建设等，把西部大开发与区域开放紧密联系在一起。坚持“四向拓展，全域开放”，借力中欧班列，沿丝绸之路经济带向西开放，沿长江经济带向东开放，借力南向通道，对接21 世纪海上丝绸之路。主动对接京津冀、长三角、粤港澳、北部湾等开放前沿，扩大对外开放合作，打造内陆开放高地，建设自贸区、保税区等对外开放平台。

2018 年 6 月，四川省委十一届三次全会提出“四向拓展、全域开放”的开放政策，深度融入“一带一路”建设、长江经济带发展、新一轮西部开发开放等，突出南向、提升东向、深化西向、扩大北向，加快形成“四向拓展、全域开放”立体全面开放新态势。推进开放大通道建设，推动民用航空强枢纽、铁路发展提速度、公路网络上档次、内河航运扩能力，重点推进进出川高速铁路大通道和国际航空枢纽机场建设。打造高水平开放平台，高质量建设中国（四川）自由贸易试验区。

（五）激发和保护企业家精神

创新的主体是企业家，企业家精神是企业家实施创新创业的内在动力。习近平总书记指出：“我们全面深化改革，就要激发市场蕴藏的活力。市场活力来自于人，特别是来自于企业家，来自于企业家精神。”[①]民营企业和民营企业家是我们自己人。党的十九大报告强调，激发和保护企业家精神，鼓励更多社会主体投身创新创业。中央全面深化改革领导小组第三十四次会议通过了《关于进一步激发和保护企业家精神的意见》。习近平总书记大力倡导和推行“理解企业家，尊重企业家，爱护企业家，支持企业家”[②]的理念。习近平在民营企业座谈会上的讲话中提出，要保护企业家的人身和财产安全。构建良好政治生态，“坚决反对和纠正以权谋私、钱权交易、贪污贿赂、吃拿卡要、欺压百姓等违纪违法行为”[③]。为民营经济发展创造健康环境。纪检监察机关在履行职责过程中，有时需要企业经营者协助调查，这种情况下，要查清问题，也要保障其合法的人身和财产权益，保障企业合法经营。对一些民营企业历史上曾经有过的一些不规范行为，要以发展的眼光看问题，按照罪刑法定、疑罪从无的原则处理，让企业家卸下思想包袱，轻装前进。要甄别纠正一批侵害企业产权的错案冤案。

西部县域经济发展过程中，要切实激发和保护企业家精神，只有依靠企业家、壮大企业家队伍才能保证经济活力。良好的营商环境、良好的企业家经济政治生态是地方吸引投资，发展产业，促进经济健康发展的不二法宝。防止出现招商引资“JQK”现象[④]，如果只招商，不护商，不养商，不但进来的会死掉，而且新的不会再进来，地方产业发展将变成一潭死水。

参 考 文 献

波特 M. 2002. 国家竞争优势. 李明轩，邱如美译. 北京：华夏出版社.
洪银兴. 2011. 关于创新驱动和创新型经济的几个重要概念. 群众，（8）：33-35.

---

① 宋志平. 以企业家精神激发市场活力. http://theory.people.com.cn/n1/2017/0331/c40531-29181161.html，2017-03-31.
② 张汉飞. 大力弘扬企业家精神. http://theory.people.com.cn/n1/2017/0605/c40531-29316865.html，2017-06-05.
③ 习近平. 在民营企业座谈会上的讲话. http://www.gov.cn/xinwen/2018-11/01/content_5336616.htm，2018-11-01.
④ “JQK”现象是指新官不认旧账，招商引资时先用各种优惠政策把企业“勾住”，“圈进来”再“揩油”的现象。

科斯 R. 2009. 企业、市场与法律. 盛洪，陈郁译. 上海：格致出版社.
林毅夫. 2010. 新结构经济学——重构发展经济学的框架. 经济学（季刊），（1）：6-37.
林毅夫. 2012. 新结构经济学：反思经济发展与政策的理论框架. 北京：北京大学出版社.
钱德勒 D. 1987. 看得见的手. 重武译. 北京：商务印书馆.
钱颖一. 2000. 市场与法治. 经济社会体制比较，（3）：1-11.
斯密 A. 1972. 国民财富的性质和原因的研究（上卷）. 郭大力，王亚南译. 北京：商务印书馆.
杨格 A. 1996. 报酬递增与经济进步. 贾根良译. 经济社会体制比较，（2）：52-57.
杨小凯，张永生. 2003. 新兴古典经济与超边际分析（修订版）. 北京：社会科学文献出版社.
袁正. 2016. 经济增长理论的古典复兴与供给侧改革. 广东财经大学学报，（3）：4-14.
袁正. 2018. 斯密科斯框架与经济发展. 绵阳师范学院学报，（6）：1-7.

第二章　创新发展：西部县域经济结构调整

中国共产党第十九次全国代表大会做出“贯彻新发展理念，建设现代化经济体系”的重大战略部署，为推动我国经济持续健康发展指明了方向。习近平总书记指出：“我国经济已由高速增长阶段转向高质量发展阶段，正处在转变发展方式、优化经济结构、转换增长动力的攻关期，建设现代化经济体系是跨越关口的迫切要求和我国发展的战略目标。”①

深入贯彻新发展理念，我国经济发展的驱动模式就必须实现从原来的要素驱动向创新驱动转变，协调促进区域之间、城乡之间均衡一体化发展，大力推进生态文明建设，发掘培育新的国际竞争优势，全面提高共享发展水平。为深入贯彻新发展理念，我国在经济发展方面的主要任务是建设现代化经济体系，实现经济高质量发展。加快经济结构调整，提高国民经济整体素质，增强区际、国际竞争力，是建设现代化经济体系，实现经济高质量发展的重要路径。

西部县域经济在我国的经济版图中占有重要的地位。落实新发展理念，建设现代化经济体系，推动经济发展质量变革、效率变革和动力变革，已经成为当前西部县域经济亟待解决的问题。西部县域经济结构调整的总体目标是加快实现县域产业优化升级，实现县域城乡经济一体化均衡发展，从整体上提高县域经济质量。县域经济高质量发展是经济规模与发展速度增长到一定阶段后，经济效率提升、新旧动能转换、经济社会协同发展、人民生活水平明显提高，环境质量显著改善的结果，是“创新、协调、绿色、开放、共享”五大发展理念的具体体现（任保平和李禹墨，2018）。

新时代我国社会的主要矛盾已转化为人民日益增长的美好生活需要和不平衡不充分的发展之间的矛盾，西部县域差距过大的矛盾相对突出，只有补足短板、补齐薄弱环节，形成均衡发展结构，增强发展的整体性和协调性，才能保障发展的后劲。西部县域经济创新发展的结构调整主要包括产业结构的优化升级、城乡结构的发展协调、企业结构的合理并存、投资消费结构的比例适当四个方面。

---

① 习近平. 决胜全面建成小康社会 夺取新时代中国特色社会主义伟大胜利——在中国共产党第十九次全国代表大会上的报告. 北京：人民出版社，2017.

第一节　发展现状

一、产业结构

（一）产业结构总体概况

根据国家统计局2016~2018年的统计年鉴，本章整理计算了我国东、中、西部及全国三大产业占比相关数据，具体见表2-1。

表2-1　2016~2018年我国东、中、西部及全国三大产业占比相关数据

年份	2016年			2017年			2018年		
项目类别	第一产业占比	第二产业占比	第三产业占比	第一产业占比	第二产业占比	第三产业占比	第一产业占比	第二产业占比	第三产业占比
东部	5.57%	42.10%	52.33%	4.89%	41.48%	53.63%	4.75%	40.78%	54.47%
中部	10.98%	44.21%	44.81%	9.58%	43.89%	46.53%	9.08%	42.48%	48.44%
西部	11.87%	42.95%	45.18%	11.39%	41.19%	47.42%	11.05%	40.50%	48.45%
全国	8.16%	42.79%	49.05%	7.33%	42.01%	50.66%	7.08%	41.14%	51.78%

资料来源：中国经济信息网统计数据库

根据产业结构演化发展的一般规律，随着经济的发展及人均国民收入水平的提高，国民收入和劳动力首先由第一产业向第二产业转移，然后再向第三产业转移。第一产业实现的国民收入在整个国民收入中的比重及劳动力在总劳动力中的比重均不断下降；第二产业实现的国民收入的相对比重大体上升，工业部门中劳动力的相对比重大体不变或略有上升；第三产业的劳动力相对比重呈现上升趋势，但国民收入的相对比重并不必然与劳动力的相对比重上升趋势同步，综合起来看是大体不变或略有上升。

由表2-1可知，就总体情况而言，西部地区第一、二、三产业现状如下。

从第一产业发展现状来看，2018年西部地区的第一产业产值占比总体仍然偏高，从业人数较多，尽管西部地区第一产业在国民经济中的比重有所下降，但是速度较为缓慢，且仍比全国平均水平高出4个百分点，说明其产业结构水平还较低。

从第二产业发展现状来看，西部地区的第二产业产值占比呈逐年逐步下降趋势，但绝对占比仍然比较高。自2016年以来，西部地区第二产业占比均与全国平均水平接近，且与东部地区的差距逐年缩小，由0.85%降低到0.28%，表明西部地区第二产业充分发挥了持续发展的潜力。

从第三产业发展现状来看，随着西部大开发战略的大力深入实施，西部各省（区、市）的旅游业不断发展，使得第三产业的地位和作用逐渐突出，第三产业占比从2016年的45.18%增长到48.45%；但较之于东部地区，还有一定差距，每年与全国平均水平相差保持在3~4个百分点。在西部第三产业的内部，占有较大比重的还是传统低层次服务业，其对于经济增长及结构调整的作用还不够明显。

总体而言，西部县域经济结构调整取得了很大进展，但是产业结构还不尽合理，第一产业占比高于全国平均水平较明显，第二产业发展迅速，但工业化基础仍然薄弱，第三产业发展势头较弱，以至于在就业创造等方面，西部地区绝大部分省（区、市）均低于全国平均水平。因此，目前在西部县域经济产业体系中，第三产业仍有较大的发展空间，诸如物流咨询、保险、金融等服务型、知识型产业与生产性服务业，需要投入资源进行大力发展，调整服务行业的竞争力以提升产业结构质量。

（二）第一产业发展现状

为了进一步研究西部县域经济第一产业的实际情况，我们分县域统计了西部 12 个省（区、市）所有县域 2017 年三大产业发展实际情况。根据研究需要，把县域产业占比 35%[①]作为衡量标准，县域产业占比超过 35%即意味着该产业在整个县域经济中占有重要的分量。从西部县域三大产业占比来看，第一产业增加值比重相比第二、三产业略低一些。在西部各省（区、市）中，农业、畜牧业等增加值大多小于工业增加值。

在西部 12 个省（区、市）县域经济数据中，第一产业比重占比超过 35%的县级行政区数量统计中，最多的是新疆，一共有 24 个县级行政区的第一产业占比在 35%以上（图 2-1）。21 世纪以来，新疆农业生产以市场为导向，以结构调整为重点，以增加农牧民收入为目标，保障粮食安全、棉花产量稳定，在保证基本农业稳定发展的基础上，农业结构开始向以林果业为主导、围绕畜牧业的战略方向转移。近年来新疆在三个方面同时发力，即通过政策支持、资金投入和科技推广，努力加快水土开发以及特色农产品基地建设，大力调整农业产业结构，形成了具有地方特色的农业产业体系。

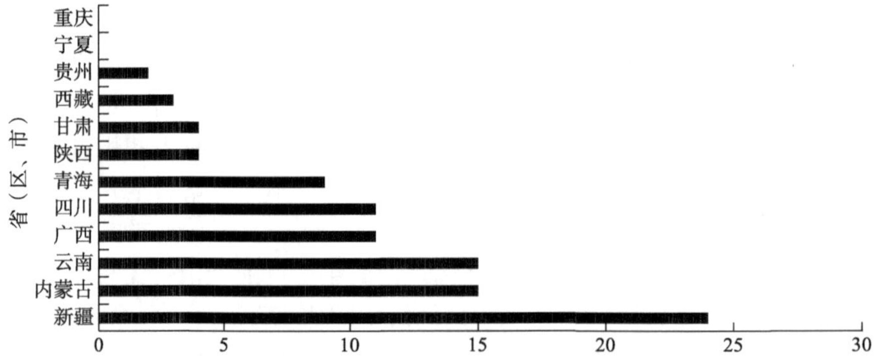

	新疆	内蒙古	云南	广西	四川	青海	陕西	甘肃	西藏	贵州	宁夏	重庆
■ 数量	24	15	15	11	11	9	4	4	3	2	0	0

图 2-1　2017 年西部县域第一产业占比 35%以上的县级行政区数量

资料来源：中国经济信息网统计数据库

排在第二位的是内蒙古和云南两个省区，第一产业占比 35%以上的县级行政区数量并驾齐驱，都为 15 个。内蒙古地域辽阔，畜牧业尤为发达。根据内蒙古自治区统计局的报告，2018 年全年粮食产量首次突破 700 亿斤[②]大关，达到 710.6 亿斤（3 553 万吨），

① 根据研究需要，为了便于比较，本书把县域产业占比 35%作为一个重要指标，县域产值超过 35%即意味着该产业在整个县域经济中占有重要的分量。

② 1 斤=0.5 千克。

居全国第 8 位，取得“十五连丰”的佳绩，特别是自 2013 年以来，连续 6 年稳定在 600 亿斤以上。主要畜禽产品产量稳中有增，猪牛羊禽肉产量 259.2 万吨，比上年增长 0.8%。猪肉产量 71.8 万吨，下降 2.3%；牛肉产量 61.4 万吨，增长 3.3%；羊肉产量 106.3 万吨，增长 2.1%；禽肉产量 19.7 万吨，下降 2.0%；牛奶产量 565.6 万吨，增长 2.3%。云南地处亚热带地区，作为农业大省，一直以来第一产业增加值都较高；与内蒙古的绝对数量相比，要高出一些。

第一产业占比 35%以上的县级行政区数量的省（区、市）中，宁夏、重庆均为零，贵州为 2 个，西藏为 3 个。宁夏由于整体县级行政区数量较少（24 个），地域面积相比其他西部省（区、市）要小很多，在第二、三产业的发展方面表现更好。根据宁夏回族自治区统计局的经济社会发展成就系列报告之四，宁夏各地在发展壮大县域经济的同时，着力推进经济结构调整优化。从一、二、三产业比例关系看，2018 年与 1978 年相比，宁夏县域经济第一产业增加值占生产总值比重均有明显降低，其中银川、石嘴山、吴忠、固原、中卫等地 22 个县级行政区第一产业所占比重分别降低 17.2 个百分点、11.7 个百分点、20.0 个百分点、46.6 个百分点、34.9 个百分点。重庆的情况与宁夏类似，地理面积较小且主要集中在第二、三产业上。

（三）第二产业发展现状

第二产业一直以来作为西部地区的重要产业，为西部地区生产总值的快速增长做出了重要贡献，虽然第三产业正在逐步超越第二产业成为支柱产业，但短时间内西部县域工业增加值做出的贡献仍然不可小觑。2017 年西部第二产业占比 35%以上的县级行政区数量四川位居第一，一共有 92 个；排在第二位的是内蒙古，有 85 个；广西有 81 个，位居第三；宁夏最少，只有 15 个（图 2-2）。四川、内蒙古及广西在西部省（区、市）中第二产业占比在 35%以上的县级行政区数量居于前三名，说明四川、内蒙古、广西三省区的县域工业经济发展较之于西部其他省（区、市）基础好，势头足。但多年来，西部县域经济中第二产业发展给自然环境、可持续发展等带来了长期不利的影响。

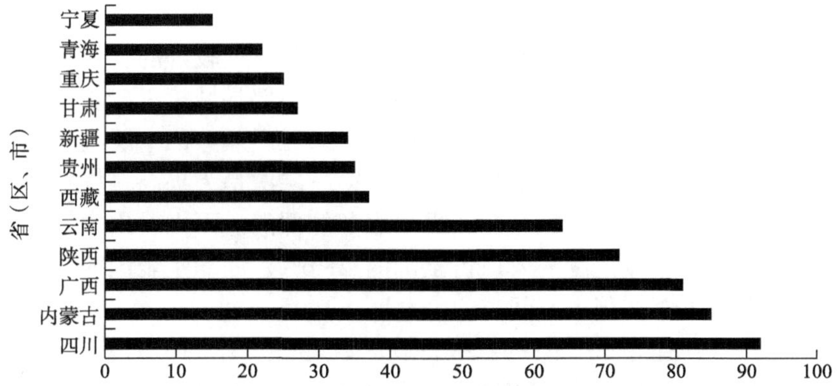

	四川	内蒙古	广西	陕西	云南	西藏	贵州	新疆	甘肃	重庆	青海	宁夏
■数量	92	85	81	72	64	37	35	34	27	25	22	15

图 2-2　2017 年西部县域第二产业占比 35%以上的县级行政区数量

资料来源：中国经济信息网统计数据库

据 2018 年四川省统计局数据，四川工业分经济类型看，国有企业增加值同比增长 7.3%，集体企业增长 5.5%，股份制企业增长 9%，外商及港澳台商投资企业增长 5.8%。分行业看，41 个大类行业中有 37 个行业增加值保持增长。其中，计算机、通信和其他电子设备制造业增加值同比增长 11.1%，酒、饮料和精制茶制造业增长 11.4%，电力、热力生产和供应业增长 8.7%，非金属矿物制品业增长 8.2%，汽车制造业增长 6.1%。

据内蒙古自治区统计局数据，内蒙古第二产业的产出结构总体呈现上升趋势。改革开放以来特别是西部大开发以来，内蒙古第二产业投资力度加大，投资增速加快，一直处于稳步的上升状态，第二产业的产出结构始终保持在 40%以上。近些年来第二产业正处于快速发展阶段，面临着新的机遇。

2017 年西部县域第二产业占比 35%以上的县级行政区数量统计中，宁夏只有 15 个，排在最后。虽然宁夏第二产业占比 35%以上的县级行政区数量的绝对数较低，但其县域经济第二产业整体表现不俗。根据《新中国成立 70 周年宁夏经济社会发展成就系列报告之二》，宁夏工业结构门类实现了由简到全，再向优势特色产业不断发展壮大转变。

改革开放四十多年来，西部县域工业经济凭借在水电、矿产等能源资源方面的优势，逐步建立起了自己的县域工业体系。但不少县域工业经济总体上依赖于对当地的某种资源的简单开发，产品的附加值低、所在产业的市场地位弱、资源利用效率低，极易造成县域工业发展偏向资源依赖型产业。在短期过度依赖资源的工业发展，势必导致资源迅速衰减、枯竭。较之于中东部，相对落后的西部地区县域工业发展将承受更加巨大的发展竞争压力。西部县域工业经济的发展应该摒弃简单维持现状的做法，必须找到并且确立自己有当地主体优势、有核心竞争力及具备持续发展潜力的产业，将当地有限的资源、优势集中在一个点、面上，持续坚持产业化。充分发挥县域地区比较优势，推动具备条件的产业集群化发展，在培育新动能和传统动能改造升级上迈出更大步伐，促进信息技术与传统产业融合发展，构建富有竞争力的现代化产业体系。这样方能在未来竞争中使自己的优势产业获得可持续发展。

（四）第三产业发展现状

西部县域经济第三产业近年来发展势头较好，一些发展较好的县级行政区大有一举超越第二产业成为产业结构中占比最大项的趋势，但西部县域第三产业整体占全国的比重较小。根据国家统计局对第三产业的划分标准，第三产业分四个层次：第一层次是流通部门；第二层次是为生产和生活服务的部门；第三层次是为提高科技文化水平和居民素质服务的部门；第四层次是为社会公共需要服务的部门。可以看出，第三产业有许多创新发展的空间。西部县域范围的人口占全国的 28.6%，面积是全国的 71.5%，因此，西部县域第三产业发展存在很大空间。

四川省第三产业占比超过 35%的县级行政区数量一共有 116 个（图 2-3），在西部所有省（区、市）中数量最多，这与整体的经济发展水平有一定关系。根据《四川省 2019 年国民经济和社会发展统计公报》，在 2019 年，四川第三产业增加值 20 928.7 亿元，增长 9.4%。第三产业对经济增长的贡献率为 53.5%。三次产业结构由上年的 11.6：38.7：49.7 调整为 10.9：37.7：51.4，第三产业在生产总值中占比已经过半。

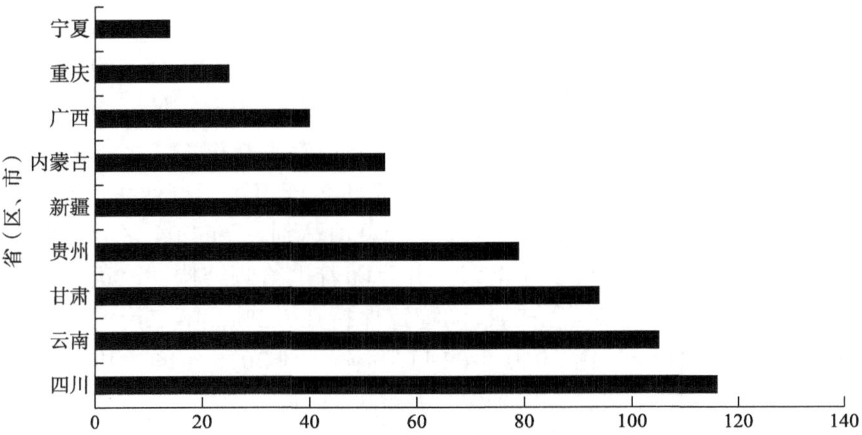

	四川	云南	甘肃	贵州	新疆	内蒙古	广西	重庆	宁夏
■数量	116	105	94	79	55	54	40	25	14

图 2-3　2017 年西部县域第三产业占比 35%以上的县级行政区数量

资料来源：中国经济信息网统计数据库

云南省共有 105 个县级行政区的第三产业占比超过 35%。云南风景优美，旅游资源丰富，旅游业所带来的经济增加值在云南异常显著。党的十九大之后，云南省明确提出，加快构建现代化经济体系，推动新型工业化、信息化、城镇化、农业现代化同步发展，以制造业为重点，聚焦传统产业（烟草、石油炼化、电力、有色、旅游等）转型升级、八大重点产业（生物医药和大健康、旅游文化、电子信息、现代物流、高原特色现代农业、新材料、先进装备制造和食品与消费品制造）发展，打好绿色能源、绿色食品、健康生活目的地“三张牌”，初步形成特色产业集群。产业结构的发展对提高居民生活水平起到了重要作用，也为云南发展提供了新的增长点。产业结构调整和优化升级进一步使云南的产业发展趋于合理化与高级化，有利于资源配置的优化和生产效率的提高，新兴产业的发展为云南创造了更多的就业岗位，促进了城镇化发展，近五年来，第三产业对云南经济的拉动作用不断增强（宋媛，2019）。

宁夏回族自治区虽然在第三产业占比超过 35%的县级行政区绝对统计数量上再次垫底，但其县级行政区数量总共只有 24 个，第三产业占比超过 35%的县级行政区数量为 15 个，占全省的 60%以上。根据《新中国成立 70 周年宁夏经济社会发展成就系列报告之四》，改革开放以来第三产业得到了前所未有的发展。党的十八大以来，加快全域旅游、现代金融、电子商务、现代物流、会展博览等产业发展，传统服务业比重下降，新兴服务业发展提速、比重提高。2018 年全区批发零售业、交通运输仓储邮政业和住宿餐饮业增加值占服务业比重比 2012 年下降 13.2 个百分点。以“互联网+”为标志的服务业新动能不断增强，2013~2017 年，全区信息传输、软件和信息技术服务业增加值分别增长 4.9%、12.3%、15.6%、38.8%和 30.1%，年均增长 19.7%，占服务业增加值比重由 2012 年的 6.9%提高到 2018 年的 12.8%。随着改革开放不断深化，工业化和城镇化进程加快，劳动力由第一产业向第二、三产业转移。2018 年，宁夏全社会从业人员 380.9 万人，是 1978 年的 2.8 倍，年均增长 2.6%，第一、二、三产业从业人员结构为 39.4 : 17.0 : 43.6，第一产业从业人员比重降低 30.1 个百分点，第二产业比重降低 1.6 个百分点，第三产业比重提高 31.7 个百分点。

重庆市县域第三产业占比超过 35%的县级行政区数量为 25 个，绝对数量低也是由于县级行政区总体数量只有 38 个，所以虽然与其他省区相比较低，但它第三产业超过 35%的县域约占整个直辖市的 66%。第三产业总体规模不断扩大，增加量和增长速度居各产业之首，占国民经济的比重不断提升。2007 年重庆市第三产业生产总值为 1 748.02 亿元，10 年之后，2017 年重庆市第三产业生产总值达到 9 564.04 亿元，第三产业生产总值增加了 7 816.02 亿元，增长了 4 倍多。并且随着供给侧结构性改革，经济结构优化升级，自 2013 年起第一产业对经济的拉动稳定保持在 0.3%；第二产业对经济的拉动自 2010 年以后呈现递减的趋势，由 2010 年的 11.7%降低到 2016 年的 5.1%；第三产业对经济增长的拉动力在波动中递增，近年来保持在 5.3%左右。

重庆市县域第三产业吸纳就业人数稳定增长，比重不断提高，成为吸纳劳动力就业的主要产业。第三产业就业总人数由 2007 年的 515.92 万人增长到 2016 年的 744.85 万人，吸纳就业人数的比重由 35.1%上升到 43.4%，上升了 8.3 个百分点（胡欣，2018）。

（五）产业结构发展现状小结

根据前文的分析和中国社会科学院财经战略研究院发布的《中国县域经济发展报告（2017）》，并结合相关文献资料，近年来西部县域经济发展以创新、协调、绿色、开放、共享新发展理念为指导，坚持以供给侧结构性改革为主线，着力推动高质量发展，西部县域产业结构调整取得了重大进展。西部地区县域经济产业结构现状可作如下小结。

1. 西部部分县域产业经济实力增强，但西部地区县域产业整体经济竞争力仍然不足

2015 年东、中、西三大地区生产总值超过 100 亿元的县级行政区分别为 371 个、354 个和 257 个，占全部县级行政区比例分别为 76.7%、59.6%、33.2%，西部地区人口规模较大但经济总量偏低的县级行政区比例远远高于东中部地区（杜志雄和吕风勇，2018）。

2. 西部县域产业结构得到优化，但西部县域整体产业结构仍不够协调

从整体上看，2018 年西部地区县域第三产业增加值比重 48.45%，与中部地区的 48.44%相差无几，但是明显低于东部地区的 54.47%，说明第三产业占比较低，产业结构不够协调。

3. 西部县域产业结构的内部构成不尽合理，产生“要素失衡与缺失陷阱”

西部县域农业内部的结构调整不理想，粮食生产仍居于主要地位，经济作物、多种养殖业等发展缓慢，致使以农业大县为主的西部县域农民增收困难，地方财政常年依赖补贴，从而难以形成良性循环。杜志雄和吕风勇（2018）认为，西部县域经济规模偏低，要素集聚和产业集聚的能力较弱，同样不利于本地人口就业，对实现城镇化形成了阻碍。此外，“要素失衡与缺失陷阱”也有产业结构失衡的表现。

根据国家统计局及各县级行政区公布的数据，2019 年我国的第一产业占比为 7.1%，第二产业占比为 39.0%，第三产业占比为 53.9%；同期我国东部产业结构比例为 3.2 : 40.1 : 56.7，而西部产业结构比例为 11.0 : 37.9 : 51.1，可以明显看出，西部的产业结构呈现出第一产业过重、第二产业脆弱、第三产业滞后的格局，产业的内部结

构处于失衡状态中。

二、城乡结构

城乡“二元结构”的概念最早由 Lewis（1954）提出，他认为发展中国家一般存在着性质完全不同的两种经济部门。一种称为现代部门，一种称为自给农业部门或传统部门。传统部门生产落后，劳动边际生产率为零，但比重很大；现代部门先进，但比重较小，现代部门像一座孤岛被传统部门的汪洋大海所包围，即“二元经济结构”。

城乡发展不平衡、不充分是世界经济发展中的一个普遍现象。我国作为世界上最大的发展中国家，城乡发展不平衡、不充分是长期以来存在的问题，既有资源禀赋、区位条件、地理环境等方面的原因，也是户籍制度、分配制度及其相关的制度安排等现实政策因素共同作用的结果。

长期以来，西部县域的二元结构表现为西部县域农村产业结构不合理、城镇化率低、农村经济发展落后等。农村产业结构中低附加值的经济活动，以及工业结构中以低效率的乡镇工业为主，导致了城乡二元结构的长期存在（唐浩等，2009）。李泉和马晗（2012）通过对甘肃省进行实证研究，认为西部县域城乡二元结构主要表现在三个方面，分别为城乡金融资产总量的差异、城乡资本形成的差异及城乡经济货币化程度的差异。

西部县域城乡二元结构随着国家政策的调整逐步收敛。中华人民共和国成立以来，党和政府高度重视城市和农村发展工作，根据国民经济和社会发展的实际状况和战略需要，不断调整和完善城乡关系，在处理城乡发展关系上经历了城乡分治—农村和城市顺次改革、同步发展—城镇化加速、城乡差距增大—统筹城乡发展—城乡一体化发展—城乡融合发展等进程。

西部县域二元结构虽有缩小的趋势，但城乡差距依然较大。例如，2013 年西部地区城镇居民人均可支配收入为 22 362.8 元（表 2-2），农村居民人均可支配收入为 7 284.5 元，城镇居民可支配收入为农村居民的 3.1 倍；2018 年西部地区城镇居民人均可支配收入为 33 388.6 元（表 2-2），农村居民人均可支配收入为 11 614.7 元，城镇居民可支配收入为农村居民的 2.9 倍。考察近十年该比率的变化，发现其基本维持在 3 左右，城乡居民收入差距大影响到了社会的和谐与稳定。

表 2-2　城镇居民按东、中、西部及东北地区分组的人均可支配收入　单位：元

组别	2013 年	2014 年	2015 年	2016 年	2017 年	2018 年
东部地区	31 152.4	33 905.4	36 691.3	39 651.0	42 989.8	46 432.6
中部地区	22 664.7	24 733.3	26 809.6	28 879.3	31 293.8	33 803.2
西部地区	22 362.8	24 390.6	26 473.1	28 609.7	30 986.9	33 388.6
东北地区	23 507.2	25 578.9	27 399.6	29 045.1	30 959.5	32 993.7

资料来源：《中国统计年鉴》

此外，西部县域二元结构矛盾突出，城镇化水平低。根据第六次人口普查资料，西部地区乡村从业人员为 1 269.58 万人，而同年东、中部乡村就业人口为 6 097.06 万人，说明在城市化水平方面，西部地区与东、中部地区相差较远。

整体上，西部县域城乡二元结构持续存在，城镇化水平仍然较低。党的十八大以来，

城乡一体化加速发展。无论是农民收入水平还是农村城镇化水平，都有明显提高。党的十九大报告提出实施乡村振兴战略，以农业农村优先发展作为新时代实现农业农村现代化的重大原则和方针，强调建立健全城乡融合发展体制机制和政策体系，为构建西部县域新型城乡关系指明了方向。

三、企业结构

企业是整个社会经济关系中最重要的生产和交换主体，一方面是产品和服务的供给者，另一方面是生产要素的需求者。企业是经济活动中最重要的微观组织，是最重要的市场主体，是创新的发动机，处于供给体系的关键位置。随着社会主义市场经济体制的确立，我国逐步形成了多元化的企业格局。从性质来说，有公有制企业和私有制企业。公有制企业可以分为国有企业和集体企业；私有制企业可以分为民营企业和外资企业。从法律形式来说，可以分为个人独资企业、合伙企业、公司制企业。公司制企业包括有限责任公司、股份有限公司。各种性质的企业组织形式，相互竞争，相得益彰。中华人民共和国成立以来，非公有制经济经历了从有到无，又从无到有、从小到大、从弱到强的巨大变迁，非公有经济制度的变迁，丰富了我国所有制结构，推动了中国特色社会主义经济制度的创新和发展。

（一）私营企业占比较低

总体而言，西部地区经济发展较慢，在一定程度上需要政府的财政支持，与东、中部地区相比，西部地区的企业对政府资金的依赖性较高，阻碍了创新型小微企业的产生与发展。同时，西部地区私营工业企业数量少，2016 年西部私营企业数量为 1 763 244 家，全国共有 10 500 697 家私营企业；西部外资企业有 5 740 家，全国有 122 391 家；东部、中部、西部和东北地区中小企业户数分别为 21.5 万户、8.7 万户、5.2 万户和 1.6 万户，占全部中小企业户数比重分别为 58.1%、23.5%、14.1%和 4.3%，比上年末分别减少 1 429 户、2 980 户、1 218 户和 867 户。私营企业数量较少致使西部地区对国有企业依赖过重，资源垄断程度高，不利于创新环境的建立，最终形成西部地区技术研发动力不足的现状（喻敏，2019）。

（二）企业规模总体不经济

西部县域经济范围内的企业以中小型企业居多，大型与特大型企业匮乏，有竞争力的集团企业不足，与东部地区形成了较大差距。这既有历史的原因，也跟现实的地域、政策等原因相关。例如，金融体系改革中，国有商业银行在县域的业务由以提供贷款与金融服务为主转变为以吸收存款为主，致使中小型企业筹资困难，从而止步于规模的扩大。

（三）企业间协作性不强

西部地区企业间相对东、中部地区的企业而言，其协作性有待于进一步加强。传统体制下的条块分割与部门封锁有损于企业间的协同发展。同样，企业之间过度竞争，既不符合市场规律，又会承担较高的竞争费用，不利于企业的转型升级。

四、投资消费结构

（一）投资结构

1. 投资的行业结构

投资的行业结构方面，西部地区的行业结构在很大程度上由其区位差异和资源禀赋决定。总体而言，西部地区在农业、采矿业及公共基础设施方面投入较多，但长期以农业为主导不利于规模经济的发展。根据相关数据，西部地区与东部在房地产、地质勘查业等方面的投资相近，而在制造业、农业、采矿业等公共设施方面存在差异。

就制造业而言，东部地区投入较高，达到了36.81%，西部地区只有20.99%的投入。究其原因，主要在于西部制造业还不发达，工业发展速度较慢，在深化制造业升级、引进东部地区发达技术等方面，西部地区还有较长的路要走。

就农业而言，西部地区长期以农业为主导，虽然在农业上投入较多，但农产品加工业还不够发达。2018年东部地区农业总产值为40 698.61亿元，西部地区为20 753.98亿元，东部地区是西部地区的近两倍。

2. 投资的来源结构

资金的来源方面，西部地区对国家预算内资金有较强的依赖性，而自筹和其他投资则比东部低。根据《中国西部统计年鉴》和《中国统计年鉴》近年的相关数据可知，西部地区国家预算内资金及国内贷款均高于东部地区，其中，国家预算内资金年均高于东部地区5.15%，表现出西部地区对于投资的高度依赖性。

另外，在利用外资及自筹资金这两个项目上，西部地区均低于东部。尤其是利用外资这一资金来源，虽然国家实施了西部大开发政策大量引进外资，但2018年西部地区外商投资企业进出口额为16 093亿元，而东部为167 250亿元。由于创新不足，西部地区的外资来源构成还是以年均1.332%低于东部的5.304%。

（二）消费结构

1. 消费结构层次较低

从总体上看，我国西部地区与东部地区的消费水平和消费结构差异较为明显。

首先是消费水平，2018年我国东、西部城镇居民人均可支配收入分别为46 432.6元与33 388.6元，说明东部地区消费者更有经济实力，潜在消费能力也更强。同年东、西部地区居民人均消费支出为26 459.41元与15 943.77元，东部地区是西部地区的1.66倍，东部地区消费水平明显高于西部地区。

至于消费结构，从消费结构的8项组成出发，以生存型消费资料——食品和衣着为出发点，可知西部地区近10年来的城镇居民食品及衣着支出均显著高于东部，说明西部地区消费结构层次较低，与东部地区差异明显（朱博和陈姝兴，2014）。

2. 吃穿住类的边际消费倾向较高

近年来西部地区农村居民的生活水平得到了提高，消费结构有所改善，但食品、居住及交通通信类的消费仍占据了主体地位（孙倩敏，2015）。在实证研究方面，孟扬和梁芷铭（2013）对西藏农村居民消费结构的研究表明，2006~2010 年西藏农村居民的总边际消费倾向为 0.405 6，其中，食品的边际消费倾向最高，达到了 0.156 4，说明食品仍是西藏农村居民的最主要消费渠道。

第二节　存 在 问 题

加快西部县域经济结构调整，建设西部县域现代化经济体系，是提高西部县域经济竞争力，实现西部县域经济高质量发展的重要路径。西部县域经济结构发展存在的问题主要有创新动能不足、产业结构不合理、历史基础薄弱、地域劣势等几个方面。

一、创新动能不足

西部大开发战略实施以来，西部经济增长速度虽然在逐步加快，但较之于东部发达地区而言，西部县域在经济发展水平、人均收入、基础设施、文化教育、医疗卫生等方面仍然存在较大差距。为此，必须加快西部县域经济发展，打破东西部之间长期不平衡的发展格局。

加快西部县域经济发展必须找到有效着力点，而创新在决定一个地区的前途与命运上起着重要作用，它带来的效应是多方面的，可以为人才涌入、投资机会等带来立竿见影的效果。西部县域经济结构发展存在的主要问题首先表现为西部县域经济创新动能不足。为此，本书统计了西部各省（区、市）的专利申请数据。在专利数量方面，四川以 529 058 件排在第一位，重庆以 390 357 件排在第二位，在西部 12 省（区、市）中占有绝对优势（图 2-4）。西藏、青海等地区排名靠后，体现出经济发展创新能力不足。这与近年来优质人才大多偏好留在发达地区，并且西部地区人才引进政策不如其他地区积极有一定关系。近年来东部地区加快构筑人才竞争发展新优势，奋力推动高质量发展走在最前列，对人才落户相关政策进行了重大调整。

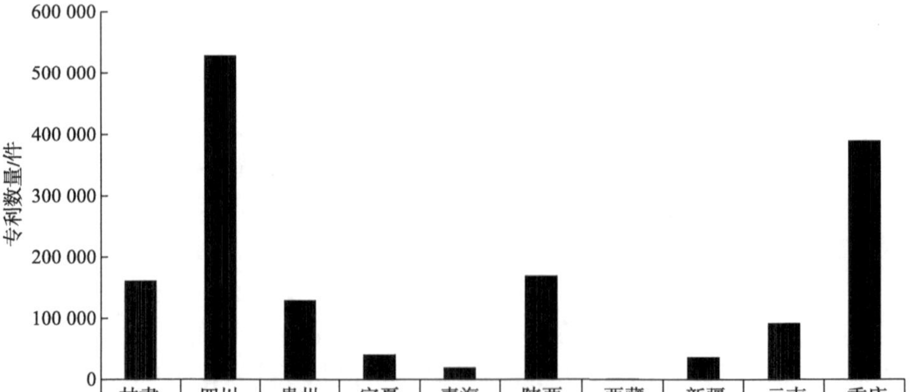

甘肃	四川	贵州	宁夏	青海	陕西	西藏	新疆	云南	重庆
161 409	529 058	129 674	40 921	19 581	169 582	1 334	36 311	92 532	390 357

图 2-4　西部各省（区、市）截至 2019 年总专利数量统计

资料来源：佰腾网

二、产业结构不合理

西部地区地处内陆，区域面积大，贫困人口多，经济发展水平相对落后。产业结构调整问题是西部地区经济高质量发展的关键问题。产业结构调整指通过调整一、二、三产业在国民经济中的构成来协调各产业的发展。调整产业结构不仅包括增量调整，也包括调整存量以淘汰过剩产能，以及开创新产业。

一方面，西部县域产业发展水平相对落后，不仅面临产业发展的重要任务，也面临着淘汰落后产能的客观需求，这就会涉及资源的重新配置和利益的再分配问题。如果这些问题解决不好，就会影响到产业结构调整的过程和结果。另一方面，西部县域产业升级和新产业开创等受到多方面制约，主要体现在第一产业中的现代农业发展问题、第二产业中的工业转型升级问题和第三产业中对新兴产业的培育问题等方面。如果能集中解决以上问题，将会极大地促进西部县域的产业发展，有效提高人民的生活水平，改善生态环境。另外，西部地区作为2013年习近平总书记提出的“一带一路”倡议的重要通道，需要以更高的标准要求现有的产业结构。西部县域可通过积极主动地参与到国际合作关系中，消化过剩产能；集中资源发展优势特色产业，实现经济互补；从夯实基础建设入手，开创新型合作。

西部县域产业发展拥有较强的资源优势及较低的转移成本，在我国的产业结构调整中承担着产业承接的任务。东部地区的一些产业基于资源或者成本的原因转移到西部地区，在一定程度上促进了西部县域产业结构调整和产业发展，但同时也带来了西部县域产业结构调整的依赖性问题。这一过程中，西部县域所扮演的产业承接过程只是对东部地区转移的产业进行技术和模式上的平移，但基于自身优势的创新较为稀少。因此，西部县域应基于比较优势，重视特色产业发展，推动具备条件的产业集群化发展，推动发展现代制造业和战略性新兴产业，推动农村一、二、三产业深度融合，加快高端、特色农机装备生产研发和推广应用。打造区域重要支柱产业，加快发展现代服务业特别是专业服务业，加强现代物流服务体系建设。

三、历史基础薄弱

（一）历史遗留问题

西部县域产业发展历史基础薄弱，交通、人才等发展条件相对较差。从2000年开始实施西部大开发战略以来，出台了针对西部地区的十项重点建设工程等其他产业投资项目的政策。这些产业投资主要涉及能源、交通等基础设施建设，以及改善西部地区农村居民教育、医疗、卫生状况的项目，这种投资对推动西部经济发展发挥了较好作用。但也有些项目投资存在漏出效应，没有很好地与当地经济发展产生紧密的联系，因而对促进西部县域民生经济发展效果不显著。这些投资项目虽然在一定程度上确实拉动了地方经济的发展，但在联动效应下，西部县域的公共服务等基础设施建设没能被完全带动起来。为此，应继续加大“西电东送”等跨省区市重点输电通道建设，积极推进配电网改造行动和农网改造升级，提高偏远地区供电能力。加快“北煤南运”通道和大型煤炭储备基地建设等项目建设的力度，支持符合环保、能效等标准要求的高载能行业向西部清洁能源优势地区集中。

（二）投资营商环境尚待改善

西部大开发战略实施以来，西部县域基础设施水平稳步提升，县域产业投资环境明显改善。但由于西部地区自身条件薄弱，投资营商环境建设还存在与西部经济发展不相适应的地方。总体而言，观念、体制和人才等因素是制约西部县域经济发展的主要因素。因此，需要进一步解放思想，深化改革，重视教育，培养和吸引人才，改善西部县域产业投资营商环境。只有使投资营商环境质量得到提升，才能真正步入经济发展的快速轨道。

四、地域劣势

西部广大的县域作为我国经济欠发达的地区，地域辽阔，能源矿产资源富集，市场潜力巨大。但长期以来，西部县域经济相对于东、中部县域经济而言发展滞后，既有观念、政策、历史等方面的原因，又与西部大多县域位于内陆边疆，交通不便、自然生态环境脆弱等地域原因紧密相关。西部县域经济发展地域劣势不仅是地区经济差距形成的基础性因素，也是地区经济差距扩大的重要因素。

西部县域虽然地域面积广阔，但工、农业发展因为受到自然条件的严重制约，其综合生产能力和比较收益均难以与东、中部县域媲美。因此，西部县域经济发展必须深入落实绿色发展等新发展理念，保护和爱护生态环境，抓住机遇，融入“一带一路”发展契机，把经济发展的地域劣势转化为发展优势。

第三节　案 例 分 析

一、县域经济结构调整——四川省成都市新津县案例

（一）新津县域经济概况

新津县，隶属于四川省成都市，位于四川盆地西部，狭义上在成都平原南部，成都市南部，境内诸河属岷江水系，属亚热带季风湿润性气候，无霜期长，雨量充沛，四季分明，具有“冬无严寒，夏无酷暑，春暖多变，秋多绵雨”的气候特点。新津县东接双流区、南濒彭山区、西临邛崃市、北靠大邑县和崇州市，是成都市的南大门。新津县行政区域面积 330 平方千米，辖四街道四镇，常住人口 37 万。北面花源街道距成都市区 19 千米，距西南航空港 10 千米，新津县自北周定名，相袭至今，已有 1 450 年历史，为川西地区重要的物资集散地和交通枢纽地，是四川省经济技术向西南辐射的必过之地①。

① 资料源于新津县人民政府网站，http://www.xinjin.gov.cn。

在县域经济方面，新津县2018年全县实现地区生产总值337.41亿元，比上年增长10.3%。以民营经济著称的新津县域经济发展蓬勃，2018年全县累计完成民营经济（含外商、港澳台经济）增加值259.65亿元，同比增长10.5%，占地区生产总值的77.0%。其中，第一产业民营经济增加值6.43亿元，同比增长0.1%；第二产业民营经济增加值183.90亿元，同比增长11.7%，其中民营工业经济增加值175.65亿元，占全口径工业增加值的93.0%，同比增长12.2%；第三产业民营经济增加值69.32亿元，同比增长8.0%。2018年末全县从业人员18.85万人，其中第一产业从业人员3.18万人，第二产业从业人员8.74万人，第三产业从业人员6.93万人。2018年全县城镇居民人均可支配收入37 416元，增长8.6%；农村居民人均可支配收入22 112元，增长9.5%。城乡居民家庭恩格尔系数分别为35%和38.6%①。

新津县多年来获得众多荣誉，整理如表2-3所示。

表2-3 新津县荣誉称号一览表

年度	级别	荣誉称号
2004	省级	“软环境建设示范区”
2005	国家级	“浙商最具投资潜力城市”
2010	国家级	“国家级新材料产业基地”“全国绿化模范县”
2012	国家级	入围2012年“中国西部最具投资潜力百强县（市）”第23位，五津、新平和花源入围2012年“中国西部最具投资百强镇”，分列第8位、第27位和第37位
2013	国家级	在第三届全国生态文明建设发展论坛暨全国生态文明先进县（镇）成果发布会上，荣获“全国生态文明先进县”荣誉称号
2008、2009、2012~2016	省级	“四川省十强县”称号
2018	国家级	入选《小康》杂志社联合国家信息中心发布的“2018中国幸福百县榜”，入选全国投资潜力百强县市、全国绿色发展百强县市、全国新型城镇化质量百强县市、全国县域经济投资潜力100强
2019	国家级	入选《2019年度全国投资潜力百强县市》第13位、2019年度全国绿色发展百强县市、2019年度全国新型城镇化质量百强县市、2019中国西部百强县市、2019年中国创新百强县（市）、2019年投资潜力全国百强县（市）、2019年全国营商环境百强县（市）

资料来源：根据新津县人民政府网站资料整理

近年来新津县大力贯彻落实新发展理念，坚持创新、协调、绿色、开放、共享的发展理念，依据新津县历史、经济、地域等实际情况，走出了一条以“民营经济”助推产业结构优化升级的新津道路，实现了地方经济高质量发展。

（二）新津县域经济结构

1. 优化升级产业结构

2015~2019年新津县国民统计公报的数据显示：2018年全县实现地区生产总值

① 资料源于《2019年新津县国民经济和社会发展统计公报》。

337.41 亿元（图 2-5），按可比价格计算（下同），比 2017 年增长 10.3%。其中，第一产业的增加值为 18.28 亿元，增长幅度为 4.1%；第二产业的增加值为 199.95 亿元，增长幅度为 10.6%；第三产业的增加值为 119.18 亿元，增长幅度为 10.8%。三次产业结构比重由 2014 年的 7.3 : 58.5 : 34.2 调整优化升级为 2018 年的 5.4 : 59.3 : 35.3（图 2-6），产业结构逐渐符合现代化县域经济发展。三大产业对地区生产总值的贡献率由 2014 年的 2.8%、69.3%、27.9%调整为 2018 年的 2.4%、61.2%、36.4%，产业贡献比例紧随产业结构优化动态合理调整，产业效益越发彰显。

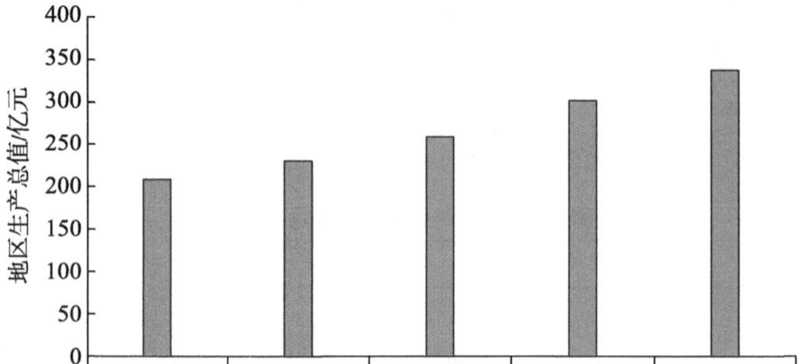

2014年	2015年	2016年	2017年	2018年
208.31	230.18	259.2	301.44	337.41

图 2-5 2014~2018 年新津县地区生产总值

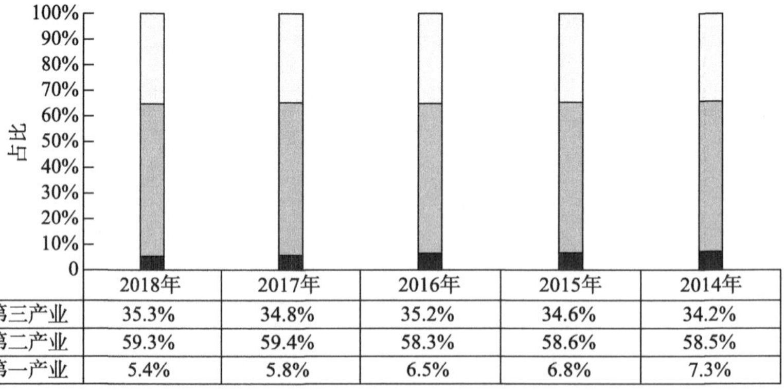

	2018年	2017年	2016年	2015年	2014年
□第三产业	35.3%	34.8%	35.2%	34.6%	34.2%
▨第二产业	59.3%	59.4%	58.3%	58.6%	58.5%
■第一产业	5.4%	5.8%	6.5%	6.8%	7.3%

图 2-6 2014~2018 年新津县地区三次产业结构占比

总的来说，我国县域经济的发展模式一般可以分为四种：农业驱动型、工业驱动型、第三产业驱动型和资源禀赋驱动型。新津县的经济发展模式大致属于第二种，即以工业驱动型为主导的县域经济发展。上述产业结构的数据为此提供了重要支撑：新津县第一产业结构比重逐年下降，第二、三产业结构比重呈上升趋势，并且第二产业结构占比接近 60%，为整个县域经济的最大贡献来源。并且新津县在坚持新发展理念的县域经济壮大过程中，重视发挥县域民营特色，重点补齐县域突出短板，创新激发县域增长活力，使得县域的产业整体结构不断优化，升级步伐不断加快。

2. 协调城乡发展结构，走城乡融合发展道路

新津县在县域经济发展过程中，高度重视城乡发展的结构协调，紧紧围绕城市经济和农村经济调整产业政策。并且在城乡融合发展中，新津县大力关注“三农”发展问题，出台系列政策促进农村产业融合发展，由此使得城乡经济获得良性发展契机，城乡发展结构逐渐平衡协调。

在中央政策层面，2015年的中央一号文件就解决“三农”问题正式提出农村产业融合思路，并提出融合方式要从产业链、附加值及拓展功能等方面展开。紧随其后，国务院也出台相关农村产业融合系列指导意见，明确指出农村三大产业共同融合发展（三产融合），实现农村农民增收方式多元化，建立起现代农业产业体系。2016年的中央一号文件提出，农村发展要重点从产业的新业态出发，将农业发展成为“充满希望的朝阳产业”。2017年的中央一号文件进一步对农村三产融合发展提出具体发展方式，主要是强调利用生态、旅游等模式，推进农村的三大产业深度融合，建设一批农业文化旅游“三位一体”、一产二产三产深度融合的特色村镇等。在十九大报告中，首次正式将乡村振兴作为国家七大战略之一，指出实施乡村振兴战略要促进农村三大产业融合发展，激发农民创新活力，鼓励农民就业创业，拓宽农民增收渠道。

新津县的农业生产基本上以休闲农业为主，发展粮油、蔬果、养殖等产业，发展都市现代农业。从2014~2018年三产结构占比可以发现，农业产值比重一直在下降，但是农业的总体产值却进一步提高，农业的质量和结构得到了优化，这得益于农业发展中的农村三产融合。农村发展的新模式、新业态、新技术，使得农业生产的发展质量效益得到了进一步的整体提升。具体来讲，一是横向拓展融合型产业发展。新津县注重农业功能的拓展，重视发展乡村旅游业。在农业生产的基础上，凭借特色葡萄种植，打造葡萄产业园，开展葡萄采摘活动；依托草莓种植主体，举办草莓采摘节等。另外，在发展乡村旅游的同时，新津县还会定期举办一些节庆、会展活动，包括“国际龙舟节”“国际梨花节”“农博会”等，促使本地农家文化向外传播，以利于有机农业、观光农业、会展农业等新业态农业的发展。二是纵向延伸融合型产业发展。新津县现有的农业发展体系中，以粮油产业为例，建立起了全产业链的发展体系。在产业链上游，以市场的需求为导向筛选当地优质土地，种植市场畅销品种；在产业链中下游，通过粮食加工企业与当地新型规模化种植主体的畅通购销，动态调整稻谷的品质质量。此外，新津县利用本地蔬菜资源，构建起“公司+基地+订单”“公司+流转土地+农民”等新形式的生产模式，建立标准规模、科学生态的种植蔬菜加工基地，既解决了流转土地农民的就业问题，又实现了农民的增收。三是乡村功能融合型发展。新津县从乡村环境着手，完善乡村基础设施建设，在乡村景点周围进行景区样貌改造，用业态、形态、文态和生态为主的“四态融合”发展方式，并结合川西林盘特色，融入现代文明，打造独具特色的花源镇（欧洲风情小镇）。

3. 合理布局企业结构

新津县的企业大多以民营企业为主，广泛分布在三大产业之中，企业结构合理布局。这主要基于两点：一是新津县被誉为“民营经济发展的摇篮”，民营企业众多，激发

创新活力；二是得益于新津工业园区发展的集中规划及其政策，实时掌握企业发展动态。

从 20 世纪 80 年代初至 90 年代初，民营经济成为社会主义经济的补充力量。这时新津县的民营经济开始萌芽，1982 年，新津县被省政府列为全省“农村改革综合试点县”。1992 年，希望集团成立，这是中国第一个经工商部门批准设立的民营企业集团，被美国著名财经杂志《福布斯》连续排在中国（不含港澳台地区）民营企业的榜首。1998 年，新津县被列入“四川省个体私营经济示范区”，民营经济的发展势头更加强劲，全县 90% 的企业是民营企业。以新筑、三旺、泰华等企业为主载体的“联合舰队”也步入了良性发展，率先将“新津造”推向全国。2003 年，新津县委、县政府出台《关于进一步加快民营经济跨越式发展的决定》，这标志着新津县努力加快民营经济的第二次浪潮拉开序幕。2008 年，新津县民营经济增加值达 61.67 亿元，增幅在成都市排名第一。2019 年，为持续优化营商环境，新津县出台“津英十条”，筑巢引凤，吸引人才来新津县创新创业。总的来看，新津县的地区产业发展就是一部民营企业的发展史，并且三大产业中的民营企业都起到了激发经济活力、调整产业结构的贡献作用。

新津县的工业发展集中规划在新津工业园区，其中新建的天府智能制造产业园是成都智能制造“一核心三基地一示范”布局中的核心集聚区，重点发展智能交通装备及核心部件、智能硬件产品及智能家居、绿色食品及供应链系统等。从前文中的近五年三产结构占比，可以发现三大产业产值比重呈现稳中上升趋势，且产业比重和生产总值都得到了进一步的结构优化，这得益于工业发展中的民营企业政策效应，如近年颁布的《促进民营经济高质量发展若干政策措施》。政策体系全面覆盖，包括五个大方面（18 条）：首先，提出要壮大民营经济主体，重点支持企业上台阶、快发展、创品牌，为地区发展发挥民营经济的“带头作用”；其次，要为民营经济减轻负担，降低制度性交易成本，降低金融要素成本，为民营经济发展松绑减压；再次，指出要激发民营经济活力，重点支持企业发展楼宇经济、开展科技创新、拓展产品市场、进行人才引育等，为民营经济长远发展提供了政策指导；复次，指明要优化民营经济发展环境，优化政务服务环境，重点保护民营企业合法权益，为民营经济提供优质的经营环境；最后，对民营企业政策包括的申报范围、申报渠道、申报时限等给予了一定的灵活指导原则。

由此，新津县的工业园区近些年呈现出蓬勃向上的发展态势，已经成为地区经济发展的一个重要增长极。

4. 优化投资消费结构

自改革开放以来，新津县经济实力逐步增强，经济结构不断优化，县域经济发展水平不断上升，市场体系逐步完善。新津县人民的生活水平与质量大大提升，投资与消费保持快速增长态势，且投资消费结构比例逐渐良性合理。

以 2018 年为例，新津县国民统计公报数据显示，投资方面，全社会固定资产投资完成 255.49 亿元，同口径比上年增长 11.4%。其中，工业投资 136.05 亿元，同口径增长 26.1%；高技术制造业投资 30.11 亿元，同口径下降 54.3%；农业投资完成 12.05 亿元，同口径下降 1.3%；第三产业投资 107.40 亿元，同口径下降 1.7%；民间投资完成

184.12 亿元，同口径增长 30.7 %。全年新增固定资产 119.09 亿元。分产业看，第一产业完成投资 12.05 亿元，同口径下降 1.3%；第二产业完成投资 136.05 亿元，同口径增长 26.1%；第三产业完成投资 107.40 亿元，同口径下降 1.7%。全年房地产开发投资 41.63 亿元，增长 126.3%。商品房新开工面积 250.88 万平方米，增长 604.5%；商品房销售面积 144.90 万平方米，增长 23.5%；实现商品房销售额 129.38 亿元，增长 44.4%。消费方面，全年实现社会消费品零售总额 84.16 亿元，比上年增长 10.8%。分区域看，城镇零售额 69.42 亿元，增长 8.7%；乡村零售额 14.74 亿元，增长 21.4%。按消费形态分，商品零售额 66.35 亿元，增长 10.4%；餐饮收入 17.81 亿元，增长 12.0%。2018 年全县城镇居民人均可支配收入 37 416 元，增长 8.6%；农村居民人均可支配收入 22 112 元，增长 9.5%。城乡居民家庭恩格尔系数分别为 35%和 38.6%。总的来看，新津县在 2018 年的数据中表现出色，投资与消费不仅在总量上实现了双增长，而且在质量上也实现了结构双优化。

（三）新津县域经济发展启示与建议

1. 持续不断优化营商环境

《中华人民共和国国民经济和社会发展第十三个五年规划纲要》中明确提出，营商环境包括四个方面：公正透明的法律政策环境、高效廉洁的政务环境、公平竞争的市场环境和开放包容的人文环境。而提升其中的每一方面，都离不开“改革”二字。近几年来，新津县无论是实行诸如“放管服”等改革实践，还是围绕“营造稳定公平透明的营商环境”进行改革动员等，都使得新津县的经济营商环境得到了较大优化，但面向未来，还需要用好“五字诀”，全力优化营商环境。第一，加强企业服务，实现一个“专”字，为企业提供更优质的“专区”“专窗”“专人”“专线”等。第二，申请材料要精化，实现一个“简”字，按照“凡是法律没有要求的一律取消，凡能共享获取的不要求群众重复提交”的原则，对不动产登记等的申请材料予以精简。第三，压缩登记时限，实现一个“快”字。第四，加强部门合作机制建设，实现一个“联”字，不动产登记机构联合金融、税务、民生等部门探索不动产登记“1+N”服务，推进信息互通共享。第五，顺应信息网络，推出线上办理，实现一个“便”字，推动办事窗口网络化、线上化，实现线上咨询、查询、办理、登记相关业务。

2. 做好产业规划

区域产业规划既是战略上的指导，也是战术上的需要。新津县通过科学系统地布局产业，定位价值，以园区增值服务需求为中心，采取顾问式招商营销等手段，紧密结合地区区位与经济的实际特点，规划了主导产业、特色产业等的发展方案，最终合理调整了地区的产业结构，激发了产业集群效应，实现地区可持续的高质量发展。在产业规划调整时，需要注意，一是减少同质化产业支持。单一产业发展观基本上是缺乏预判产业之间的融合、交叉、延伸，不重视产业要素之间、供应链之间越发重要的潜在竞争优势。因此，在区域推进产业规划时，要注重具有协同特征的产业群发展，而不是通过多个同质化产业规划进行简单叠加形成产业堆积。二是加强系统连续性，以应对产业升级的趋势。随着科技革新的驱动，产业的发展体现出较强的升级趋势，尤其是以电子信息产业为主的高新技术产业，升级换代的速度越来越快。在新津县产业结构的优化升级中，区域产业规划要强调系统连续性，加强产业链关键环节建设，通过调整优势产业集中布局、创新集聚、共同发展，进而推动企业优化主体、分离辅助，构建成链条闭环发展的循环经济模式，使得低附加值产业向高附加值产业链移动，完成产业结构的优化升级。

3. 创新产业发展模式

新津县产业结构调整中坚持发展模式的创新。在模式创新方面，可以从三个方面来展开。首先，是产业发展路径创新。新津是民营经济的摇篮，造就出了一大批像希望集团、新筑股份这样优秀的民营企业，并且在培育企业的过程中，已经从过去简单的给资源、给政策，转换升级为提供机会和注重创新。同时新津还要特别注重用“人城产”融合的逻辑（即人才、城市、产业），来导入新兴产业需要的人才，让人才到了新津以后，能够宜业、宜居、宜悦，进而集聚人才、留住人才。其次，是乡村振兴模式创新。新津有农博园，进行乡村振兴建设不同于一般意义上的普通模式，新津的乡村振兴搞的是新乡村产业，就是以乡村为场景的新经济业态。这种业态是吸引城市的资本和城市的企业，把它的场景换到乡村，把它的未来发展规划书写在乡村的绿色画卷里。最后，是城市营建策略创新。提出利用公园城市的理念，推动这座城市的高质量发展。用“公园城市+全域旅游”的策略和路径来推动规划建设落地，用“公园城市+TOD”的理念推动城市的质量增长。

二、县域经济结构调整——内蒙古自治区鄂尔多斯市准格尔旗案例

（一）准格尔旗县域经济概况

准格尔旗位于内蒙古自治区西南部、鄂尔多斯市东部，地处蒙晋陕三省交界处，素有“鸡鸣三省”之称。全旗总面积 7 692 平方千米，辖 2 个工业园区、10 个苏木乡镇、4 个街道办事处，共 159 个嘎查村 36 个社区，常住人口 37.61 万人。境内矿产资源富集，探明煤炭储量 580 亿吨，远景储量 1 000 亿吨以上，同时有丰富的高岭土、石灰石、铝矾土、白云岩、石英砂、煤层气等资源。文化旅游资源丰富，黄河大峡谷、油松王、阿贵庙原始次森林等自然和人文景观独具特色，蒙汉交融的民间艺术“漫瀚调”享誉旗内外，是全国文明县城、全国卫生县城、全国园林县城、全国民族团结进步模范集体、全国水土保持生态文明旗，成为全国首批启动建设的创新型县（市）。2019 年，地区生产总值增长 3.1%，固定资产投资增长 16.1%，规模以上工业增加值增长 2.1%，社会消费品零售总额增长 3.4%；完成全口径财政收入 287 亿元、增长 7%，一般公共预算收入 82.6 亿元、增长 6.3%。公路和铁路货运量分别增长 4%和 5%，总体经济呈现稳中有进、稳中向好的发展态势，位列全国综合实力百强县市第 30 位、全国工业百强县第 15 位[①]。

① 资料源于准格尔旗人民政府网站，http://www.zge.gov.cn/channel/zgeq/col21279f.html。

（二）准格尔旗县域经济结构

1. 产业结构

2015~2019 年准格尔旗的国民经济和社会发展统计公报显示：2019 年全旗实现地区生产总值 820.05 亿元，居全市首位，比 2015 年减少 287.73 亿元，降幅为 25.97%。其中，第一产业增加值 2.26 亿元，增幅为 24.43%；第二产业减少值 101.31 亿元，降幅为 15.25%；第三产业减少值 188.68 亿元，降幅为 43.44%。三大产业的结构比重由 2015 年的 0.8：60：39.2 调整变化为 2019 年的 1.4：68.6：30（图 2-7）。可以看出，准格尔旗的县域经济实力比较强，但是在其经济发展上，呈现出第二、三产业"瓶颈下的降速"态势，亟须针对旗情做出调整，确保全旗在全国县域中的地位。

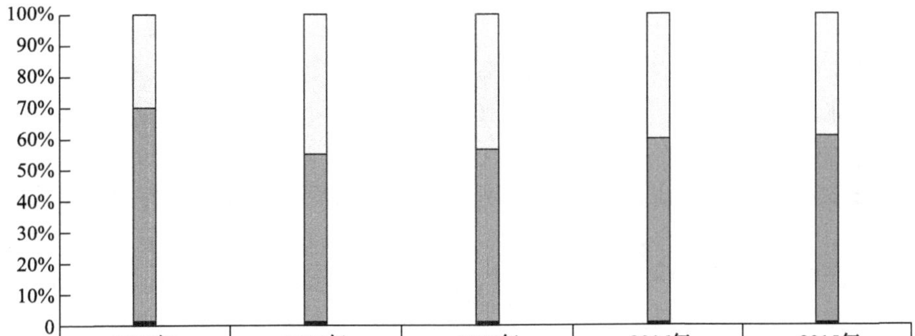

	2019年	2018年	2017年	2016年	2015年
□第三产业	30%	45%	43.5%	40%	39.2%
■第二产业	68.6%	53.8%	55.4%	59.1%	60%
■第一产业	1.4%	1.2%	1.1%	0.9%	0.8%

图 2-7　2015~2019 年准格尔旗三次产业结构占比

2. 城乡结构

近年来，准格尔旗注重城乡结构的发展，积极响应中央政策，大力实施乡村振兴战略，制定乡村振兴战略行动方案和产业振兴等 5 个专项配套方案。与中国邮政集团内蒙古分公司签订实施乡村振兴战略、推进脱贫攻坚战略合作协议。确定了"果蔬杂粮山羯羊"四大优势特色农牧业产业，并建成标准化生产示范区 4.2 万亩；2 类农产品获地理标志保护，4 类农产品获批国家名特优新农产品，黄河碱米通过有机认证和欧盟认证。大力培育农牧业新型经营主体，推动 28 家龙头企业与近万户农民建立了紧密型利益联结机制，带动农户户均增收 2 000 余元。与自治区气象局签订飞机增雨服务协议，全年降水增加 15%。着力优化农村生产生活环境，建成垃圾处理设施 15 处，污水处理设施 7 处，实施户改厕 4 996 户；制定微治理十项措施及行政处罚文本，启动重点区域环境乱象整治"百日攻坚专项行动"，持续清脏、治乱、增绿，农村人居环境大幅改善①。政府采取的多项举措积极有力，深入推进城乡区域协调发展，提高宜居宜业水平，使得地区城乡结构变革更加合理。

① 资料源于 2020 年准格尔旗政府工作报告，http://www.zge.gov.cn/information/zgeq124/msg21528621005.html。

3. 企业结构

在全旗的企业发展规划方面，政府在 2020 的工作报告中指出，要合理布局、科学有序规划企业发展，加快产业转型升级，推动县域经济高质量发展。第一，做强现代能源经济企业。在煤炭绿色开采、清洁输出、延伸链条、综合利用上狠下功夫，力争华兴唐家会等 28 座煤矿建成绿色矿山、黄玉川煤矿等建成智慧矿山，支持新建的神华新朔铁路公司运营。第二，做大新兴产业企业。围绕地区优势主导产业，要配套发展煤机、化机、电力装备、安全设备等制造业和节能环保、科技研发等生产性服务企业，积极发展煤基新型碳材料、高分子材料等新材料企业，推进企业大数据产业发展，推动互联网、大数据同实体经济深度融合。第三，加快发展现代农牧业企业。立足地区自然条件，优化农牧业区域布局和生产结构，出台具体的支持政策和措施帮扶企业发展，继续培育“果蔬杂粮山羯羊”等优势特色企业，大力发展企业的规模化种养业，推动建立农畜产品合格证明制度和优势农畜产品产地追溯体系，以支持培育新型农业经营的企业公司，打造沿黄农牧业经济产业带。第四，推动服务企业提档升级。面向服务企业实施重点领域高质量发展行动，促进物流、文化、体育、休闲等面向消费端的服务业提档升级。出台加快现代物流业发展的实施意见及优惠政策，完善物流基础设施网络体系；推动传统销售模式向新型电商模式转变，构建旗级电子商务公共服务体系；培育文化产业市场主体，壮大文化产业规模，加快文化创意产业发展；树立全域全季旅游理念，进一步完善旅游基础设施和配套服务体系建设。

4. 投资消费结构

在全旗的投资消费结构方面，以 2019 年为例，准格尔旗的国民经济和社会发展统计公报显示，投资方面，全旗 500 万元以上固定资产投资同比增长 16.1%。其中，民间投资同比增长 24.1%，民间投资占总投资比重 82.5%，较上年同期提高 5.2 个百分点。全旗亿元以上开工项目 39 个，比上年增加 6 个，亿元以上项目投资比上年增长 18.5%。从三次产业投资看，第一产业投资同比增长 162.9%，第二产业投资同比增长 14.9%，第三产业投资同比增长 18.4%。主要工业行业投资中，制造业投资同比下降 79.8%；采矿业投资同比增长 442.2%；电力、燃气及水的生产和供应业投资同比增长 131.2%。第三产业投资中，房地产投资同比增长 106.5%；水利、环境和公共设施管理业投资同比增长 540.9%；教育投资同比下降 7.1%。消费方面，全年全旗实现社会消费品零售总额 128.46 亿元，增长 3.4%。其中，城镇社会消费品零售额 97.13 亿元，增长 3.3%；乡村社会消费品零售额 31.33 亿元，增长 3.7%。限额以上企业社会消费品零售总额同比增长 1.8%。按商品类值分，粮油、食品类完成零售额同比增长 11.8%；饮料类同比增长 92%；家用电器和音像器材类同比增长 43.1%；汽车类同比增长 73.8%。年末全旗金融机构总数达到 21 家，各类营业网点 105 个；各项存款余额 621.59 亿元，增长 11.8%，其中，城乡居民储蓄存款余额 404.48 亿元，增长 12.6%；各项贷款余额 402.28 亿元，增长 15.5%。全年全旗保险业实现保费收入 89 508 万元，增长 8.4%。

（三）准格尔旗县域经济发展启示与建议

（1）全面优化营商环境。要继续坚持“放管服”改革，加快构建符合当地“一网、一门、一次”的优质高效政务服务体系，推动投资建设项目并联审批，实施好市场准入负面清单制度，破除各种不合理限制和隐性壁垒。要持续深化商事制度改革，梳理公布“证照分离”改革事项清单，进一步破解“准入不准营”问题。要主动衔接跨旗区、跨行业信用联合奖惩机制，优化信用环境。全方位转变政府职能，用好国家减税降费政策，吸引人才、吸引项目、吸引资金来旗发展。

（2）加大重点领域改革。要持续深化供给侧结构性改革，着力在“巩固、增强、提升、畅通”上下功夫。要持续深化综合行政执法体制改革，进一步理顺审批与监管在违法用地问题整改方面的衔接机制，切实加强一体化综合执法实效。要深化财政金融改革，全面实施预算绩效管理，盘活财政存量资金，提高财政资金使用效率。要稳步扩大对外开放，全面融入呼包鄂协同发展，主动融入“一带一路”建设，加强与京津冀、长三角等发达地区的协作。

（3）促进民营经济发展。要严格落实国家、自治区促进民营经济发展政策措施，放宽市场准入，营造公平竞争环境。切实帮助企业解决实际困难，建立企业投资项目公示平台，构建结构多元、渠道多样的投融资格局，探索实施应收账款债权凭证流转，缓解民营企业融资难、融资贵问题。要妥善解决政府部门和国有企业拖欠民营企业账款问题，依法保护企业和企业家合法权益，严厉打击非法阻工等违法行为，为民营企业发展保驾护航。

第四节　发展路径

党的十九大报告指出中国特色社会主义进入新时代，需要以“创新、协调、绿色、开放、共享”的新发展理念为指引，坚持和完善社会主义基本经济制度，推动新型工业化、信息化、城镇化、农业现代化同步发展。我国经济运行整体上已经呈现出增速趋缓、结构趋优、动力转换的“经济新常态”特征。我国经济发展的新常态带动产业发展进入新阶段。产业发展突出表现在从过去粗放型低附加值的产业向高附加值的质量效率型的产业转型升级，从以制造加工为主向服务型产业转型，进一步推动我国重化工产业及整个产业体系的转型和升级。因此我国西部县域经济结构创新发展也面临着新的机遇和挑战。

一、实施县域经济创新驱动战略

党的十八大明确提出，国家的科技创新是提高社会生产力和增强综合国力的重要战略支撑，必须将其摆在国家整体发展的核心位置，坚持走中国特色社会主义的自主创新发展道路、实施创新驱动发展战略。

我国经济发展步入新常态阶段，亟须新的增长动力。传统产业的发展遭遇瓶颈，钢铁、水泥、平板玻璃等许多产业出现产能过剩现象，而我国西部县域经济以传统产业为主，为此西部县域产业的创新要求非常迫切。传统产业转型升级主要有三条路径：一是通过产品技术和商业模式创新取得竞争优势；二是通过产业升级，使传统产业成为战略性新兴产业，取得新发展；三是嵌入全球创新链，加强竞争优势。

西部县域经济产业发展要走创新驱动产业转型升级的道路，需要做好以下几个方面。

（一）发展教育事业，集聚高端人才，激发创新动力

教育科技创新是推动发展质量、效率、动力变革的重要一环，保持和增强县域经济竞争优势，必不可少的是大力培养核心竞争力，尤其是技术创新和产品研发能力。县域政府应在综合评估财政收入水平、支出水平、人口基数等因素的基础上加大对教育、科研的财政投入，促进教育资源优化、科学技术创新。此外，还应加大对欠发达县域产业集聚区和中小企业科技创新平台建设的财政投入，进一步发挥财政对于科技创新的激励作用。

（二）坚持创新引领，鼓励发展新业态、新模式

当前经济发展进入新常态，需要以供给侧结构性改革为主线，以改革开放为动力，坚持包容创新、鼓励探索的发展方向，进而促进多种多样的商业模式、产业形态的应用。为此，应该继续推动现代制造业与战略性新兴产业的发展，继续推动“互联网+旅游”“互联网+教育”“互联网+医疗”等新业态发展，继续推进网络的提速降费，同时加快跨境电子商务、现代服务业、现代物流服务体系等建设。同时，鼓励平台经济发展，支持企业基于平台的基础设施、能源资源等的分享经济，利用新时代互联网的普遍发展，为客户提供个性化、差异化的服务，在开放竞争中拓展空间，提升水平。

（三）因地制宜，探索适合各县域的创新发展道路

历史经验和现实教训表明，县域经济发展要结合县域的实际情况，因地制宜，探索适合各自县域的特色发展道路。因此，西部县域经济发展，要充分发挥西部县域传统优势、文化优势、资源优势、区位优势等，走西部县域特色创新发展道路。

二、县域农业创新发展路径

（一）推动西部县域农业产业科技创新

“十二五”以来，我国农业外部生产环境发生了明显改变。一方面，尽管我国粮食实现了“十二连增”，但是粮食供需长期处于紧平衡的状态没有改变，加上国际农产品供给的压力，保障粮食安全更是面临严峻挑战。另一方面，我国农业资源短缺，开发过度、污染加重，以往依靠消耗农业水土资源、不断增施化肥农药来确保农产品有效供给的方式难以为继。农业经济在西部县域经济中占有重要的地位，因此，亟须通过农业科技创新加快农业发展方式转变，建设西部县域农业现代化体系，实现西部县域农业可持续发展。

在农业科技创新上，2012 年以来，中央出台多个文件要求强化农业科技创新驱动作

用。例如，《国务院关于印发全国现代农业发展规划（2011—2015年）的通知》明确要求，增强农业科技自主创新能力。明确农业科技的公共性、基础性、社会性地位，加强基础性、前沿性、公益性重大农业科学技术研究，强化技术集成配套，着力解决一批影响现代农业发展全局的重大科技问题。再如，2013年中共中央、国务院《关于全面深化农村改革加快推进农业现代化的若干意见》指出，明确采取多种方式，加强科研类机构和企业单位合作研发；加快农业科技新型创新平台基地建设，推动国家级农业科技园区创新协同发展，构建现代农业产业技术体系；加强农业基础研究和生物技术开发，构建以机械化和信息化为核心的农业发展体系，推进新兴农业产业技术研发。

西部县域农村经济应进一步强化农业科技创新驱动作用。在生物育种、智能农业、农机装备、生态环保等领域加大投入，推进西部县域农业科技协同创新联盟建设。建设西部县域农业科技服务云平台，提升农技推广服务效能。深入推进科技特派员农村科技创业行动，加快科技进村入户，让农民掌握更多的农业科技知识。

（二）推动农业产业化经营，推进西部县域农村经济创新发展

农业产业化发端于20世纪80年代中后期，至今已有近40年的历程。农业产业化龙头企业作为新型农业经营主体的重要组成部分，也是企业经营的重要主体，在构建新型农业经营体系中发挥着重要的引领作用。

“十二五”时期，中央一号文件连续强调农业产业化和龙头企业发展，各级各部门不断完善扶持政策，积极推动组织模式创新，全面提升农业产业化经营水平。为支持农业产业化集群发展，农业部提出创建一批国家农业产业化示范基地，出台了《农业部关于创建国家农业产业化示范基地的意见》《农业部关于印发〈国家农业产业化示范基地认定管理办法〉的通知》等一系列政策文件，为创建农业产业化示范基地提供了政策指引。

西部县域经济是以农业和农村经济为主体的区域经济，农业和农村经济发展具有重要意义。要令农业的产业化和现代化齐头并进，合理配置县域农村经济，西部县域农村经济应当进一步加强县域农田水利设施、农村电力设施、公路交通、公共教育设施、医疗设施等基础建设，为发展壮大县域经济助力。同时也需要调整并优化农业结构，以提升农业经济的效益。还要坚持贯彻落实“科教兴农”的科学战略，引进和推广高水平农业技术，提高农业机械化水平，加快高端、特色农机装备生产研发和推广应用。推动县域农业的现代化和产业化的共同发展。

（三）大力发展西部县域农村电子商务，促进西部县域三次产业融合发展

西部县域普遍生产供应特色优势农产品，但具有地理位置劣势，农产品常常滞销。西部县域将电子商务技术与农业结合，可以为农产品销售和相关产业发展提供一个有效平台，有助于开拓新的消费市场，增加农民收入，催生农村新产业，促进农村经济转型和农业发展方式的转变。西部县域可以大力发展电商经济，促进当地县域经济的传统产业的线上转变和发展，从而推动生产、加工、物流和相关服务业的发展，促进三次产业

融合，为西部县域经济注入新活力。推动西部县域电商经济发展，可以突破传统西部县域产业地域、时间和服务的束缚，促进西部县域经济三次产业融合发展。

三、县域工业发展路径

进入新时代以来，我国工业发展的环境整体上已经发生深刻变化，原有的粗放型增长模式已经难以为继，必须对其进行革新转型，以实现新时代经济发展的高质量要求。为此，必须从转变工业发展方式入手，对技术结构、布局结构、行业结构等进行优化升级，提升工业发展的整体质量，实现传统工业向现代新型工业转化。

（一）走新型工业化道路，加速西部县域经济的工业发展步伐

工业化是县域经济发展中不可或缺的重点阶段，如果能充分有效地解决县域经济工业发展中存在的主要矛盾和问题，那么对县域经济的发展将会有至关重要的作用。西部县域经济发展中，应当基于县域资源、区域优势，建立有地域特色的主导产业。加大工业资金的投入，加强工业经济发展后劲，延伸产业链，提高附加值，形成上档次的产业、有规模的经济、上台阶的效益。以现有的工业园区作平台，打造新的经济增长点，引导企业向园区集会，将工业园区打造成产业聚集区，推进产业升级，形成有规模优势的产业，使之变成经济总量增长的重要载体，进而推动县域工业产业发展。

（二）走西部县域特色化工业发展道路，发挥县域比较优势

西部县域的要素禀赋条件，决定了工业发展的类型与结构。与东、中部大中城市相比，西部县域在人才、交通、信息、服务等诸多要素方面无法和东、中部大中城市竞争，一味追求“高精尖”的工业，难以取得很好效果。实现西部县域经济高质量发展，必须走特色化、专业化的工业发展道路，因地制宜，努力挖掘特色、创造特色、提升特色，发挥比较优势，在竞争中找到自己的位置。

四、县域第三产业发展路径

新常态经济增长的重要特征是第三产业领跑三次产业。服务业主导格局形成后有助于经济稳定程度提高、经济运行效率提高、就业压力减轻、资源环境压力减轻，但第三产业是西部县域经济发展的最大短板。

互联网信息技术和“互联网+”战略的应用与实施，推动了生产性和生活服务业需求扩大，快速发展。服务业新技术、新模式、新业态不断涌现，如互联网信息服务业、文化产业、生命健康产业、旅游业、现代金融业等，这些产业具有强带动性、高成长性、绿色可持续性和高附加值性等特征，势必将继续领跑国民经济，支撑经济持续快速增长。

（一）鼓励发展互联网信息服务业等战略性新兴产业

全球信息产业呈现出服务化、网络化、数字化等发展趋势，大数据、云计算、移动互联网等数字经济高速发展。为此，国家大力实施了“互联网+”战略，“基础平台+增

值服务”等也应用到多个领域，依托在互联网上的新业态迎来了快速发展的契机，各行各业与互联网融合发展的时代已经到来。

西部县域应结合县域实际情况，鼓励发展互联网信息服务业等战略性新兴行业，不求大而全，切入战略性新兴产业链，做大做强某一新兴行业产品。

（二）推动文化旅游康养产业成为西部县域新的经济增长点

区域软实力一般都与地区的文化产业密切相关，因为文化要素对一个区域的价值引领、创意时尚、文化产业有着重要的作用。2011 年颁发的《中共中央关于深化文化体制改革推动社会主义文化大发展大繁荣若干重大问题的决定》明确指出，要“加快发展文化产业，推动文化产业成为国民经济支柱性产业”，要推动文化产业实现跨越式发展，使之成为经济发展新的增长点、经济结构新的支撑点、经济转型新的着力点。西部县域在发展文化产业时，不求构建结构合理、门类齐全的现代文化产业体系，而应结合县域实际，生产出富有创意、竞争力强的特色优势文化产品，推进文化科技创新，发挥文化和科技相互促进的作用。

西部县域普遍森林覆盖率高，空气质量好，县域文化独特，旅游资源丰富，具有发展旅游康养产业的独特优势，因此西部县域要发挥比较优势，大力发展旅游康养产业。

五、县域企业发展路径

（一）构建现代企业管理制度，推进企业规范化、标准化运营

构建企业管理规章制度是企业发展的重要内容，不仅是其竞争需要，也是企业发展需要，更是地方产业壮大需要。“没有规矩，不成方圆”，建立现代化企业管理制度就是要让企业规范化、标准化运营，激发广大员工工作的积极性和主观能动性，提高企业生产效率，增加企业总体效益，实现企业战略目标。

因此，西部县域企业应建立和完善现代企业管理制度，以规范化、标准化运营作为目标。

（二）营造企业良好环境，吸引和留住优秀人才

企业发展中最根本的财富是人才，企业效益的根本源泉也是由人才创造的。一般意义上，企业之间发生的激烈竞争，归根到底还是人才竞争。西部县域企业要实现高质量发展，需要创造一个优良的企业环境，以此来吸引人才，进而留住人才，包括企业中的工作氛围、文化制度、薪资福利、自我价值实现等方面。

（三）加大品牌宣传力度，积极开拓市场

企业产品的重要标志在于它的品牌营造，这也是一个企业的价值、精神、文化等浓缩成的符号表达，是企业重要的无形资产。西部县域企业应该紧随现代企业制度和技术创新能力的步伐，加快企业品牌宣传度，扩大品牌辐射力，利用企业“品牌效应”，提升企业的知名度。此外，西部县域企业还需要改变传统“重生产，轻销售”的思想，加快扩大销售渠道和营销网络，利用互联网技术，充分整合线上和线下营销资源，减少中

间销售环节，实现对接终端客户，牢牢掌控企业的产品市场定价权，保证企业运营资金链畅通，以使得县域企业有更加强大的能力开拓市场。

参考文献

杜志雄，吕风勇. 2018. 由竞争力看西部地区县域经济的发展趋势. 中国西部，（2）：69-75.

胡欣. 2018. 重庆市第三产业发展现状研究. 农村经济与科技，（29）：16.

李萍，杨慧玲，吴垠，等. 2019. 新中国经济制度变迁. 成都：西南财经大学出版社.

李泉，马晗. 2012. 西部地区城乡金融二元结构差异性研究——以甘肃省为例. 甘肃金融，（3）：58-61.

孟扬，梁芷铭. 2013. 西部地区农村居民消费结构变动的实证研究——以西藏为例. 农业考古，（6）：306-310.

任保平，李禹墨. 2018. 新时代我国高质量发展评判体系的构建及其转型路径. 陕西师范大学学报（哲学社会科学版），（3）：105-113.

宋媛. 2019. 西部大开发云南发展成就及对策建议. 新西部，（10）：68-74.

孙倩敏. 2015. ELES 模型下东西部农村消费结构实证对比. 商业经济研究，（24）：59-61.

唐浩，唐静，涂文明. 2009. 西部地区二元结构优化与农村新型工业化道路发展方式创新. 农村经济，（9）：107-110.

喻敏. 2019. 中国东西部地区企业主导产业技术研发创新环境比较研究. 甘肃科技纵横，48（5）：55-58.

朱博，陈姝兴. 2014. 我国城镇居民消费结构的区域差异研究——基于东中西部地区的面板数据模型. 区域经济评论，（3）：142-146.

Lewis W A. 1954. Economic development with unlimited supplies of labor. Manchester School of Economic and Social Studies，22（2）：139-191.

第三章　协调发展：西部县域城乡融合发展

县域经济是城乡经济的接合部，也是宏观经济和微观经济的接合部（李业斌，1985；周维现，2003）。县域发展是解决“三农”问题的关键切入点。县域经济兴旺是实现农业现代化和农民职业身份双重转换及脱贫攻坚的重要载体，县域经济需要以农业和农村经济发展为中心推动区域经济发展，其关乎人民福祉，是引领我国乡村治理现代化的关键载体。党的十六大以来，我国持续致力于“壮大县域经济”，着力盘活县域发展要素，提升县域经济发展活力。党的十九大针对我国社会主要矛盾的转化事实，创新性地做出实施乡村振兴和区域协调发展的战略部署，并写入党章，以着力解决经济社会发展的不平衡和不充分问题，满足人民日益增长的美好生活需要。其中，城乡发展的不平衡与乡村发展的不充分问题是这一矛盾的突出体现。对此，党的十九大强调建立健全城乡融合发展体制机制和政策体系，建立更加有效的区域协调发展新机制，并突出构建以城市群为主体的大中小城市和小城镇协调发展的城镇格局。新型城镇格局对县域经济的发展提出了更高要求，县域经济所承载的城市链接乡村的纽带作用在进入新时代后表现得更加深刻。

长期以来，我国经济社会形态摆脱了根植于土地的“乡土中国”，正处于加快建设“城乡中国”时期（费孝通，1993；刘守英和龙婷玉，2020）。“乡土中国”阶段，我国传统的自给自足的小农经济与传统的家庭手工业等的农工混合经济支撑了城乡之间的“双向交流”，然而这种交流一旦受到外部势力冲击，城乡之间的交流就会中断，乡村从而会走向衰败。因此，城乡融合的发展状态对于农业生产方式居主导的农业社会发展而言已然十分重要。中华人民共和国成立之后，我国城乡关系实现了由分割向缓和的成功过渡（张海鹏，2019），当前我国城乡关系加速形成城乡一体和城乡融合的共生形态，这一过程中涌现出了诸多的城乡融合发展的典范区域。城乡深度融合需要着力推动城乡双向开放及要素的双向流动。改革开放初期，家庭联产承包责任制自下而上渐次普及，加上乡镇企业的迅猛发展，我国农村产业的在地化经营显著提升了农村生产力，农业劳动生产率显著提高，农业生产剩余积累规模不断扩大，我国长期存在的“隐性”农业过剩劳动力日益显现。随着我国逐渐放松户籍管制，加之政府因势利导推进的放权让利和市场化改革的不断推进，我国城市经济得到了前所未有的发展，不断吸引着数以亿计的农业剩余劳动力涌入城市，进入二、三产业。城市经济通常采用现代化的生产方式，农业过剩人口的流入不仅为我国经济发展打开了长时间的“人口红利”窗口，而且资源重置弱化资源错配的同时提升了社会平均劳动生产率。按照刘易斯（Lewis，1954）及其后续发展者费-拉尼斯（Fei and Ranis，1961）的观点，即“刘易斯-费-拉尼斯”理论，从2004 年我国东部沿海地区出现“民工荒”与劳动力工资上涨的境况来看（蔡昉，2017），我国已经由刘易斯在解释亚洲经济发展模式时所提出的劳动力无限供给的经济增长阶段转变为费-拉尼斯所阐述的城乡二元经济阶段，费-拉尼斯则进一步指出刘易斯模型应建立在农业部门也同时发展的基础上，即农业部门劳动生产率应伴随非农产业的发展而得到提升。因此，城市化和工业化的“双轮驱动”下的“城乡中国”需要在推动农业人口市民化的过程中提升农村发展质量，需要在推动制造业和服务业发展的同时推动农业工业化，振兴乡村才是实现“城乡中国”可持续发展的本真和基础。

现有关于城乡融合发展的研究较多，也有诸多文献对城乡融合的研究进行了综述。第一，城乡融合具有突出的重要性。早在 21 世纪初期，王春光（2001）即谈到农村流动人口的社会认同对城乡融合发展提出了较高要求，也就是说，农村流动人口无法在城镇空间得到认同，又回不到乡村，即“内卷化”的社会认同会驱使流动人口“游民化”，因此需要加快城乡社会结构变革，推动城乡融合。陈钊和陆铭（2008）指出农村人口向城市转移的过程中，并没有伴随出现城乡居民收入的收敛现象，相反，城乡差距以及城市本地与外来职工的收入差距还表现出扩大的趋势。刘彦随（2018）指出农村发展的“新五化问题”，并指出人文城乡融合是治理“乡村病”和推动乡村振兴的关键。第二，城乡统筹应该如何推进，现有关于城乡统筹发展的研究多数涉及统筹推进的路径设计。郑国和叶裕民（2009）在将城乡关系区分为融合阶段、分割前期和分割后期等不同阶段的基础上，阐明了应该如何差异化设计城乡统筹的发展方略。与郑国和叶裕民（2009）探讨的思路一致，蒿慧杰（2019）统一将要素双向流动制度、产业融合发展制度等 5 项制度整合为城乡融合的制度体系。罗敏（2019）从城乡共生的视角，指出城乡之间的产业共建、人才共享、文化共融、生态共治、组织共生是乡村振兴的保障。针对要素双向流动制度，“城归”成为推动要素双向流动和城乡融合的重要现象（夏金梅和孔祥利，2019）。第三，有关城乡统筹发展水平的测度。现有关于城乡统筹发展水平的测度的文献相对鲜少。刘明辉和卢飞（2019）基于“人”“地”“资本”3 个维度的融合构建指标体系，对我国省域城乡融合发展水平进行了测度。赵德起和沈秋彤（2019）通过构建城乡融合前提、动力和结果 3 个维度共计 28 项指标的指标体系，对 2007~2016 年我国分省的城乡融合水平进行了测度和分类。周佳宁等（2019）构建了人口、空间、经济、社会、环境 5 个维度的指标体系，对 1999~2016 年我国分省的城乡融合水平进行了测度。

整体看，现有文献多是基于省域数据对城乡融合发展水平进行测度，鲜少涉及县域样本的研究，可能会忽视宏观视域下的微观异质性。另外，现有文献在城乡融合的指标体系构建方面，虽然相互之间存在共通抑或差异之处，然而与省级数据相比，县域数据在数据质量及指标类别的多样性方面存在不同程度的瑕疵，可获得性较差。2019 年，《中共中央 国务院关于建立健全城乡融合发展体制机制和政策体系的意见》着重强调城乡融合发展需要着力建立健全城乡要素合理配置、基本公共服务普惠共享、基础设施一体化、乡村经济多元化发展及推动农民收入持续增长的体制机制。同时，探讨西部地区县域发展具有重要意义。2020 年 4 月，国务院公布《中共中央 国务院关于构建更加完善的要素市场化配置体制机制的意见》，并提出 28 项重点任务，强调了推进城乡融合发展、优化城镇化空间格局等的具体方略，阐释了县域经济在推进要素自由平等流动和城乡统筹发展中的重要地位。国家统计局统计信息显示，2018 年，全国共有县级行政区 2 851 个，包括市辖区 970 个，县级市 375 个，分别较 2017 年增加 8 个和 12 个，县和自治县分别为 1 335 和 117 个（未包含港澳台数据），县的数量减少了 20 个。其中，西部地区县级行政区数量为 1 090 个，占比达到 38.23%，较 2017 年多 1 个县，且西部省（区、市）内部行政区划也出现相应的调整，如广西、贵州、陕西、甘肃、青海在 2018 年各新增县级市 1 个，四川新增市辖区 1 个，云南则分别增加市辖区和县级市各 1 个。本章结合我国对城乡融合发展的目标定位，并借鉴现有研究观点及可获得数据，对我国西部地区县域城乡融合发展水平进行考察，摸清我国西部县域城乡发展现状，为我国西部县域经济发展实际“把脉”，并找准推动城乡融合的症结所在，从而提出针对性建议。

第一节　发展现状

乡村振兴战略是党的十九大以来我国解决“三农”问题的总抓手，要求着力推动农业农村的现代化，不断推进农村“产业兴旺、生态宜居、乡风文明、治理有效、生活富裕”，满足人民日益增长的美好生活需要，加快实现基本公共服务均等化，提升人民幸福感。城乡融合是振兴乡村的重要路径，只有加快建立起城乡间要素自由平等流动的制度框架，才能炮制出城市化和农业农村现代化的双赢局面。“十三五”以来，我国长期致力于推进形成工农互促、城乡互补、全面融合、共同繁荣的新型工农城乡关系，西部地区也涌现出诸多统筹城乡发展的先进区域。重庆市和成都市早在 2007 年即获批全国统筹城乡综合配套改革试验区，成都市在统筹城乡发展的实践基础上概括出城乡统筹发展在规划层面、产业层面、市场体制、基础设施、公共服务及管理体制等方面的“六个一体化”。2019 年，十八部门联合印发《国家城乡融合发展试验区改革方案》，在获批的 11 个国家城乡融合发展试验区名单中，西部地区占据三席，分别是四川成都西部片区、重庆西部片区、陕西西咸接合片区，相应的城乡统筹片区将在健全城乡统筹发展体制机制、城乡产业协同及基本公共服务均等化等方面展开探索。因此，从整体上看，西部地区县域经济发展呈现出多样化的城乡统筹发展路子，有成渝双城经济圈带动下的城乡统筹发展的先进区域，也有广袤的一般农业型发展区域，不同类型生产方式下的城乡统筹发展应该如何推进，西部地区为这一领域的研究提供了丰富的素材。本节结合“软环境”和“硬环境”两个维度剖析西部地区县域城乡融合发展现状。

县域经济的探讨中，“城”的经济是城乡融合发展的重要保障。一般而言，县治下的镇为地区生产活动和消费场所的所在地，是非农产业发生的主要载体，承担了县域较大比重的经济产值。“城”的壮大为反哺乡村奠定了基础。因此，本节需要首先对有关西部县域的统计材料进行梳理，对西部县域经济发展情况做出统计。需要说明的是，本节所选县域数据主要源自《中国县域统计年鉴》（县市卷）、地方统计年鉴及相关县级政府的年度统计公报。由于县域样本繁多、指标杂乱、数据多有漏缺等的问题，考虑到《中国县域统计年鉴》指标统一，且数据相对齐全，因此县域样本的选取、指标的选定及数据的筛查均以《中国县域统计年鉴》为基础，并通过其他年鉴、公报或数据平台（如 EPS 等）对数据进行填充。遗憾的是，诸如设施农业等较好反映农业现代化发展水平的指标，是城乡融合及地方政府考核乡村振兴指标体系中的关键，但在多份年鉴中并未涉及。同时，《中国县域统计年鉴》也存在指标多样化不足及不含传统核心区等的问题，会导致一些样本缺失的问题。经梳理，本节综合统计了 2017 年全国 2 079 个县级行政区的发展概况，样本合计占全国县级行政区的比重达到 72.92%，其中西部地区样本共计 908 个，占西部地区全部县域的 83.30%，覆盖面较为广泛。在统计分析中，西部县域城乡融合在现阶段表现出融合水平不高、内部差异凸显等基本特点。

一、县域经济规模偏小与内部差异凸显并存

经济发展水平是推动城乡统筹的基础性力量。其中，经济规模是经济体量的重要衡量指标，县均地区生产总值主要反映辖区内经济主体在一定时期内生产的商品和服务总和，是地区生产能力和满足需求能力的关键体现。2017 年，全国平均县域地区生产总值规模达到 209.89 亿元，东部地区的县均地区生产总值高于全国平均水平，达到 405.63 亿元，中部地区接近全国平均水平，县均地区生产总值规模达到 203.21 亿元，东北地区和西部地区县均地区生产总值水平则距全国平均水平相差较远，仅相当于全国平均水平的 72.87%和 53.39%。其中，西部地区在西部平均水平以上的县级行政区数量达到 403 个，不足一半，比重为 44.38%，而大于全国平均水平的县级行政区数量为 126 个，占西部样本县的 13.88%，大于东部平均地区生产总值水平的县级行政区数量仅有 28 个，比重仅为 3.08%。可以看出，与东部地区相比，我国西部地区县域经济规模偏小。加之西部地区县域面积大，如考察的县域样本平均面积为 4 310.49 平方千米，远高于全国平均水平，达到后者的 1.68 倍，而东部和中部县域分别仅为全国平均水平的 35.94%和 42.11%。因此，从地均地区生产总值来考量的话，西部地区则较之中、东部地区的差距将进一步拉大。进一步测算表明，西部地区县域的地均地区生产总值位列四大区域末位，仅相当于全国县域平均水平的 38.57%。另外，人均地区生产总值是反映地区发展水平的关键指标，在现有的诸多研究中，也有文献选取人均地区生产总值用于衡量高质量发展水平。囿于数据获取受限，按照户籍人口统计口径，西部地区县域人均地区生产总值水平处在四大区域第三位，略高于中部地区水平，相当于全国平均水平和东部地区的 86.43%和 59.84%。因此，西部地区经济发展效率亟待提升，县域经济高质量发展任重道远。此外，西部地区内部、县域之间的经济规模、户籍人口人均经济发展水平、地均经济发展水平差异也十分显著，均处在四大区域首位。借助变异系数指标的统计方式可以得到，西部地区县均地区生产总值变异系数达到 1.250，户籍人口人均地区生产总值变异系数也达到 1.008，地均地区生产总值变异系数达到 2.174，表明西部地区县域之间的发展水平存在

较大差距，非平衡发展特征凸显，加速西部地区县域经济实现充分发展和平衡发展的任务紧迫（表 3-1）。

表 3-1　不同区域的县域经济规模对比

指标	全国	东部地区	中部地区	西部地区	东北地区
人均地区生产总值/万元	4.244	6.131	3.515	3.669	3.715
地均地区生产总值/（亿元/千米^2）	0.160	0.380	0.145	0.062	0.054
县均地区生产总值/亿元	209.89	405.63	203.21	112.05	152.94
人均地区生产总值变异系数	0.908	0.812	0.630	1.008	0.625
地均地区生产总值变异系数	2.411	1.817	1.092	2.174	1.456
县均地区生产总值变异系数	1.353	1.103	0.857	1.250	0.875

注：人均地区生产总值中人口指标为户籍人口统计口径

资料来源：《中国县域统计年鉴》

从上述分析可以看出，我国西部县域经济发展水平相对偏低，且域内发展水平差异明显，二者并存的局面也使得西部县域在推动城乡统筹发展中表现出较大的地域异质性。相对而言，县域经济发展持续向好的区域可以有更多的资源投向城乡统筹发展领域，从而充分发挥城市和非农产业在“带动乡村”和“促进农业”方面的引领性作用。因此，在具体的乡村振兴战略推进中，应始终保持政策上的灵活性和本地化，着力处理好禀赋丰裕区域和一般农业型区域在统筹城乡发展上的政策针对性，保障有的放矢和因地制宜。

二、产业融合持续推进与融合绩效不高并存

按照产业结构变迁的理论观点，经济发展必然伴生经济产值及就业人员向非农产业的转移，抑或表现出由生产消费资料向生产生产资料转变的趋势，而且城市化和工业化“双轮”驱动城市经济增长的同时，其本质还应体现在对农业产业竞争力的提升上（刘守英和龙婷玉，2020）。因此，非农产业的发展是城乡融合发展的必要条件，农业产业竞争力的提升也是非农产业发展的重要归宿。从而在分析城乡产业融合时，需要首先对城乡产业结构做出概括。2017 年，我国县域第一、二、三产业的产值份额分别为 18.19%、40.93%和 40.88%。四大区域较为显著的特征是第一产业份额均较高，二、三产业的份额则互有高低，西部地区虽然非农产业份额在四大区域中居于第三位，但是第二产业比重明显低于中、东部地区。从第一产业增加值的规模上来看，西部地区第一产业增加值占全国的比重为 31.12%，居第二位，小于东部地区的 33.65%，但是从县均生产能力上来看，西部地区县均第一产业产值则明显低于其他区域，仅相当于全国平均水平的 71.30%。从第一产业增加值的规模上来看，西部县域第二产业规模在四大区域中居于第三位，份额达到 22.35%，县均第二产业产值则仅为全国县均水平的 51.19%。西部地区县域第三产业规模在四大区域中居于第二位，但从县均发展水平上看，仍远落后于其他地区，仅相当于全国平均水平的 50.57%。

非农产业的发展在一定程度上决定了工农产业相互融合的深度，表现为非农产业作为中间品投入的比重的提升。现有的诸多有关城乡产业融合发展的文献指出，我国农业经营中，服务业与农业生产的融合度相对工业而言较低（刘灿和刘明辉，2017）。本章选取东部浙江省和西部多个代表性省份的县域经济，同时借助农林牧渔服务业（即农林牧渔专业及辅助性活动）这一指标来考察中间投入品占农业产值的比重来衡量城乡融合发展在产业融合上的表现。数据主要源自浙江省和西部所选省份的省级统计年鉴，相关年鉴就农林牧渔业增加值进行了分类汇总，并报告了农林牧渔服务业的产值，如贵州省、甘肃省等。按照 2017 年国民经济行业分类（GB/T 4754—2017），农林牧渔服务业是对农业生产的各类支持性服务活动。经梳理，首先，从农林牧渔服务业整体规模上看，西部地区代表性县域高于东部区域，如浙江省县均农林牧渔服务业产值相当于甘肃省的 62.95%；其次，从产业关联的角度来看，浙江省的农林牧渔服务业中间投入比重也明显低于西部省份的样本县，见图 3-1。图 3-1 中，样本县以“5”为间隔区间进行标注，1~61 为浙江省样本县，62~137 为甘肃省样本县。

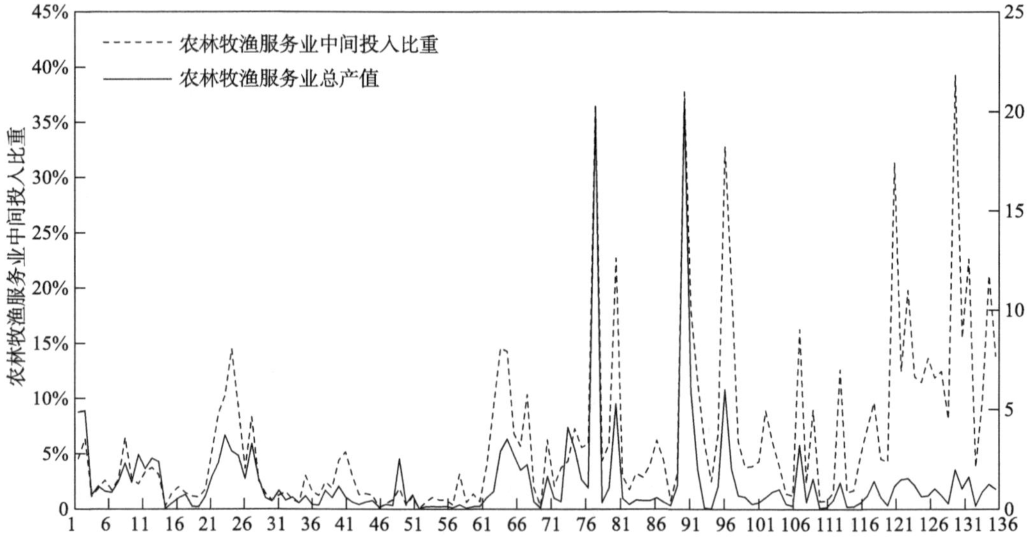

图 3-1 浙江省与甘肃省县域农林牧渔服务业对比图

需要说明的是，图 3-1 中两个省份县域样本的选取以《中国县域统计年鉴》为基本架构，即未包含两省的核心市区，两省共计统计县域样本 137 个，浙江省与甘肃省分别为 76 个和 61 个样本县。从图 3-1 中可以看出，相对于浙江省，甘肃省多数县域的服务业投入产值及中间投入比重远高于浙江省，如甘肃省肃州区和敦煌市的农林牧渔服务业中间投入比重分别高达 37.77%和 32.83%。与甘肃不同的是，贵州省的农业产业发展中，农林牧渔服务业的中间投入率平均为 5.14%，略高于浙江省。进一步统计表明，甘肃省和浙江省县均单位服务业投入所获得的农林牧渔业产值为 28.83 元和 125.65 元。因此，从这个角度来看，西部地区县域城乡产业融合取得了较大进步，但是融合绩效仍有待进一步提升。

这种融合绩效偏低的问题不仅体现在融合要素推动乡村产业发展的作用有限，还体现在支农产业发展的低效率上，通过统计不同区域非农产业的产值与就业比重，本节将结果绘制成图 3-2。横向来看，西部地区县域非农产业发展情况整体上与中部地区相似，但是均与东部地区存在较大差距。对于第二产业，西部地区第二产业的产值及就业人员比重低于中部地区，但是从比较劳动生产率的角度来看的话，由于西部地区产值比重高于就业人员比重，西部地区所选样本县的劳动生产率相比中部地区更高，这可能与中部地区较长时期内发展形成的能源经济依赖路径相关。对于第三产业，两个区域之间无论是就业规模还是产值规模上的水平表现相当，两区域服务业产值所占全国比重明显小于服务业吸纳就业的规模，这也形成了与东部地区鲜明的服务业发展差异。因此，与东部地区相比，西部地区无论在第二产业还是第三产业的发展上均应做出动力变革，努力提升服务业发展质量，增强服务业对其他产业的辐射带动作用，充分发挥金融业等服务实体经济的基本职能，从而形成优势互补的区域发展格局。

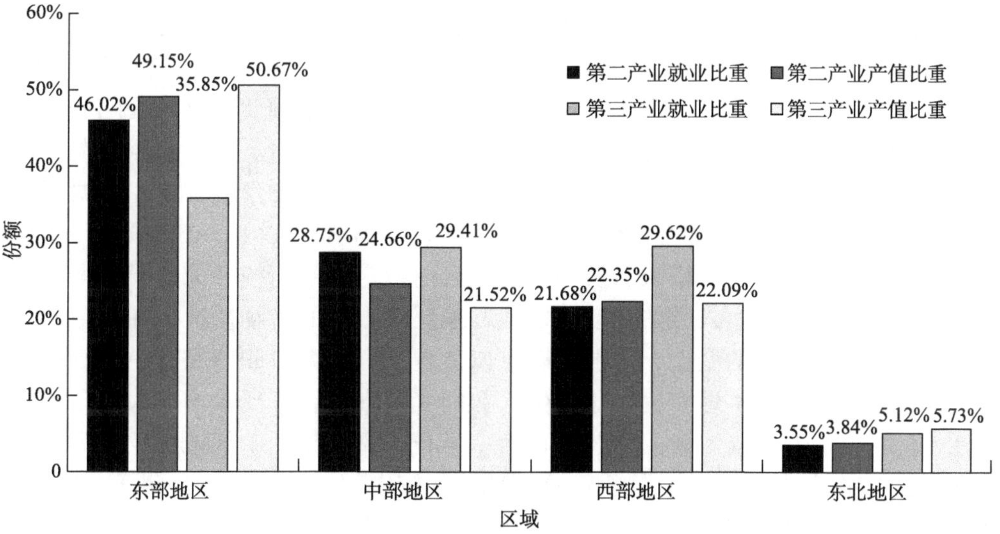

图 3-2 分区域非农产业的就业与产值份额比较

从上述分析可以得出，西部县域经济在非农产业或支农服务业发展方面表现出低效的发展境况，加之农业增加值率不高，形成循环累积的发展困局。推动乡村产业振兴，应加大力度完善农业发展的顶层设计，推动农业生产性服务业发展，提高科技支农力度，强化职业农民培育，提升农业发展质效。

三、融合环境不断优化与社会化服务水平偏低并存

西部地区县域与东部地区县域的城乡融合的发展环境相比仍有较大差距。第一，税收负担。税收负担会直接影响企业创新、要素流动和分配结构等宏微观领域的社会经济

发展水平及结构（刘怡和聂海峰，2004；王凤荣和苗妙，2015；林志帆和刘诗源，2017）。统计发现，西部地区所选的样本县域税收负担（各项税收之和占地区生产总值的比重）较轻，税收负担值为 0.048，仅高于东北地区（0.039），这可能惠及新一轮西部大开发战略的实施，税收政策相对松弛，却也可能反映出西部县域财政效益或财政效率有待提升的问题。第二，普惠性金融体系。普惠性金融体系的构建关乎经济发展和民生保障。按照习近平总书记在强调推进金融供给侧结构性改革时提出的“增强金融服务实体经济的能力”要求，本书在此对县域金融的普惠情况进行论述。县域经济金融发展水平（如存贷比指标）在一定程度上刻画了不同区域异质性发展阶段的经济社会特点，同时也可以衡量金融对实体经济的支持力度，如贷款规模指标，由于缺乏县域金融机构存款余额指标，且其不能直接衡量金融对实体经济的支持力度，因此选取贷款规模指标来反映不同县域金融的发展水平。经测算，西部地区的贷款规模及贷款规模的内部差异较高，均大于中东部地区，西部县域的贷款规模达到 0.84，表明西部地区县域金融对实体经济的支持力度较大，但是金融支持实体经济发展的能力在县域之间存在较大差异。此外，通过对浙江省和四川省两个代表性省份县域银行网点的统计，结果表明浙江省和四川省样本县的银行网点分布数量分别为 132.49 个和 62.12 个，反映出金融机构在东部地区县域城乡之间的渗透力度远高于西部县域。从整体看，四川省平均 52.60 平方千米和 6 554 人可以分配到 1 个银行网点，而浙江省的资源分布情况明显更优，平均 11.11 平方千米和 4 777 人可以分配到 1 个银行网点。第三，县域经济吸引力。良好的经济发展背景及优越的社会发展水平会在特定地区形成较大的吸引力，虹吸要素流入。在数据可获得的情境下，综合比较 2016 年和 2017 年的户籍人口数及小学生人数，二者虽然并非直接的流动人口统计数据，但是户籍人口及小学生人数由特定的部门统计为造册数据，且较为精确，户籍人口及小学生人数的变动可以很好地反映人口的流动情况，如户籍人口直接反映了人口户籍登记地的变更，一般情况可以体现出户籍人口职业和身份的双重转换；小学生人数通常从属于本地家庭，小学生人数的变动则可较好反映本地人口是否发生外流或迁入。以小学生人数为例，相比 2016 年，我国东部地区、中部地区及西部地区小学生人数在 2017 年均呈现出上升势头，且西部地区较中部地区上升更为明显，比重更高，东北地区则出现下降。户籍人口的变动规律与小学生人数的变动规律较为一致，不同的是，西部地区县域户籍人口增长规模较小学生人数的变动规模大。此外，还进一步考察了县均户籍人口的变动情况，结果表明除东北地区外，其他区域县均户籍人口均表现出不同程度的上升趋势。具体地，在筛选得到 2016~2017 年我国的 2 079 个县域样本后，出现户籍人口数减少的有 365 个，具体的分类样本数见图 3-3。其中，西部地区出现户籍人口减少的样本县为 109 个，数量最多，占西部地区样本的比例为 11.99%。遗憾的是，由于《中国县域统计年鉴》统计的户籍人口数为整数位并以万为单位，因此在统计上会存在一定的偏误，尤其体现在对县域户籍人口是否出现增长的统计方面，图 3-3 中，户籍人口增长数选取的是 2017 年户籍人口大于或等于 2016 年的县。可以看出，西部县域虽然户籍人口有了较大改变，但是由于县域较多，县均人口流动规模偏少，具有较强人口吸引力的县级行政区仍相对较少，这也在一定程度上佐证了前文对西部地区经济和社会化服务（如普惠金融）发展程度的分析，即经济发展水平和社会化服务水平有待进一步提升，区域内部经济社会发展水平差异凸显，推动西部县域充分发展和平衡发展任重道远。

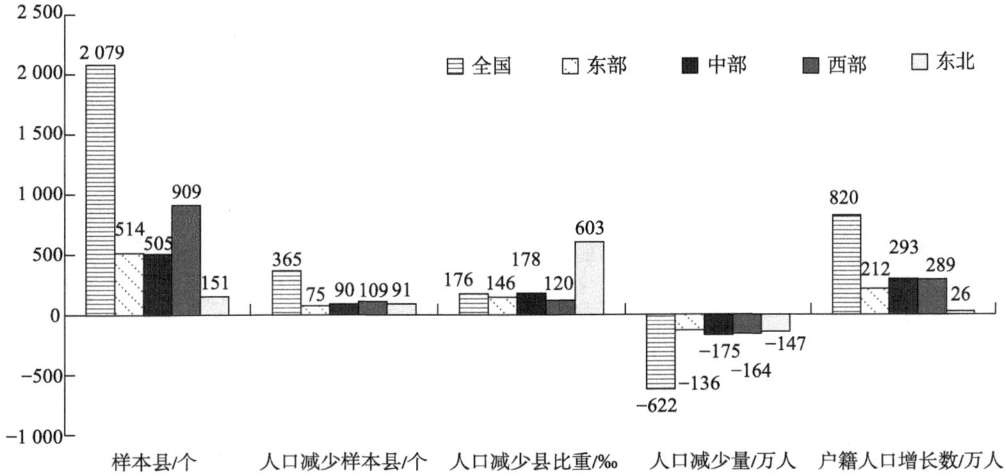

图 3-3 我国各地区 2017 年样本县的户籍人口变动情况

四、县域基本公共服务均等化趋势增强与内部差距鲜明并存

随着户籍制度改革的不断深入，城乡要素双向流动持续增强，基本公共服务均等化成为城乡融合推进的关键内容。本节主要通过公共物品的供给情况进行说明。在具体反映基本公共服务发展水平的指标中，发现：第一，医疗卫生条件差异鲜明。按照《中国县域统计年鉴》的统计标准筛选的样本县中，西部地区 907 个县以 1 435 984 床医疗机构床位数在四大区域中居首位，然而县均床位数则位于四大区域末位，县均床位数仅为 1 583 床，相当于东部和中部地区县均床位数的 59.85%和 65.37%，但是我国广大的西部地区处在“胡焕庸线”以西的区域，人口相对较为稀疏，这也导致西部地区人均床位数位列全国四大区域首位，万人床位数达到 46 床，高于东部地区的 41 床。然而，需要引起关注的是，西部地区内部县域之间的医疗卫生条件差异较大，人均医疗机构床位数最小值和最大值的县均位于西部地区，通过测算得到该指标的标准差远高于其他区域，变异系数指数达到 0.498，同样居于四大区域首位，东北地区与西部地区相近，中、东部地区则仅为 0.352 和 0.382。第二，福利性单位规模偏小。随着我国“人口红利”可获得区间收窄以及人口老龄化的加速到来，大力发展康养产业是我国各地在推进发展成果共享下的重要举措。2017 年，在剔除掉缺失值后，我国 2 066 个县级行政区平均拥有福利收养性单位床位数 1 688 床，东部地区为 2 870 床，中部地区为 1 615 床，西部地区为 839 床，东北地区则为 1 583 床。按照户籍人口分类统计，我国东、中、西、东北区域的万人福利收养性单位床位数分别为 46、32、28、40 床，可以看出西部县域福利收养性单位床相对偏少。同时，四大区域万人福利收养性单位床位数的变异系数分别为 0.64、0.59、0.86 和 0.63，显然福利收养性单位在西部分布不均衡特征十分显著，远高于其他区域。第三，居民收入差距较大。收入差距是衡量城乡融合的关键性指标，也是体现城乡融合

推进绩效的核心指标。按照城乡居民可支配收入的不断更迭，分别从绝对量和相对量上做出统计说明，前者借助不同区县与全国平均水平或者选取其他区域作为参照县进行对比分析，后者则通过本区域城乡居民收入差距进行直接比较。由于该指标统计相对较为完整，本书对四川省等代表省（区、市）的县域居民收入情况进行了统计，见表 3-2。如表 3-2 所示，与全国城镇居民人均可支配收入（36 396.19 元）相比，四川省 140 个样本县的城镇居民人均可支配收入的平均值和中位数分别为 28 595 元和 29 067 元，四川省高于全国平均城镇居民人均可支配收入水平的县仅为 2 个。与全国乡村居民人均可支配收入（13 432.43 元）相比，四川省 140 个县的乡村居民人均可支配收入与全国平均水平的平均值和中位数分别为 13 167 元和 13 131 元，四川省则有 62 个县高于全国平均水平。相对而言，四川省无论是城镇居民人均可支配收入还是乡村居民人均可支配收入仍相对处在较低水平。县域城乡收入差距平均达到 2.29，小于全国平均收入差距 2.71。与此形成鲜明对比的是，浙江省县域城镇居民人均可支配收入和乡村居民可支配收入达到 46 725 元和 25 043 元，明显高于西部各省（区、市）的县域收入水平，分别相当于全国平均水平的 1.28 倍和 1.86 倍，城市居民收入相当于乡村居民收入的 1.87 倍，也相对小于西部地区和全国平均的城乡收入差距。第四，消费水平差距较大。当前世界经济局势深陷低迷，我国经济增长的重心需要转向国内市场，尤其是充分开发农村消费市场。然而，就居民消费水平而言，西部县域仍存在消费规模相对较低及内部差异凸显的特征，如何提升区域间及区域内部消费水平的提升十分关键。以消费品总额为统计指标，西部地区县均消费水平与东部发达地区差距较大，如四川省县均消费品消费额为 58.55 亿元，浙江省则达到217.73亿元，且四川省县域之间消费品消费额的变异系数也远高于浙江省，地区之间的差异明显，重庆市县均消费水平为 118.79 亿元，贵州省则为 29.87 亿元。因此，西部地区在规模及县域之间消费的均衡性上与东部发达县域的差距仍然较为突出。此外，西部县域消费水平在城镇和乡村之间的差距也是十分值得关注的问题。以贵州省为例，首先去除掉南明区、云岩区、观山湖区三个区，一方面这三个区在统计年鉴中显示已经实现了全区城镇化，另一方面这三个核心城区占到全部贵州省消费品销售总额的 21.18%，显然可以体现出贵州省消费水平空间分布的不均衡状态。正如贵阳市城乡调查的结果，与城乡间的可支配收入的差异相同，城乡居民的人均消费也存在较大差异，但是城乡间消费水平的比值相对收入的比值较小，处于（1.38，2.11）的区间。进一步地，结合统计公报与统计年鉴数据进行测算，发现如开阳县、仁怀市等城乡之间消费水平的比值为 1.12 和 2.30，然而如乌当区等城市人均消费水平相当于乡村人均消费水平的 10 倍以上。

表 3-2　西部代表性省（区、市）城乡人均可支配收入情况

指标	四川	重庆	贵州	广西	甘肃	内蒙古
城镇居民人均可支配收入平均值/元	28 595	30 068	27 412	29 079	23 675	30 904
乡村居民人均可支配收入平均值/元	13 167	12 848	9 254	11 131	8 969	14 497
城镇居民人均可支配收入中位数/元	29 067	31 398	26 809	30 334	22 918	28 820
乡村居民人均可支配收入中位数/元	13 131	13 298	8 588	11 125	7 583	14 840
城镇居民人均可支配收入变异系数	0.125	0.111	0.057	0.124	0.169	0.194
乡村居民人均可支配收入变异系数	0.263	0.215	0.166	0.195	0.428	0.330

第二节　存 在 问 题

整体来看，在对西部地区县域经济社会发展水平统计整理的基础上，前文通过对四大区域之间及区域内部的对比，厘清了四川省城乡融合发展的阶段性特征，可以概括出西部县域在城乡经济社会融合发展上存在水平偏低、规模偏小及内部差异凸显的问题。因此，西部县域城乡发展的不充分及城乡之间发展的不平衡是城乡融合发展面临的最大的发展实际，也是城乡融合推进的主要问题所在。具体来看，西部县域城镇和乡村经济发展水平偏低，居民收入水平、消费水平不高，以及医疗、教育、社会福利性床位等的基本公共服务资源供给不足在一定程度上影响了城乡融合发展的广度和深度。加之各类经济社会资源在西部县域内部空间分布的非平衡状态，人民社会发展成果的共享质量受到约束，探索实现区域平衡发展的任务紧迫。具体来看，笔者认为西部地区县域在推进城乡融合发展中仍然存在基础不强、内部失衡、整体不充分和融合效率低等的问题，“强基”和“助融”仍是未来较长期内西部县域经济发展的主旋律。

一、城乡发展不充分与发展不平衡问题突出

现阶段，西部县域城乡发展的不充分及城、乡内部、城乡之间的发展不平衡特征凸显。这一观点是城乡融合发展水平在现发展阶段的凝练和概括，也是西部县域推动城乡融合进入新阶段所需要克服的关键问题。作为独立的经济单元，西部地区县域经济发展水平相对较低，发展水平高的县级行政区少，且县际发展差异较大，人均地区生产总值等衡量经济发展水平的指标变异系数偏高，影响了西部地区推进县域城乡融合发展的整体进程。例如，在不考虑核心区的情况下，四川省 140 个县级行政区中，高于全国人均 GDP（60 014 元）的县级行政区仅有 11 个，“三区三州”地区经济发展水平则相对更低。与此相对，去除掉核心区的浙江省 61 个县人均地区生产总值水平达到 77 025 元，相当于四川省县均发展水平的 2.27 倍。因此，西部县域城乡融合发展需要首先着力发挥城乡经济的比较优势，提升经济发展质效，从而为城乡经济发展奠定基础。不仅如此，发展的不平衡、不充分还体现在产业结构滞后、收入水平不高及消费水平的不足上，西部县域产业发展的高级化不够、产业服务化水平不高、非农产业发展水平偏低等可能成为城镇居民收入提升的瓶颈。

在推动城镇化的同时，农业、农村、农村居民仍是推动城乡融合需要关注的薄弱环节、关键区域和核心主体。农业农村是我国西部县域经济结构的重要组成部分，也是县域人口的主要聚居区，农业农村的现代化关系着农牧民的增收增益及脱贫攻坚能否如期高质量完成。从统计上看，我国西部县域第一产业比重偏高，但农业生产效率相对低下。例如，若乡村人口或多或少都有参与农业生产，因此将农林牧渔增加值与乡村人口的比值作为农业生产率的替代指标较为合适，统计结果表明，选取的四川省县域样本的农业生产率均小于全国平均水平（1.18 万元/人），从而反映出西部县域农业生产方式进一步向集约化转型的必要性，农业转移人口市民化进程有待加速推进，以及农业生产率亟待

提升的紧迫性。尤其是，结合户籍人口变动数据统计显示的西部县均跨县人口流动数相对较少，因此农业转移人口市民化亟待推进。从产业融合的角度来看，西部县域的农林牧渔服务业投入比重相对较高，但产业融合绩效偏低。此外，按照欧盟农业用肥绿色化水平和世界银行统计的我国单位耕地面积用肥数据（2016 年为 503 千克/公顷），我国西部县域存在过度用肥与用肥不足并存的局面，西部县域农业绿色化、专业化、规范化发展有待进一步推进。在社会发展领域，与城镇居民相比，乡村居民人均可支配收入与消费水平明显低于城镇居民，且域内县域之间的发展水平存在较大差异。此外，在笔者调研的一些西部县域中，距离都市较近或禀赋优势较丰裕的农村多通过开展乡村旅游、休闲农业、康疗养生及农产品深加工等的产业融合形式开发农业多功能性，推动城乡统筹发展，一般型农业区则通过土地流转和适度规模经营来发展农业生产，城乡统筹的分类推进发轫于农村产权制度改革、乡村治理效能提升及新型农业经营主体培育的框架下。近年，各类特色农业园区加速起步，然而各地乡村振兴的推进水平参差不齐，产业发展的规范化和专业化尚不够，信息化程度偏低。因此，从整体上看，西部县域在推动城乡融合发展中，城乡发展的不充分与不平衡问题突出。

二、城乡基本公共服务均等化亟待完善

长期以来，我国经历了由乡土中国到城乡中国的转变，并实现了由城乡分割到城乡缓和并向城乡融合的成功过渡。然而，“三农”处于从属地位的观念在一些地区并未得到根本改观，加上一些“新三农”问题的出现，如农村劳动人口的老龄化、女性化及农村产业的空心化等，使得如何推进城乡基本公共服务均等化成为当下城乡统筹的核心议题。依据当前城乡流动人口构成的特点，可以将现有的人口流动区分为举家进城、半工半农及举家留乡三种流动形态。因此，强化城乡基本公共服务均等化是贯彻发展成果由人民共享理念的根本要求。然而，我国县域在推进城乡基本公共服务均等化方面的制度仍不健全，城乡要素自由平等流动仍然面临着诸多不同程度的前置性障碍，如农民工及其随迁子女在城市的居住、健康、教育、公共服务等方面的社会融入与平等享有的城市权利等方面的问题，仍有待进一步从顶层设计上给予制度保障，从而彻底破除城乡之间公共服务和社会资源共享的二元格局，推动农业转移人口市民化进程，缓减城市就业存在的季节性或冲击性就业人员短缺现象。此外，城乡居民基本公共服务均等化推进程度和支持力度不够。通过对西部县域教育、医疗等基本公共资源供给情况的考察，可以发现基本公共服务具有一定的规模，但是资源分布也表现出严重不均衡的特征。例如，由于西部地区县域数量较多，而人口分布相对稀疏，因此诸如西部地区（剔除地级市核心区）拥有四大区域中最多的医疗机构床位数，但是县均床位数仍处于末位，人均医疗机构床位数在四大区域中居于首位，但是区内县际医疗资源的空间分布差异十分突出。空间分布的不均衡在一定程度上影响了居民公平的享有基本公共服务的机会。普惠性金融对于基本公共服务均等化具有较强的正外部性，西部地区县域金融资源具有一定的有效性、可得性及渗透性，但是与发达地区相比差距较大，且西部地区内部县域之间的发展差异凸显，发展落后区域的金融发展水平明显不如发展较好的区域。因此，无论从制度

设计还是现有的公共服务供给方面，基本公共服务城乡二元格局都亟待破除。

三、城乡融合绩效亟待强化

城乡融合不仅体现在“六次产业”的融合上，还体现在城市的现代文明与乡村的文化传承的对接上。城乡融合的推进应使得农村成为资本流入地，使农业成为有利可图的产业，使农民成为高效的经营主体。然而，正如前文所述，西部地区一些县域在推动城乡产业融合的基础上，并没有带动农业增加值率的提升。当前，西部县域城乡融合发展过程中，农业产业链相对较短，并以“长链农业”为主要生产方式，附加值不高，竞争力偏弱。因此，如何通过城乡融合提升融合绩效十分关键。其一，现有城乡融合发展中对农村特色的资源保护和开发不足。在笔者调研的西部县域中，存在开发模式上的同质化现象，同时对于乡村“软环境”的开发利用在近年虽有较大进展，但仍待进一步开发。尤其是对乡村的空间立体资源，多数县域在推进城乡融合发展中没有形成本地化的立体资源开发市场。其二，城乡之间互补性的区域高质量发展格局有待构建。城乡融合绩效的提升应基于本地化的禀赋资源，从而推动城市和乡村形成优势互补的两类空间资源，不仅要推动乡村的城镇化，同时也要留住“乡愁”，推动城市和乡村在文化上的共同繁荣，推动农村历史文化、饮食文化等文化产业发展。现有对农村资源的开发有限，区域经济因地制宜制定发展策略的战略不明晰，农业产业可盈利性较低，从而导致农业可获取资源相对较少。尤其是对于一般型农业区域，更应强化城乡间要素的双向流动，合理引导资本下乡，推动农业适度规模经营和城乡融合发展。其三，现代化的经济科技手段对农业生产的支持力度有待强化。互联网、大数据等新兴技术的兴起和植入为传统农业发展提供了新的契机，并改变着传统的农业生产业态。然而，在西部地区的多数县域，“互联网+农业”尚处在起步阶段，农业生产的技术水平、信息化程度较低，信息化平台利用率不高，因此如何使用信息化手段助力具有资源禀赋和产品优势的地区或贫困地区仍值得深入研究。

第三节　案例分析

川陕两省地理邻近，“经陕入川”“出川入陕”自古便是川渝地区与外界互联互通的“蜀道”动脉。囿于“一岭隔两省”的地形阻塞，李白感慨而作“蚕丛及鱼凫，开国何茫然！尔来四万八千岁，不与秦塞通人烟”，留下千古名句。川陕两省具有认知邻近性，古有西南丝绸之路“蹬古道”，近有川陕革命根据地建立的红色政权。如今，随着川陕进入高铁时代，地形劣势随之蜕变为“一岭连两省”的地理地缘优势。需要说明的是，乡村振兴战略的推进具有形式多样化的特征，需要在动态禀赋优势的基础上，依托制度创新和技术创新，推动农业农村现代化。按照当前城乡统筹的发展模式，本书可以将城乡统筹发展的形态依地区禀赋条件大致区分为资源丰裕的和资源匮乏的城乡统筹区域，前者可以依托资源禀赋或区位优势发展休闲观光、乡村旅游等产业，后者则可以通过制度革新，推动传统农业与现代农业的有效衔接。

四川和陕西均为农业大省，作为西部经济发展的重要支撑，两省农林牧渔业总产值分别位列西部地区第 1 位和第 6 位。长期以来，习近平总书记心系陕西和四川发展。2015 年，习近平总书记在视察陕西时做出了陕西省追赶超越阶段定位的重要论断，并做出“五个扎实”的重要指示，为陕西省“十三五”以来发展成就的取得起到了关键指引，发挥了提纲挈领的作用。2018 年，习近平总书记到四川视察，针对四川发展的新形势、新问题、新阶段，习近平总书记做出了“五个着力”的重要指示，这成为治蜀兴川再上新台阶的强大思想武器。2020 年，习近平总书记到陕西进行视察，并深入农业产业园区、居民社区等考察了农业产业发展的新质态。本书将在该部分分别选取陕西省和四川省城乡统筹发展的县域经典案例进行分析。

四川省和陕西省对我国乡村建设做出了重要贡献。在我国百余年的乡村建设运动中，中国共产党在延安开展了乡村建设探索，创建了延安方针，形成了延安模式。四川省在我国推进土地制度改革和农业生产方式革新的历史长河中担当着先行先试的重要角色。需要进一步说明的是，本书在四川省和陕西省经典案例的选取方法上表现不同。对于四川省，考虑到成都市是西部地区的中心城市，且成都市在我国推进城乡统筹方面始终走在前列，是我国推进城乡融合的重要试点区域，早在 2007 年，成都市即获批“全国统筹城乡综合配套改革试验区”。2009 年，《成都市统筹城乡综合配套改革试验总体方案》得到国家批复，明确成都市要率先在城乡公共服务均等化、农村土地产权改革、农民入城、三产融合及灾后重建等方面进行探索，打造城乡统筹的示范样本，四川省尤其是成都市涌现出众多城乡统筹示范点。在四川省的案例选取方面，首先通过构建城乡融合发展评价指标体系，而后对四川省下辖县域进行评价，选取适当位次并结合相应的政策文件确定样本县作为重点案例进行分析。对于陕西省，首先从宏观整体上看，本节选取陕西省的关中平原地区，即西安、宝鸡、咸阳、渭南、铜川、杨凌，其次，2018 年《中共陕西省委陕西省人民政府关于实施乡村振兴战略的实施意见》明确了 40 项重点推进措施，并着重强调系统总结西安市高陵区农村土地征收、集体经营性建设用地入市、宅基地制度改革试点经验。2019 年，《国家城乡融合发展试验区改革方案》公布了国家城乡融合发展试验区名单，城乡融合西咸接合片区位列其中。同时，为了凸显所选的两个省份案例在城乡统筹推广经验方面的异质性，陕西省的案例将选取西安市高陵区进行分析。

一、城乡统筹发展——陕西省西安市高陵区案例

西安市高陵区，历史悠久，文化繁荣，这里是长安十三朝古都的京畿之地，泾渭分明在岁月的长河里闻名遐迩。按照《高陵县志》记载，“高陵之名始见于周代”。公元前 687 年，高陵属于秦国，至公元前 350 年，秦孝公设高陵县。从而高陵作为县级行政区的历史距今已达 2 350 年，是我国设县历史悠久的古县之一。2014 年国务院同意“撤销高陵县，设立高陵区”的批复，2015 年西安市高陵区正式挂牌成立，高陵掀开了新的历史篇章。高陵区在西安构建优势互补的空间格局中具有重要作用，高陵区位于关中平原腹地，处在大西安“三带多轴多中心”空间格局中的关键区位，是渭河文化生态旅游带和国际文化交际轴的汇集区，当前处在城乡融合发展的关键期。《西安统计年鉴 2019》

统计信息显示，2018 年，高陵区人均地区生产总值位列西安市第 5 位，相当于全市平均水平的 1.24 倍，然而居民收入水平却相对传统核心区处在较低水平，城镇居民和农村居民人均可支配收入处在相对较低的位次，但近年保持了较高的收入增长增速。

高陵区的城乡融合发展具有示范意义，并成为国家级城乡融合发展试验区西咸接合片区的重要区域。高陵区以推进农村土地制度改革为抓手，牢牢扭住“盘活要素”这一核心问题发力乡村振兴，紧紧围绕乡村振兴“产业兴旺、生态宜居、乡风文明、治理有效、生活富裕”的要求打造“新高陵”。

（一）探索土地制度改革

功能性制度变革是实现社会分配帕累托改进的重要途径。高陵 2015 年，全国人大授权全国 33 个区县推进农村土地制度改革“三项试点”，高陵区成为陕西省唯一入选的区县，主要承担农村宅基地制度改革。2016 年，在原有重点改革项目的基础上进一步统筹协调开展农村集体经营性建设用地入市、土地征收制度改革试点任务。当前，高陵区已经在农村土地制度改革方面做出了诸多探索，并产生了诸多经典范例全国推广。随着我国“新三农”问题的出现，农村出现一定比例的闲置宅基地和闲置农房，高陵区在分类引导宅基地退出机制的同时，在农村宅基地制度改革方面探索出了“共享村落”的新型乡村发展形势，按照《农民闲置宅基地和闲置农房使用权出租管理办法（试行）》，“共享村落”即农民或村集体将自有的闲置资产（宅基地或农房等）委托村集体经济组织在产权交易平台上进行出租，“共享村落”的发展模式完全在充分尊重农民意愿和不影响农户生活的前提下，在保障宅基地村集体所有以及宅基地农户资格权、农房农户所有权的基础上，农户委托村集体，村集体经济组织通过产权交易平台将资产在未来小于 20 年的相应产权转于“共享人”，且共享的宅基地和农房主要通过三产融合的形式发展乡村旅游和康养产业等。一方面，盘活了村集体资源，增加了农户财产性收入，壮大了集体经济；另一方面，权益流转强化了要素流动，推动了城乡共建共享和融合发展。在农村集体经营性建设用地入市方面，高陵区探索出了源田梦工场田园综合体发展模式，即村集体土地协议出让、作价入股、就地入市的方式，推动农业农村的现代化。高陵区在农村土地制度方面的改革实践在我国多地得到了推广。

（二）推动产业融合

高陵区农村土地制度改革盘活了农村集体资产，释放出了新的制度红利，在归属清晰、权能完整、流转顺畅、保护严格的产权体系架构下，高陵区积极探索出了城乡产业融合发展的新模式，以租赁经济、服务经济、专业化生产等“绿福美”为标签的现代产业成为高陵区农村产业发展的新业态。依托产权结构调整，高陵区形成了新的集体经济发展形势，产权改革与发展和壮大集体经济为推动城乡融合发展提供了坚实基础。2017 年，高陵区累计流转土地 10.8 万亩，建设设施农业 7 万亩，同时高陵区积极培育新型农业经营主体，2017 年全区发展农民专业合作社 170 个，认定家庭农场 95 个，创建中央及省级农业合作社 8 家、省级示范家庭农场 25 个，带动农户 2.4 万余人（许成科，2018）。例如，中王农产品专业合作社，采用“公司+合作社+农户”的发展模式推进了农业生产的标准化、规模化，稞青现代农业园引进了火龙果等农产品，通过嫁接二、三产业的先进生产方式，推动了农业现代化，如南郭村以土地入股的形式，通过与公司合作的方式发展了休闲观光旅游产业，其他村落则还有发展体育主题休闲产业、仓储产业、加油站等的三产融合产业。相比产权改革前，农户收入得到了显著提升，同时农村地区居民的就业取向更加丰富、收入来源日益多样化、产业结构渐趋高级化。当前，随着大数据、“互联网+”、5G 等新兴科技的加速发展和深度普及，高陵区开始着力推进农业数字化发展，通过“政企合作”，借力数字化平台和人工智能，通过智能分析、智能预警、智能决策等实现农业生产的全程信息化，大力推动了农业生产的智慧化。整体来看，产权改革盘活农村资源是前提，集体经济的发展和壮大为高陵区农业农村的现代化提供了保障。

（三）提高社区基本公共服务均等化

农村土地制度改革发展和壮大了集体经济，有效地推动了高陵区美丽农村建设。2017 年高陵区被确定为陕西省“美丽乡村·文明家园”建设重点示范区，高陵区以乡村振兴总体要求为纲，推动了村容村貌改善和基本公共服务均等化等系列工程，形成了大西安“美丽乡村”的高陵样本。如今，高陵区环境清幽、洋房林立，建设有新型社区 36 个，社区配套齐全，居住、教育、医疗等服务一体化架构完整，居民生活条件得到彻底改善，并重点推进了农村公共文化服务体系建设。高陵区还致力于推进乡村生态文明建设，探索形成了集垃圾智慧分类、城乡污水处理一体化等的绿色发展路径。

二、县域城乡融合发展——四川省成都市大邑县案例

四川成都西部片区与西咸接合片区均为国家城乡融合发展的试验区。本章第二个案例源自四川省，为了保障所选案例与西安高陵区的城乡融合经验有所差异，且能够凸显案例的代表性，本章将基于全体四川省的县域样本构建指标体系，综合考量指标评价体系测算结果与区域异质性特征确定案例。

现有关于城乡融合发展水平测度的文献多选取省级行政区为考察对象，县域的研究则由于数据质量存在瑕疵、指标统计口径不同等问题研究而鲜少。本章指标体系的建立主要考虑以下设计原则：其一，科学性原则。城乡融合发展是一个系统性工程。2019 年，《中共中央 国务院关于建立健全城乡融合发展体制机制和政策体系的意见》强调了推动城乡融合发展的复杂性及任务的艰巨性，指明推动建立健全城乡要素自由流动、基本公共服务共享、基础设施一体、农村经济多样及农民增收的体制机制。《2020 年新型城镇化建设和城乡融合发展重点任务》突出了城乡之间双向开放的改革方向。结合相关政策文本及文献梳理，构建指标体系，保证每个指标均能在一定程度上能够反映城乡融合某个方面的发展水平。其二，数据可得。数据的可获取性及数据的质量直接关系到评价结果的准确性。现有关于县域统计数据的收集主要源自《中国县域统计年鉴》、省级统计年鉴、地级市统计年鉴及县域统计公报，但是不同省份的统计资料所汇报的统计指标不尽相同，且指标多少各异，个别省份的统计年鉴甚至没有报告下辖县域的数据。因此，虽然有较多衡量城乡融合发展水平的指标，但是若指标不能获取具体的数据或者获取途

径的可信度低的话，仍不将其纳入指标体系。整体上，本章四川省县域城乡融合评价指标数据主要源自《中国县域统计年鉴》《四川统计年鉴》、地级市统计年鉴及相应县的统计公报的数据。其三，全面性与可比性兼顾。现有关于城乡融合发展的研究多集中在省级行政区层面，本章着重全面衡量四川省县域城乡融合发展水平，并坚持全面性与可比性兼顾的原则。一方面，最大化评价指标体系可以涵盖的指标，本书在该部分尝试以四川省为例对西部地区县域城乡融合发展水平的评价指标体系进行构建，也主要是鉴于数据获取的全面性考量，同时也可以综合《中国县域统计年鉴》《四川统计年鉴》等数据源的优势，为后续有关县域城乡融合发展水平的评价提供先期研究；另一方面，依据评价指标评测，笔者在对四川省下辖县级行政区进行评价的基础上，选取各分类指标对四川省县域的整体运行情况进行说明。综上，囿于数据获取途径的限制，对数据做如下处理：首先综合梳理并统计四川省及下辖市年鉴、县统计公报的数据，以保障数据的完整性为基准，同时借助 EPS 等数据统计平台对数据进行搜集，据此筛选指标和样本县。

具体地，在考察样本的选取中，首先是基于县域共有的《中国县域统计年鉴》，该年鉴中统计的县域的相关指标相对完整，这是本章的基础数据一；其次是统计县、市及县域统计公报的数据，并通过调整县域样本，并与数据一合并形成新的数据集，以丰富数据一的指标集；最后在此基础上确定最后的样本区域及指标体系。本章指标体系的设计借鉴了田园城市理论，该理论体现出了城乡融合的发展思想，主要包括城市发展、农村发展及城乡统筹三个维度。田园城市理论也较为符合我国“城乡二元”的发展实际，长期以来我国实现了由乡土中国向城乡中国的转变，城乡二元结构的弱化需要在工业化和城市化推动农业过剩人口流向城市和非农产业的同时提升农业生产率和乡村振兴。因此，本章四川省城乡融合评价指标体系见附表。可以看出，指标体系包括“城的发展”“乡的发展”及“城乡统筹”三个方面指标。对于“城的发展”，本书认为城市是地区生产的主要区域和消费场所，城镇则是县域经济发展的主要载体，因此，选取经济发展水平、产业结构的合理化与高级化、居民消费水平及居民收入水平来反映。其中，经济发展水平通过人均地区生产总值指代，产业结构指标的选取主要用于衡量产业结构的合理化与高级化，比较劳动生产率通过产值份额与就业份额的比值测算（钞小静和任保平，2011），产业结构的合理化与高级化指标分别选用泰尔指数及产业服务业水平来衡量（干春晖等，2011），居民消费水平通过人均消费额测度，居民收入水平通过城镇居民人均可支配收入与全国平均水平的比值表示。对于“乡的发展”，通常较为关注的是农业和农民的发展，党的十九大提出“乡村振兴”战略后，乡村作为发展的经济独立单元备受关注，但是指标获取受限使得指标的选取仍与以往研究相同，我们在考察乡的发展时更加关注农业效率、农业现代化及农村居民的增收情况。农业效率通过农业生产要素的投入效率衡量，包括乡村人口的人均产出、县域常住人口的人均产出、地均农业产出；农业现代化则考察农业生产的机械化水平和绿色生产水平，前者通过单位耕地面积的农业机械总动力表示，后者则从投入和产出视角分别设计指标，包括农业用肥投入的绿色化水平及农业产出的能源（电力）耗损情况，绿色生产水平通过每公顷耕地的化肥用量与欧盟 2016 年的化肥用量（158.38 千克/公顷）进行对比，并与单位产出的化肥使用效率指标整合计算得出，农村的发展通过农村人均用电量测度，农村居民收入则选取农村居民人均可支配收入与全国平均水平的比值。城镇的发展是推动城乡融合发展的基础条件，城市与乡村需要通过双向开放推动城市和乡村互促互进、协调发展。本章指标体系主要通过强调城市和乡村之间的要素流动及基本公共服务均等化来表征“城乡融合水平”。要素流动方面选取了流动人口及城镇化率两项指标，流动人口通过年末常住人口减去年末户籍人口进行表征，该指标也可以反映地区经济发展的吸引力，城镇化率则可反映地区经济发展推动人口市民化的进程。接着，选取二元对比系数和二元反差系数来刻画城乡之间是否渐次推进了农业过剩人口的职业转换，以及就业结构的优化。由于在可获取的数据中农业总就业人员指标缺乏完整性，二元对比系数通过第一产业比较劳动生产率与非农产业比较劳动生产率测算，二元反差指数则为非农产业产值份额与就业份额差值的绝对值。在产业发展方面，还考察了金融对城乡产业发展的服务能力，主要包括储蓄率、贷款率、贷款可获取性、人均存款规模、单个银行网点的服务范围及服务人口，来分别反映金融的服务有效性、可得性及渗透性（王雪和何广文，2019），对资本进入乡村以及区域城乡融合发展的潜力有较大影响，银行网点数据源自中国银行保险监督管理委员会发布的金融许可证信息数据。

在设定了指标评价体系后，本章对数据及可选的样本县进行了梳理，最后选取了 2017 年四川省 140 个县级行政区。首先由于指标的量纲及属性不同，需要首先对数据进行处理。对于逆指标，采用取倒数的形式使其正向化。对于指标的量纲问题，选用均值化方法对指标数据进行无量纲化处理。在对数据进行初步处理后，选取熵权法对指标体系进行测度。熵值 TOPSIS 方法是在熵权法确定各指标权重后，进一步通过逼近理想解的方法确定样本排序。然而，需要注意的是，按照新结构经济学观点，地区经济发展效率应以自身禀赋优势为基础，若现有的经济发展效率能够达到自身的前沿面，则经济运行是有效率的。与之不同，TOPSIS 是以考核的不同对象的最大值和最小值确定正向距离和负向距离，因此若一些县在某一个或某几个指标中的值更大，则 TOPSIS 会排序更高，从而本章重点分析熵值法所得结果，以 TOPSIS 做辅助分析。具体的处理步骤可参见相关文献。

通过对四川省 140 个县级行政区的城乡融合指数的测算，大邑县城乡融合水平相对较高，且在四川西部片区的“县制”中具有较强的代表性。西部地区县域城乡融合仍处在加速推进阶段，与东部发达地区存在较大差距，并呈现出一些融合特征：其一，距离都市（如成都市）较近的县级行政区，可以借助发展都市延展产业，通过将服务业的生产方式嫁接第一产业充分发挥农业的多功能性特点，以“农+旅”等的多元化发展模式推动城乡融合发展，排位相对较高；其二，具有特色农牧业产品或旅游资源的区域，通过延伸产业链等的方式推动城乡融合，在统筹城乡融合上也具有典型的经验可供借鉴；其三，缺乏特色资源的县级行政区在城乡融合发展方面相对滞后，因此如何挖掘民族文化、发展“美丽”经济及民生保障等是这些区域城乡统筹发展的重点。其中，第一类和第二类区域也是我国在推动乡村振兴中强调的主要发展模式，该类区域不仅在创新农业经营模式方面走在前列，其在土地制度改革等方面也是先行先试地区。然而，对于我国广大的农业型区域而言，第三类区域的城乡统筹经验更值得推广，如甘孜州在农业绿色发展方面实行“一控两减三基本”的发展目标，并推行种养结合、农旅结合、研究抚育与赏菊养性相结合的发展模式；阿坝州推行草场确权到户以及农牧区资源循环利用的生产模式，对农牧区及民族聚居区的城乡统筹发展提供了宝贵的经验积累。在这些典型的城乡融合发展的区域中，大邑县为国家城乡融合试验区四川成都西部片区的重要区域，本章将重点阐释大邑县在推进县域城乡融合发展方面做出的有益探索。

“其邑广大，遂以为名”，《太平寰宇记》等多部古籍记录并沿袭了大邑县名由来之说。大邑县历史悠久，文化繁荣，其下辖的安仁镇在元代之前为安仁县建制，后撤县并入大邑县，获评国家级重点镇、中国历史文化名镇等称号。2018 年，大邑县人均地区生产总值达到 50 895 元，城镇化率超过 60%，经济发展持续向好。从空间尺度来看，大邑县距离成都市中心 46 千米。辖区境内旅游资源丰富，拥有 4A 级景区 6 处，并依托“三山一泉两古镇”打造出了自然景观和人文景观俱佳的“旅游产品包”，旅游资源集群和组合状况良好。这里建有国内最大的民办博物馆建川博物馆（安仁镇），这里有四川大官僚地主刘文彩的庄园（安仁镇），还有西岭雪山和花水湾温泉的“冷暖组合”旅游套餐（西岭镇和花水湾镇）等。以特色旅游资源为引领，大邑县逐渐探索出了以文创产业为核心，推动城乡产业融合、空间融合、治理融合的发展模式，为四川省探索推动城乡统筹发展提供了示范样板，先后荣获“四川省旅游标准化示范县”“四川省乡村旅游示范县”“四川省旅游强县”等荣誉称号。2019 年底，国家发展和改革委员会等部门联合发布《国家城乡融合发展试验区改革方案》，确立了推进城乡融合发展的 11 个试点区域，11 个区域各有侧重、目标明确，大邑县入选四川成都西部片区试验范围，着重推进人口迁徙制度、农村集体经营性建设用地入市制度、城乡产业协同发展等试点任务。长期以来，大邑县深入贯彻实施“生态立县、文旅兴县、工业强县和都市现代农业”的发展战略，在城乡融合方面探索出了一条特色的发展道路。

（一）城乡发展规划融合

大邑县在发展规划中实现了市、县、镇三级规划的无缝对接。大邑县“十三五”规划中明确提出了大邑县“两地一区”的发展定位，着力打造成都西部县域经济新高地、世界旅游目的地和国家生态文明示范区。在这一目标框架下，大邑县推动了空间发展格局的管控和优化，将大邑县发展空间划分为都市功能拓展区、都市现代农业区、都市生态涵养区和都市生态管控区四大主体功能区。依托主体功能区规划，大邑县着力构建“2+1+17+N”的新型城镇发展体系，即在非生态涵养区，着力推动“双核”按照中心、1 个特色小城市、17 个特色小镇及多个农村新型社区，形成镇落之间差异化发展、城乡统筹的发展格局。在大邑县的发展规划引导下，安仁镇积极对接市县两级规划，科学编制城镇总体规划、村庄规划和控制性详细规划，统筹生产生活生态三大布局，确立“一心、两区、双轴、多点”空间结构。城乡发展规划的融合是大邑县城乡融合发展的重要保障。

（二）城乡产业发展融合

城乡产业融合是推动城乡融合的关键。大邑县作为经济强县，在都市现代化农业、先进制造业、高端服务业等方面发展较好，依托服务业等的发展优势，大邑县在推动城乡产业融合方面成效显著。大邑县在推动“三山一泉两古镇”、世界自然遗产、中国历史文化名镇等的旅游资源开发的同时，下辖各镇的特色产业规模也不断发展壮大，如“中国食用菌之乡”韩场镇、“川西酒乡”王泗镇等。产业融合在推动特色产业发展方面充当了“新动力”，现代农业多元化发展趋势强化，乡村文化旅游借势发展迅猛，如韩场镇在推动“万亩葡萄”种植的同时，推动了葡萄专家论坛、艺术创作、休闲采摘等的现代农业科普体验旅游。此外，大邑县下辖乡镇依托山、林、水等的立体资源，打造了系列“产品包”。例如，集赏花和采摘于一体的安韩示范园区等的生态旅游产品；集山地主题运动和休闲度假康养于一体的天府花溪谷等的旅游产品；以运动旅游和医疗温泉为主题的西岭雪山和花水湾“旅游套餐”；以鹤鸣山、开化寺等为代表的宗教文化旅游产品。在此基础上，安仁镇积极推动了对内对外开放，实现了交通基础设施的一体化，并开发出安仁风情街，推出了特色民间美食，并通过举办南国冰雪节、消夏避暑节、葡萄采摘节等主题节庆活动推动城乡产业融合发展。

（三）持续开放与盘活资源

大邑县在推动城乡融合发展的进程中始终保持着开放理念，深入推动城乡之间实现双向开放，以革新大邑县传统的生产方式。包容式的发展模式使大邑县城乡融合发展持续活跃，发展战略上的“活”助推了持续的对内对外开放。在对外开放方面，大邑县通过系列“+工程”盘活了乡村资源，推动了对各类新资源、新经济要素的应用。在大邑县，“农业+旅游”“农业+文创”等的新兴业态活化了乡村，升级了农创产品的孵化力度，“农业+互联网+品牌”的模式则不仅提升了农业生产的信息化水平，也提高了大邑县农产品的认知度，“特色镇+林盘”及景观再造等的系列工程则推动了“观光走廊”和“生态廊道”的建设，极大地提高了大邑县的知名度和影响力。对内开放方面体现在人居环境的持续改善和农村集体产权的制度改革方面，体现了发展成果由人民共享的发展理念，以及通过制度改革探索人民增收和建立本地化农产品市场的发展实践。

第四节　发展路径

本章考察了西部县域城乡融合的发展概况，并通过具体的案例分析，阐释了具有资源禀赋（如旅游资源）的县域如何推动城乡融合发展。然而，通过对全国 2 851 个县级行政区及西部县域经济的分析可以看出，西部地区第一产业比重偏高，推动农业型县域城乡融合发展在西部地区的普适性更强。遗憾的是，由于缺乏数据，对城乡融合更为细致的考核指标在文中并未涉及，以及相关的样本主要是为了保障数据的完整性，因此样本和指标的选取也有待进一步拓展和丰富。结合西部县域评价指标体系、四川样本及案例分析，本书认为西部地区县域城乡融合发展需要做好推动城乡融合的顶层设计，深入贯彻党的十九大提出的建立新型城镇化体系的战略部署，夯实县域经济发展质量，分类推进和按照比较优势推动乡村振兴战略，加速推进基本公共服务均等化。

一、推进城乡统筹发展顶层设计

我国当前处在城乡双向开放时期，尤其是城市向乡村开放力度较大，农业过剩人口可以进入城镇从事非农产业，从而获得致富的机会。农业转移人口市民化是一个系统性工程，要使农业转移人口进城后能够与城镇居民平等享有基本公共服务，需要推动户籍制度、社会保障制度、土地制度、医疗体制等系列制度改革，并配套以具体的住房保障、就业技能培训等的具体政策，关注城镇居民的相对贫困问题，以保障民生为核心构建人口迁徙的保障制度，加速推进我国农村过剩人口的市民化进程，审慎推进入城劳动力职业和身份的双重转换，不断提高基本公共服务均等化水平。农业农村是农业转移人口的“固有归宿”和“乡愁寄托之所”，所以应推进农村集体产权制度改革和农牧区土地等确权到户，为我国推进城镇化和完善乡村治理提供制度保障，为农业转移人口市民化提供“出得去”和“回得来”的基本保障。对于留守乡村或者“城归”人员，政府则应发挥好乡村居民的生活保障兜底功能，并尝试探索构建粮食主产区或农业功能区与工业区、生态涵养区与优先发展区的横向生态补偿机制。对于社会资本稀缺的区域，政府则应通过出台有序引导社会资本进入农村的相关制度，以形成多级农村立体资源的开发市场。

二、着力构建优势互补和协调发展的新型城镇化体系

在长期的发展中，西部地区多数区域缺乏经济增长极，以小城镇为主要经济单元的增长模式难以形成合力。因此，西部地区应在有条件的区域推动城市发展，强化发展基础好的城市对县域经济发展的辐射带动作用。同时，县域城乡融合还需要在甄别区域比较优势的基础上，紧抓特色化、专业性的资源禀赋，实现小城镇特色产业基础上的集群发展道路。一方面，做好区域范围内的国土空间开发规划，按照国家主体功能区规划做好城镇化推进中的空间管控和中长期发展定位，做好省、市、县等发展规划之间的无缝对接和科学规划，优化产业空间布局；另一方面，立足不同区域的禀赋优势，形成具有区域特色的产业结构体系，突出特有的农牧业资源、民族文化、生态景观等优势，推进城镇化。

三、以城乡融合推进农业农村现代化

深入实施乡村振兴战略，要能够为发展基础较好的村镇“锦上添花”，也能够为落后区域“雪中送炭”。契合高质量发展的核心要义，我国西部地区县域城乡产业融合应具有不同的发展模式和差异化的发展形式，如城市周边区域可以发展假日游、周末游、村镇游等借助服务业的发展模式推动农业产业链延伸，主要发展形态为乡村休闲旅游、体验旅游等。而对于缺乏资源的区域，适宜进行传统农牧业作业的区域，则应加快推进农业供给侧结构性改革，实施“六次产业”融合发展，通过对农牧产品的深度加工延长、完善产品产业链，通过发展设施农业、循环农业、体验农业、社区农业等方式，推动区域农业发展的规模化、标准化、绿色化和品牌化发展，从而提升农产品附加值，加快推进乡村服务业及农业生产性服务业发展，提升农村居民生活水平和消费水平。农村是农

业发展的主要载体，农村的现代化离不开高效的农村治理效能，应充分发挥农村基层组织、党员、第一书记及村集体能人的治理能力，提升村集体治理效能。推动农村集体产权制度改革，形成村集体资产，推动农村资源开发。

四、推进城乡要素自由平等流动和基本公共服务均等化

建立健全城乡公共服务体系，革新公共服务供给方式，完善公共服务资源管理模式，提高公共服务使用效率，着力满足不同群体对基本公共服务的异质性需求。建立健全城乡社会保障机制，推动城乡基础设施组网，形成城乡之间的同城化的网络化发展新格局，持续弱化阻碍城乡要素流动的前置性障碍，加快推动不同区域之间信用、社保等的互认，加速区域次区域合作。着力推动公共服务向乡村的倾斜力度，加快推进“互联网+”产业发展，提升教育、医疗等公共资源的服务和利用效率，推动农村信息化建设。结合正式的法律法规和非正式性的制度安排引导公共服务均等化分配，通过分配、再分配制度的调整，推动基本公共服务均等化。

参考文献

蔡昉. 2017. 中国经济改革效应分析——劳动力重新配置的视角. 经济研究，52（7）：4-17.
钞小静，任保平. 2011. 中国经济增长质量的时序变化与地区差异分析. 经济研究，46（4）：26-40.
陈钊，陆铭. 2008. 从分割到融合：城乡经济增长与社会和谐的政治经济学. 经济研究，（1）：21-32.
费孝通. 1993. 中国城乡发展的道路——我一生的研究课题. 中国社会科学，（1）：3-13.
干春晖，郑若谷，余典范. 2011. 中国产业结构变迁对经济增长和波动的影响. 经济研究，46（5）：4-16，31.
蒿慧杰. 2019. 城乡融合发展的制度困境及突破路径. 中州学刊，（11）：49-52.
李业斌. 1985. 县的经济地位和作用. 理论学刊，（4）：5-8.
林志帆，刘诗源. 2017. 税收负担与企业研发创新——来自世界银行中国企业调查数据的经验证据. 财政研究，（2）：98-112.
刘灿，刘明辉. 2017. 产业融合发展、农产品供需结构与农业供给侧改革. 当代经济研究，（11）：32-41，97.
刘明辉，卢飞. 2019. 城乡要素错配与城乡融合发展——基于中国省级面板数据的实证研究. 农业技术经济，（2）：33-46.
刘守英，龙婷玉. 2020. 城乡转型的政治经济学. 政治经济学评论，11（1）：97-115.
刘彦随. 2018. 中国新时代城乡融合与乡村振兴. 地理学报，73（4）：637-650.
刘怡，聂海峰. 2004. 间接税负担对收入分配的影响分析. 经济研究，（5）：22-30.
罗敏. 2019. 新时代乡村共生治理有效实现的五个维度. 求实，（5）：88-99，112.
王春光. 2001. 新生代农村流动人口的社会认同与城乡融合的关系. 社会学研究，（3）：63-76.
王凤荣，苗妙. 2015. 税收竞争、区域环境与资本跨区流动——基于企业异地并购视角的实证研究. 经济研究，50（2）：16-30.

王雪，何广文. 2019. 县域银行业竞争与普惠金融服务深化——贫困县与非贫困县的分层解析. 中国农村经济，（4）：55-72.
夏金梅，孔祥利. 2019. "城归"现象：价值定位、实践基础及引导趋向. 经济学家，（12）：58-67.
许成科. 2018. 西安市高陵区推动城乡融合发展的经验与启示. 西部学刊，（11）：45-47.
张海鹏. 2019. 中国城乡关系演变 70 年：从分割到融合. 中国农村经济，（3）：2-18.
赵德起，沈秋彤. 2019. 权利配置、政府约束、契约完备推进市场供求均衡的理论分析. 经济学家，（7）：71-79.
郑国，叶裕民. 2009. 中国城乡关系的阶段性与统筹发展模式研究. 中国人民大学学报，23（6）：87-92.
周佳宁，秦富仓，刘佳，等. 2019. 多维视域下中国城乡融合水平测度、时空演变与影响机制. 中国人口·资源与环境，29（9）：166-176.
周维现. 2013. 中国欠发达县域经济发展研究. 武汉大学博士学位论文.
Fei J C，Ranis G. 1961. A theory of economic development. American Economic Review，51（4）：533-565.
Lewis W A. 1954. Economic development with unlimited supplies of labor. Manchester School of Economic and Social Studies，22（2）：139-191.

附表　四川省县域城乡融合发展水平评价体系

综合指标（1个）	方面指标（3个）	基础指标（31个）	计量单位	指标性质	熵权法权重
城乡融合	城的发展（6个）	人均地区生产总值	元	+	0.028 1
		非农产业比较劳动生产率		+	0.017 8
		产业结构合理化		+	0.096 9
		产业结构高级化		+	0.039 4
		人均消费水平	元	+	0.023 9
		城镇居民人均可支配收入水平	倍数	+	0.002 0
	乡的发展（9个）	第一产业比较劳动生产率		+	0.017 7
		农业劳动生产率	百元/人	+	0.011 5
		人均农林牧渔增加值	元	+	0.009 3
		有效灌溉面积比重	%	+	0.036 6
		单位种植面积农业机械动力	千瓦/公顷	+	0.052 9
		万元农林牧渔增加值电力消耗	千瓦	−	0.056 9
		农业用肥绿色水平		+	0.010 1
		农村人均用电量	百千瓦	+	0.008 3
		农村居民人均可支配收入水平	倍数	+	0.074 3
	融合发展（16个）	人口流动	人	+	0.002 5
		城镇化率	%	+	0.009 6
		二元对比系数		+	0.041 1
		二元反差指数		−	0.008 5
		储蓄率	%	+	0.013 7
		贷款率	%	+	0.034 2
		贷款可获得性	万元/人	+	0.058 5
		居民人均存款规模	万元	+	0.026 5

续表

综合指标（1个）	方面指标（3个）	基础指标（31个）	计量单位	指标性质	熵权法权重
城乡融合	融合发展（16个）	单位网点服务人口	万人/个	−	0.017 2
		单位网点服务面积	平方千米/个	−	0.131 5
		人均医疗机构床位数	床/千人	+	0.014 6
		城乡居民收入差距	倍数	−	0.006 0
		单个小学覆盖面积	所/百平方千米	+	0.061 9
		人均福利性单位床位数	床/千人	+	0.040 0
		百人移动电话拥有量	户	+	0.013 4
		人均民营经济增加值	元	+	0.034 8

注：指标体系为本章设计，权重为熵权法计算结果

第四章　绿色发展：西部县域生态环境治理

西部地区是我国重要的生态屏障，生态环境安全事关整个国家与中华民族的生存质量与发展空间。但目前该区域生态环境形势严峻，主要存在六个方面的问题：荒漠化形势严峻、植被覆盖率过低、水资源整体短缺、水土流失面积大、污染排放强度大及大气污染较严重。

西部地区县域是坚决打好打赢生态环境保护攻坚战的主战场与微单元，全力提升县域生态环境质量是新时代乡村振兴的重要着力点，是我国西部地区实现高质量发展的重要抓手，是西部地区深入践行“两山”理念，做强做大“两山”事业的必然选择，是推进国家生态文明建设和可持续发展的战略需要，更是我国全面建成小康社会、建设“美丽中国”的现实要求。

本章基于西部地区县域生态环境保护现状与存在问题，结合典型先进案例的思路举措、发展方式及治理经验，提出新形势下的西部地区县域生态环境保护的策略和路径，以期为新时代下多措并举推进生态文明建设提供有力参考。

第一节　发展现状

根据国家政策与区域规划，西部地区的范围主要包括12个省、自治区与直辖市，即西南五省（区、市）（四川、云南、贵州、西藏、重庆）、西北五省（区）（陕西、甘肃、青海、新疆、宁夏）、内蒙古与广西。西部地区的土地面积共计681万平方千米，占全国约70%；而人口只占30%左右，平均人口密度远低于全国平均水平。相较于东、中部而言，西部地区的自然地理条件差异较大，尽管西部地区矿产资源尤为丰富，但是该地区是我国大江大河的水源保护区，应以限制开发区域为主，其生态环保任务十分艰巨。

一、西南地区生态文明成果扩大

近年来，我国生态文明建设的扎实推进与新时代西部大开发战略的深入实施，使西部地区生态文明成果不断扩大，正逐渐成为西部地区高质量发展的重要增长极和人民生活增长点。其中，位于西南的四川省完善九寨沟灾后重建林地林木工程，实施若尔盖、泸沽湖湿地保护修复工程，实行阿坝、甘孜、凉山州草原禁牧，使草原综合植被覆盖度达 85%。贵州省投入 20 多亿元集中整治赤水河流域水环境污染，实施磷化工“以渣定产”控制石漠化面积。广西左右江和漓江流域山水林田湖草生态保护与修复工程成效显著，已完成千余个入海排污口整治。云南省先后建成 9 个国家级自然保护区建设，全面停止天然林商业性砍伐，2017 年新增水土流失治理面积 5 204 平方千米。西藏自治区不断加强湿地保护和生物多样性保护工作，2020 年西藏 8 公顷以上湿地已超 600 万公顷，3 块湿地被列入国际重要湿地名录，13 块湿地列入全国重要湿地名录。重庆市加大林业产业扶贫，2018 年和 2019 年在 14 个国家级贫困区县新增特色经济林约 300 万亩，实现综合收益超过 350 亿元，加强蓄水保土工程治理，使三峡重庆库区水土流失面积 20 年间减少 47%。

二、西北地区生态环境治理显著

位于西北的陕西省肩负秦岭生态卫士重责，2018 年开展秦岭违建别墅专项整治行动，对 1 100 多栋违建别墅进行全面拆除，全面复绿，坚决守住生态红线。甘肃省重点解决了甘肃祁连山生态破坏问题，全面停止探采矿项目，水电站污染禁绝，使祁连山逐步恢复活力。青海省以三江源、青海湖、祁连山生态保护与建设工程为基础，使全省重点生态功能区县域生态环境状况稳中向好。新疆维吾尔自治区的伊犁河流域、开都河流域、塔里木河流域等湿地的保护与恢复工程、水土保持工程，以及艾比湖、艾丁湖、柴窝堡湖生态治理与恢复工程整治均成效显著。宁夏回族自治区在贺兰山整治修复、黑臭水体治理、农业面源污染治理控等方面也取得显著成效。内蒙古自治区积极开展土壤污染防治行动，重点打击乌梁素海污染、腾格里沙漠污染、锡林郭勒草原碱水池污染、霍林郭勒铝业污染等环境污染事件。

三、总体生态环境形势依然严峻

虽然西部省区在新时代的新格局下，取得了生态环境治理的系列进展，但气候变化、快速的工业化及城镇化进程对西部地区生态环境不断造成巨大压力，西部地区生态环境形势依然严峻，主要表现在土地荒漠化、大气污染、水体污染、固体废物污染等方面，土地荒漠化主要和森林、植被破坏严重、水资源短缺、草原退化等现象有密切关系，大气污染和工业生产污染气体排放、交通运输尾气、采暖锅炉等有关，水体污染和工业废水、生活污水、农田污水、矿山污水等密切相关，而固体废物污染主要以生活垃圾、一般工业固体废物和危险废物为主。

第二节 存在问题

一、生态环境绿色程度较低

伴随着经济社会发展，资源利用愈发紧张，西部地区县域的生态环境受到了严重威胁，大规模的土地开发、植被森林的破坏，都使得西部地区的生态环境质量不断下降，西部地区森林资源整体呈现出总量相对不足、质量不高、分布不均的状况，尽管当地政府和国家针对该情况，加大了资源保护和生态修复整治力度，进一步监察和出台相关政策管理，但西部地区森林生态系统功能较脆弱的状况目前尚未得到根本改变，当前西部地区县域生态环境仍处于“局部优化、整体恶化”的态势。例如，近年来，生态多样性和植被覆盖面积都逐步减小，土壤和水资源修复进度缓慢等成为制约西部地区实现可持续发展的障碍。

二、局部各类环境污染高发

目前西部生态环境处于恢复阶段，多年来在生态修复与环境改善方面，无论是退耕还林（草）工程、天然林保护工程还是防护林工程都取得了突破性进展，但是大气污染、水体污染、土壤污染等环境污染问题依旧严重。例如，内蒙古乌兰察布市、巴彦淖尔市、乌海市、呼和浩特市、包头市、赤峰市局地空气污染严重，新疆的和田、喀什成为中国空气污染严重城市，也是2018年全球污染严重城市，陕西、甘肃、四川等地也频频成为雾霾重灾区。西部典型煤矿区水体污染问题突出，内蒙古、宁夏、山西等省区的水污染防治形势依旧严峻，并持续严重影响着流域内工农业生产和城乡居民生产、生活，水资源的不合理开发利用与工业污染尚未得到全面有效控制，以及甘肃、内蒙古、宁夏等多省区的城镇生活污水处理设施负荷率偏低等因素都使得黄河流域水污染依旧十分严峻，部分支流水环境质量仍然较差。西部地区土壤一直面临严重威胁，重金属汞、镉、砷、铜、铅、铬、锌、镍等是西部地区土壤主要污染物。与大气和水体污染治理相比，由于土壤污染具有隐蔽性、滞后性、积累性、不均匀性、难可逆性，因此近年来治理土壤污染的成本高、周期长、难度大，如果不能全面切断污染源、不采取可靠的科学方法技术，则很难恢复到原貌。

三、转变经济发展方式较难

虽然近年来西部地区县域经济发展取得了阶段性成效，但是仍存在转变经济发展方式较难等问题，具体表现在受技术和经济条件约束，西部地区县域在进行资源开发和利用时还处于粗放型发展阶段，使生态资源遭受大规模的破坏，自然资源面临的压力日益增大；同时，西部地区县域在经济发展过程中，产业结构失衡，相对于东部地区，西部地区的第三产业发展比较缓慢，且在第二产业生产过程中，开采资源和原料加工投入巨大。西部地区县域第一产业的全产业链较短，上下游延伸不够；针对高新技术产业，西部地区县域经济发展相对滞后。综合来看，西部地区县域经济增长主要以大规模的资源投入为主。因此，突破传统的经济发展方式，重视经济和生态环境的协调发展迫在眉睫。

四、生态文明建设意识不强

目前，西部地区部分县域公众的生态文明建设意识不强，对于大自然与人类的关系理解不深刻，没有全面理解二者的关系，未能敬畏自然并遵循自然规律，生态文明意识较低，主要表现在生态知识知晓率低、生态保护践行度差、生态保护的义务感弱三大方面。在从事实际的生产和生活中，对自然一味只讲索取不讲投入、只讲利用不讲建设，生态责任理念与生态忧患理念薄弱，未将生态环境保护和经济发展融合，建立更和谐的人与自然关系，导致近几年西部地区部分县域频发环境污染、资源耗竭。在后续环境治理过程中，只管眼前表观，忽视污染本源，欠缺对绿色生态责任的勇气担当，缺乏资源节约意识，公众的生态环境守法意识和共同的生态意识尚未觉醒。

第三节 案例分析

在西部地区，四川、宁夏与内蒙古三省区非常具有代表性。四川省是西部省份中经济发展较快的省份，资阳作为该省核心城市之一，地处成渝都市圈的核心圈，更是西部地区发展的重要节点城市。宁夏回族自治区地处西北，对西北五省区具有一定代表性，且宁夏是西部唯一一个覆盖全区的开放型经济试验区，是撬动西部发展的有力支撑。内蒙古自治区地处中国西部内陆，其地理位置在西部经济发展中具有一定特殊性，呼伦贝尔市更是谋求美丽与发展双赢的西部重点城市。考虑到县域污染数据的连续性和可获得性，本节选取内蒙古呼伦贝尔市、宁夏回族自治区及四川省资阳市的县域生态环境进行评价，并对祁连山自然保护区生态环境优化现状进行案例分析。

一、县域河流水质评价——内蒙古自治区呼伦贝尔市案例

（一）呼伦贝尔市县域河流水质状况整体分析

内蒙古自治区内，有 71 个“十三五”国控重点流域河流水质监测断面，涉及松花江、辽河、黄河、海河流域及西北诸河流域；有 3 个“十三五”国控重点流域湖库水质监测点位，涉及呼伦湖和贝尔湖。本节讨论的额尔古纳河、呼伦湖和贝尔湖位于呼伦贝尔市范围内，均属于松花江流域。

额尔古纳河是中国与俄罗斯的跨界河流，位于中国内蒙古自治区呼伦贝尔市和俄罗斯联邦外贝加尔边疆区之间。额尔古纳河发源于大兴安岭，上游为海拉尔河，全长 1 608.5 千米，流域面积 16.1 万平方千米，主要支流有根河、得耳布尔河、激流河等。额尔古纳河流经内蒙古呼伦贝尔市 9 个旗、区、市，包括海拉尔区、额尔古纳市、牙克石市、满洲里市、根河市、新巴尔虎右旗、新巴尔虎左旗、鄂温克族自治旗、陈巴尔虎旗（魏丽娜等，2018）。

呼伦湖面积为 2 315 平方千米，呈不规则斜长方形，位于内蒙古自治区呼伦贝尔草原西部的扎赉诺尔区、新巴尔虎右旗、新巴尔虎左旗之间，是中国第四大淡水湖、内蒙古自治区第一大湖。贝尔湖面积为 608.78 平方千米，位于呼伦贝尔草原的西南部边缘，与呼伦湖为姊妹湖。

2019 年 12 月，呼伦贝尔生态环境局发布《呼伦贝尔控重点流域河流水质月报》[①]，其中包括额尔古纳河 16 个监测断面（表 4-1）、呼伦湖 2 个断面、贝尔湖 1 个断面（表 4-2）。

表 4-1　2019 年 12 月呼伦贝尔市国控重点流域河流监测断面水质状况

流域		河流	断面名称	所在地区	断面水质类别			超Ⅲ类标准指标及超标倍数
					本月	上月	上年同期	
额尔古纳河	干流	海拉尔河（上游）	八号牧场	牙克石市	Ⅰ类		Ⅱ类	
			陶海	海拉尔区与陈巴尔虎旗交界处	Ⅲ类		Ⅲ类	
			嵯岗	新巴尔虎左旗	Ⅲ类		Ⅳ类	
		额尔古纳河	嘎洛托	新巴尔虎左旗	Ⅲ类	Ⅲ类	Ⅳ类	
			黑山头	陈巴尔虎旗	Ⅳ类	Ⅲ类	Ⅲ类	化学需氧量（Ⅳ类）0.1
			室韦	额尔古纳市	Ⅲ类	Ⅲ类	Ⅳ类	
			伊木河（奇乾）	额尔古纳市	Ⅲ类			
	支流	免渡河	大桥屯	牙克石市	Ⅱ类		Ⅰ类	
		莫日格勒河	呼和诺尔下	陈巴尔虎旗	劣Ⅴ类			化学需氧量（劣Ⅴ类）7.0、高锰酸盐指数（劣Ⅴ类）5.5、氟化物（Ⅳ类）0.4
		伊敏河	五牧场	鄂温克族自治旗	Ⅲ类		Ⅲ类	
		根河	育良	根河市与额尔古纳市交界处	Ⅱ类		Ⅱ类	
			根河口内	额尔古纳市	Ⅰ类		Ⅱ类	
		得耳布尔河	苏沁	额尔古纳市	Ⅱ类		Ⅳ类	
		激流河	白鹿岛	额尔古纳市	Ⅲ类		Ⅲ类	
		乌尔逊河	乌尔逊大桥	新巴尔虎右旗和新巴尔虎左旗交界处	劣Ⅴ类		劣Ⅴ类	化学需氧量（劣Ⅴ类）1.4、高锰酸盐指数（Ⅳ类）0.6
		克鲁伦河	莫日根乌拉	新巴尔虎右旗	Ⅳ类	Ⅲ类	Ⅳ类	化学需氧量（Ⅳ类）0.2、高锰酸盐指数（Ⅳ类）0.02

资料来源：呼伦贝尔市生态环境局河流水质月报

表 4-2　2019 年 12 月国控重点流域湖库监测点位水质状况

水系	所在湖库	点位名称	所在区域	水质类别
松花江流域	呼伦湖	小河口	满洲里市	劣Ⅴ类
		甘珠花	新巴尔虎左旗	劣Ⅴ类
	贝尔湖	贝尔湖	新巴尔虎右旗	劣Ⅴ类

资料来源：呼伦贝尔市生态环境局河流水质月报

16 个河流检测断面中，海拉尔河的八号牧场、根河的根河口内断面水质状况为Ⅰ类优良，较 2018 年Ⅱ类水质有所改进。

免渡河的大桥屯、根河的育良、得耳布尔河的苏沁断面水质状况评价为Ⅱ类优良，

---

① 评价依据：《地表水环境质量标准》（GB3838-2002）和《地表水环境质量评价办法》（2011，试行）。

评价指标：PH、溶解氧、高锰酸盐指数、化学需氧量、五日生化需氧量、氨氮、总磷、铜、锌、氟化物、硒、砷、汞、镉、六价铬、铅、氰化物、挥发酚、石油类、阴离子表面活性剂和硫化物 21 项。水质定性评价：Ⅰ~Ⅱ类水质状况为优（达标）；Ⅲ类水质状况为良好（达标）；Ⅳ类水质状况为轻度污染；Ⅴ类水质状况为中度污染；劣Ⅴ类水质状况为重度污染。

其中大桥屯断面水质较 2018 年略有下降，而得耳布尔河的环境治理效果明显，苏沁断面水质从 2018 年的Ⅳ类轻度污染上升到Ⅱ类优良。

评价为Ⅲ类良好的占大多数，包括额尔古纳河干流的嘎洛托、室韦、伊木河断面，海拉尔河的陶海、嵯岗断面，伊敏河的五牧场断面，以及激流河的白鹿岛断面。其中，嘎洛托、室韦、嵯岗断面 2018 年水质状况为Ⅳ类轻度污染，2019 年环境得到改善；陶海、五牧场、白鹿岛断面水质状况评价不变。

额尔古纳河干流的黑山头断面以及克鲁伦河的莫日根乌拉断面水质检测得出存在Ⅳ类轻度污染。其中，黑山头断面水质逊于 2018 年，主要是水中化学需氧量超标；莫日根乌拉断面的化学需氧量和高锰酸盐指数超标。

就莫日格勒河的呼和诺尔下断面、乌尔逊河的乌尔逊大桥断面而言，水质状况极差，为劣Ⅴ类，说明存在重度污染。其中，呼和诺尔下断面化学需氧量（超标倍数 7.0）、高锰酸盐指数（超标倍数 5.5）严重超标，氟化物轻度超标，该区域应重点关注工业废水排放，重视水域生态环境保护；乌尔逊大桥断面化学需氧量、高锰酸盐指数略高，该地区也应水域生态环境保护。

从表 4-2 可以看出，呼伦湖和贝尔湖监测点水质状况均为劣Ⅴ类，存在重度污染。环保局应当重视呼伦湖和贝尔湖的生态环境，水域生态环境改善迫在眉睫。

（二）黑山头断面水质分析

由于篇幅有限，仅选择黑山头断面进行具体分析，选取指标主要为溶解氧、高锰酸盐指数、氨氮含量指标、化学需氧量、总磷。数据均来自呼伦贝尔市生态环境局河流水质自动检测周报。

溶解氧是指溶解在水中的氧气含量。2020 年，黑山头断面溶解氧数值均达标，在 7.19~12.79 毫克/升波动，在 1 月 20 日处于最低值，并在 4 月 11 日达到最高值①（图 4-1）。

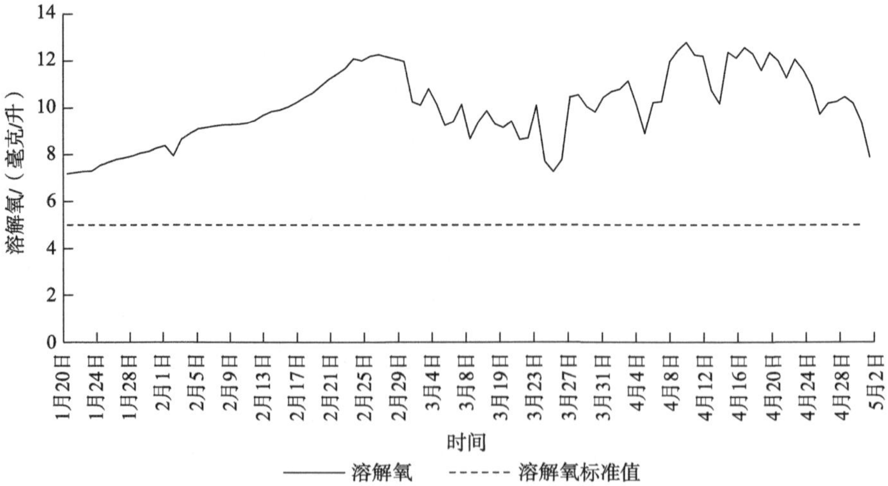

图 4-1　2020 年黑山头断面溶氧量变化

① 黑头山断面水质报告缺失 2020 年第 11 周数据，不予讨论。

高锰酸盐指数是指以高锰酸钾为氧化剂，处理水样中的某些有机物和无机可氧化物质时所消耗的与高锰酸钾量计算相当的氧量，可以用来反映水体中有机和无机可氧化物质的污染。黑山头断面高锰酸盐指数在 1.17~5.76 毫克/升波动，在 2020 年 2 月 7 日位于最高点 5.76 毫克/升，在 4 月 18 日处于最低点。从图 4-2 中可以看出，黑山头断面高锰酸盐指数均在标准值以下波动，但在 3 月前高锰酸盐指数较高，在 5 毫克/升左右波动，并多次接近标准值，而后从 3 月开始指数下降，在 2.5~3.5 毫克/升范围内波动，而后从 4 月中下旬开始上升。

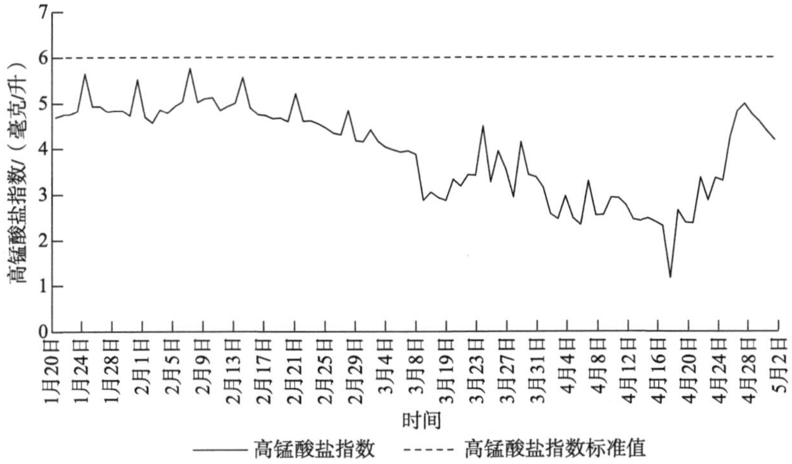

图 4-2　2020 年黑山头断面高锰酸盐指数变化

氨氮是指以游离氨和铵离子形态存在于水中的氮元素。从图 4-3 可以看出，黑山头断面氨氮指数远低于标准值，在 0.2 毫克/升左右小幅度波动。从该指标来看，黑山头断面水质状况优良。

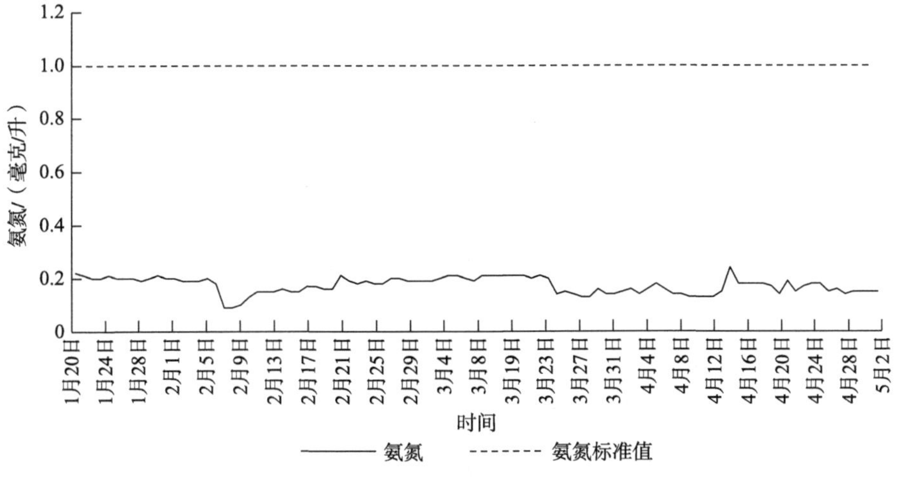

图 4-3　2020 年黑山头断面氨氮变化

总氮是指存在于水中的各种有机氮和无机氮的总和，包括蛋白质、有机胺等有机氮和 NO_3^-、NO_2^-和 NH_4^+等无机氮，可以用来表示水体受营养物质的污染程度。从图 4-4 可以看出，黑山头断面总氨仅在 4 月初及 4 月中下旬左右在标准值之下，大部分时间超标，且在 3 月时浓度达到 1.8 毫克/升左右，污染程度较重。

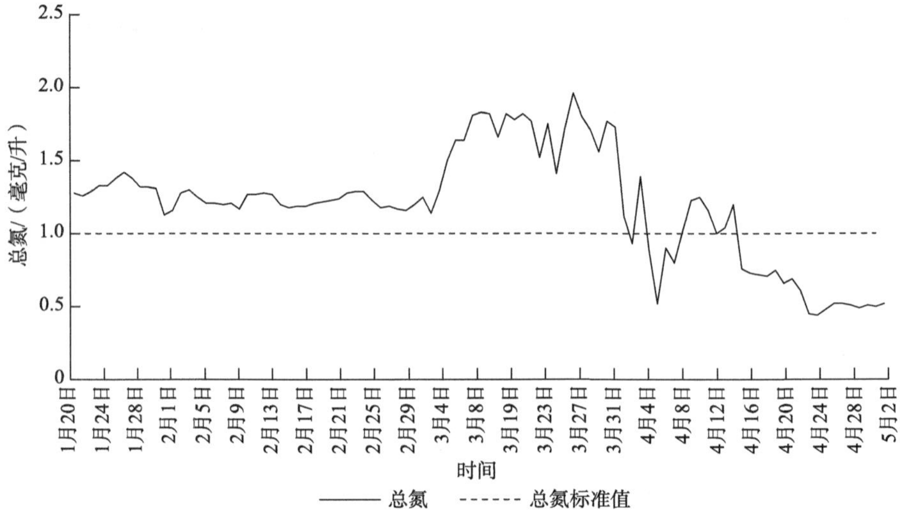

图 4-4　2020 年黑山头断面总氨变化

总磷是在水样进行消解后，各种形态的磷转变成正磷酸盐后测定的以有机态和无机态存在的磷的总和。从图 4-5 可以看出，黑山头断面总磷含量远地域、低于标准值，主要在 0.05~0.1 毫克/升范围内波动。

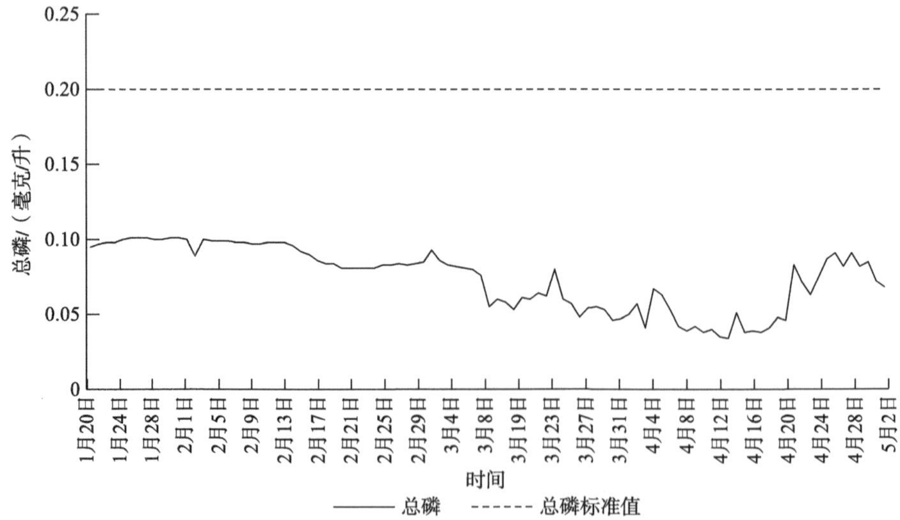

图 4-5　2020 年黑山头断面总磷变化

从所选取的指标来看，超标污染物指标为总氮，其余指标均在标准值之下。

通过对呼伦贝尔市县域河流水质进行分析后，发现部分县级行政区存在滥垦、滥伐，过度放牧，过牧严重等现象，带来了不同程度的草原退化、湿地萎缩现象，使得呼伦贝尔生态环境绿色程度降低。目前虽然该区域生态环境绿色程度较高，但转变经济发展方式较难，而且生态文明建设意识淡薄，公民生态意识有待提高。

二、县域污水排放评价——宁夏回族自治区县域案例

2018 年，宁夏回族自治区生态环境状况公报指出，宁夏全区地表水整体为轻度污染。其中Ⅳ类 9 个，占比 25.0%；Ⅴ类 3 个，占比 8.3%；劣Ⅴ类 4 个，占比 11.1%。城市污水是地表水的来源之一。城市污水包括工业废水、生活污水及城市径流污水，其经污水处理厂处理达到排放标准后才可排入附近地表水。本节将从县域角度分析宁夏回族自治区 22 个县级行政区的污水现状和治理情况。

（一）工业废水

图 4-6 展示了 2013 年和 2018 年宁夏县域工业企业数的变化。可以看出，平罗县工业企业数位居榜首，远超其他县级行政区。6 年间，大武口区、盐池县等地工业企业个数增加较快，西吉县、德隆县、彭阳县、利通区等地工业企业个数大幅下降。

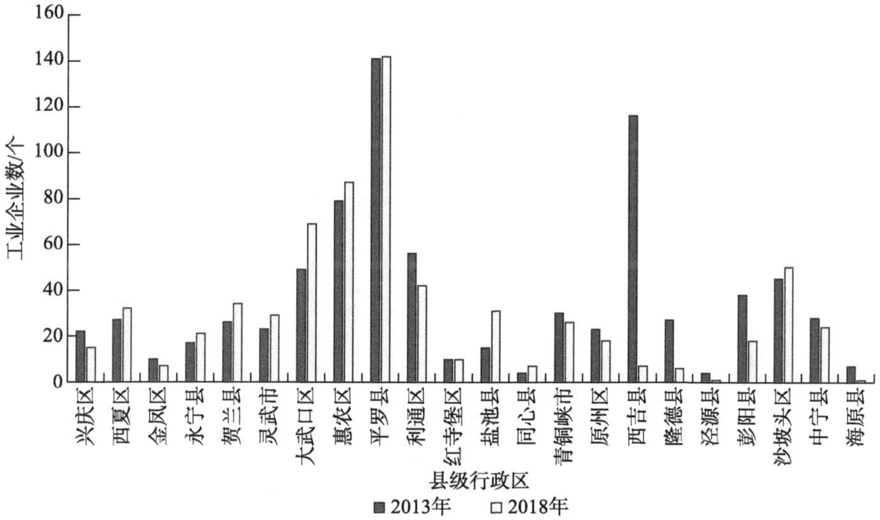

图 4-6　2013 年和 2018 年宁夏县域工业企业数

图 4-7 展示了 2013 年和 2018 年宁夏县域工业废水排放量的变化。可以看出，大部分县域地区废水排放量减少，其中永宁县、沙坡头区、青铜峡市、西夏区排放量显著下降；仅灵武市、大武口区、盐池县、同心县工业废水排放量增加，其中灵武市增加幅度显著，2018 年工业废水排放量居于首位，工业企业数量较多的平罗县、惠农区、大武口区等地废水排放量远低于灵武市。

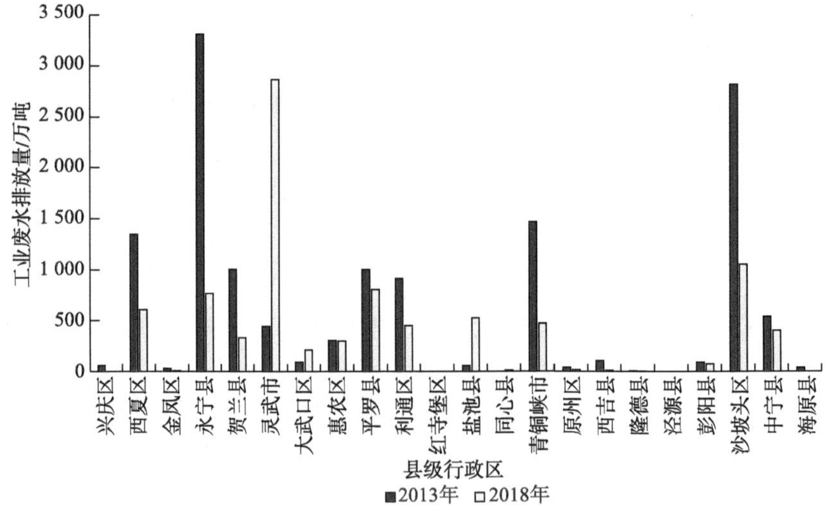

图 4-7　2013 年和 2018 年宁夏县域工业废水排放量

图 4-8 展示了 2013 年和 2018 年宁夏县域废水治理设施数的变化。可以看出，平罗县和惠农区设施数量大幅下降，但如图 4-7 所示，平罗县废水排放量下降，惠农区废水排放量未有明显变化，说明平罗县和惠农区引入了更加先进的废水治理设施，大大提高了废水治理效率；西夏区和青铜峡市设施数略有下降，趋势变化和废水排放量较为一致；沙坡头区废水治理设施数有明显增加，其废水排放量大幅下降，说明当地政府极其重视生态环境治理，加大力度进行水污染防治。

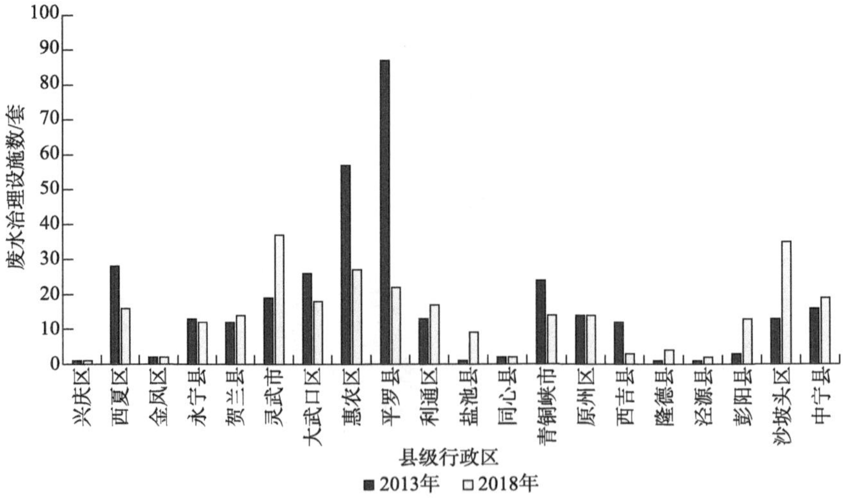

图 4-8　2013 年和 2018 年宁夏县域废水治理设施数

（二）生活污水

图 4-9 展示了 2012 年和 2018 年宁夏县域生活污水排放量的变化。可以看出，2018 年的兴庆区污水排放量较 2012 年有所下降，但均远超过其他县域，排名第一；西夏区和金凤区生活污水排放量较大，约 2 000 万吨。2012~2018 年，大武口区、利通区、沙坡头区及海原县污水排放量增加幅度较大，其中大武口区和利通区污水排放量逼近金凤区污水排放量。

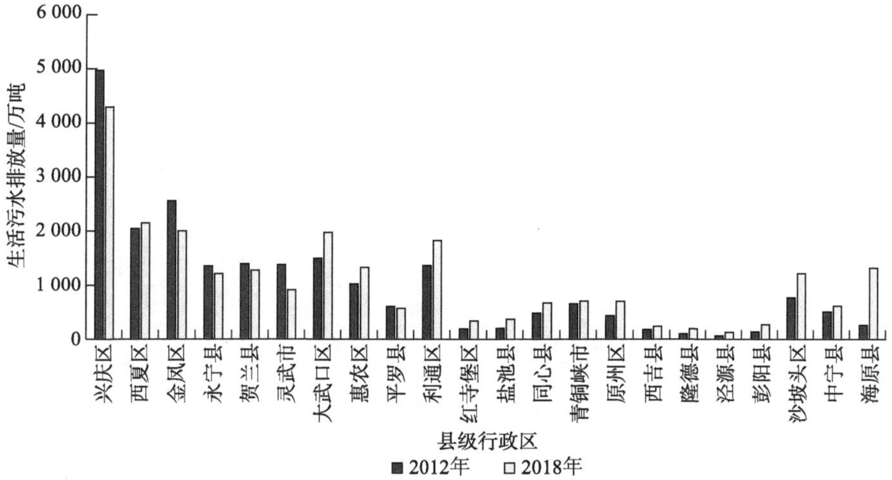

图 4-9　2012 年和 2018 年宁夏县域生活污水排放量

我们着重讨论兴庆区、西夏区与金凤区生活污水排放情况。从图 4-10~图 4-12 可以看出，兴庆区生活污水排放量在 2015 年大幅下降，但在 2016~2018 年又略有上涨，2018 年生活污水排放量为 4 279 万吨，相比 2016 年上升了 677 万吨，增幅为 13.6%；但生活污水中化学需氧量排放量整体上升趋势迅猛，从 2012 年的 1 555 吨上升到 2018 年的 4 907 吨，涨幅为 215%；污水中氨氮排放量整体呈现下降趋势，从 2012 年的 1 546 吨下降到 2018 年的 878 吨，降幅为 43.2%。西夏区生活污水排放量呈现波动性变化，但波动幅度不大，2018 年生活污水排放量为 2 146 万吨，相比 2012 年上涨 7.3%；生活污水中化学需氧量排放量从 2015 年开始大幅上升，在 2017 年和 2018 年小幅度下降，2018 年生活污水中化学需氧量排放量为 2 320 吨，相比 2012 年增加了 1 685 吨，涨幅为 265.4%；污水中氨氮排放量呈现波动性变化，在 2016 年达到峰值后开始回落，总体变化幅度不大，为 2.0%。金凤区生活污水排放量在 2013 年后开始下降，之后在小范围内波动，污水排放量从 2012 年的 2 557 万吨下降到 2018 年的 2 002 万吨，降幅为 21.7%；污水中化学需氧量排放量从 2015 年开始上升，在 2017 年小幅度回落，总体增加 1 335 吨，涨幅为 173.1%；污水中氨氮排放量呈现波动性下降趋势，变动幅度较小，2018 年污水中氨氮排放量为 327 吨，相比 2012 年下降 203 吨，降幅为 38.3%。

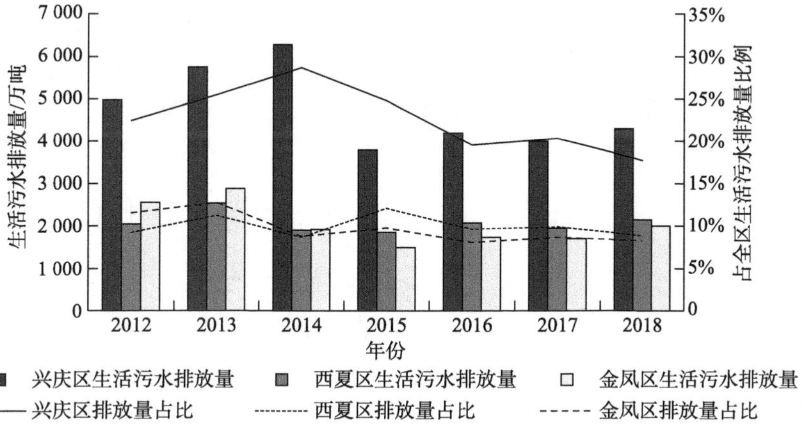

图 4-10　兴庆区、西夏区与金凤区生活污水排放量及其占比

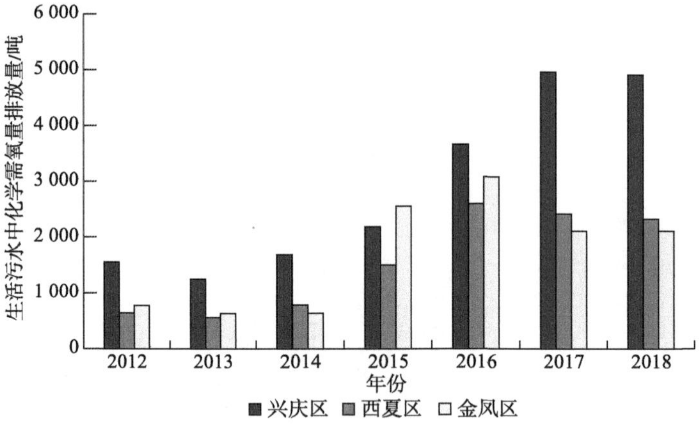

图 4-11　兴庆区、西夏区与金凤区化学需氧量排放量

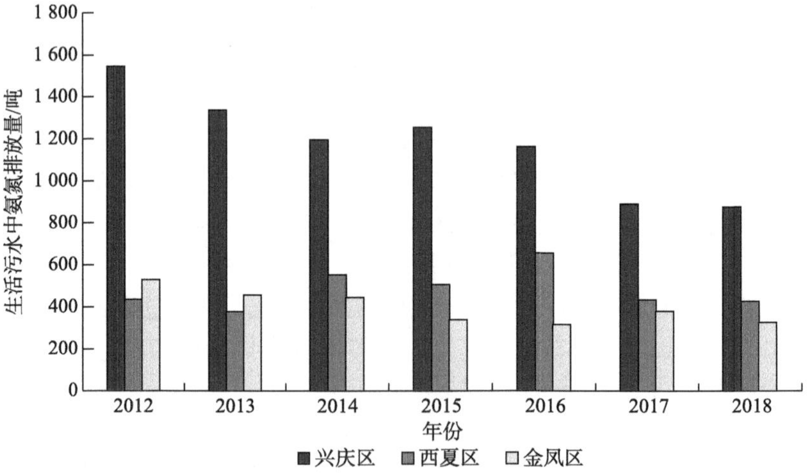

图 4-12　兴庆区、西夏区与金凤区氨氮排放量

通过对宁夏回族自治区县域污水排放进行分析，可以发现宁夏回族自治区部分县域存在过度工业化等现象，从而带来了不同程度生物多样性锐减、土壤侵蚀（水土流失）、土地荒漠化现象，使得西部地区生态环境绿色程度降低。西部地区生态环境的日益恶化，与近年来单纯追求增长速度、以牺牲资源环境为代价的经济发展方式密不可分，部分县域经济发展结构性矛盾突出，发展质量和效益不高，三大产业发展的全面性、协调性、可持续性不强，转变经济发展方式较难。

三、县域生态环境总体评价——四川省资阳市典型县域案例

本节以四川省资阳市三个典型区县为分析对象。资阳市地处四川盆地中部，同时连接成都、重庆“双核”，是成渝经济区、成都平原经济区的重要组成部分，辖雁江区、安岳县和乐至县，该地区肩负着深化川渝合作、在西部带头发展和带动发展的责任。近年来，国家“一带一路”、长江经济带、新一轮西部大开发深入实施，成渝经济区加快建设助推了资阳市的发展。本节选取雁江区、安岳县和乐至县三个区县作为研究区域，

总面积约 5 747 平方千米。研究区内地理状况相差较大，地形各异，社会经济背景各有不同，三个典型区县在一定程度上代表了该西部城市各县生态演变状况。

本节利用大气环境空气质量、地表水环境质量、植被生态环境质量相关指标，对区域内三个典型区县的生态环境演变进行监测与评价。

（一）大气环境空气质量

2017 年，资阳市全市大气环境质量较 2012 年有明显改善，其中安岳县 2017 年空气质量优良天数为 281 天，达标率为 77.4%；乐至县全年空气质量优良天数达标率 80%以上；雁江区为 83%。

以 2012~2017 年环境统计数据为基础，针对三个典型区县，对二氧化硫、氮氧化物、烟（粉）尘等主要污染物及机动车辆污染源（流动源）、工业污染源（点源）和生活污染源等污染源状况进行趋势演变分析。

根据图 4-13 可知，作为资阳唯一的市辖区，雁江区在 2012~2017 年的烟（粉）尘排放量一直高于安岳县和乐至县，由 2012 年的 1 470.76 吨增加至 2016 年的 3 477.31 吨后下降至 2017 年的 1 223 吨。安岳县的排放趋势与雁江区相似，2017 年的烟（粉）尘排放总量下降至 739 吨。而乐至县的烟（粉）尘排放量却从 2012~2015 年的年均 370 吨左右反弹至 2016~2017 年的 1 500 吨左右。总体来看，资阳市的烟（粉）尘排放自 2015 年来逐年下降，2017 年较 2012 年平均下降了 21%，仅乐至县 2017 年较 2012 年的烟（粉）尘排放量大幅增加（表 4-3）。

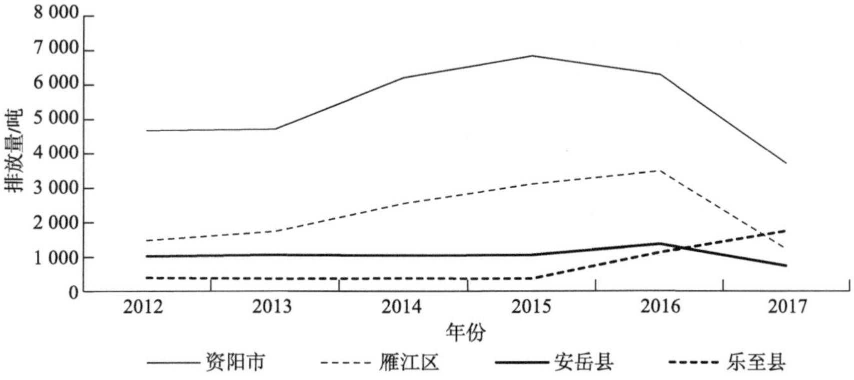

图 4-13　资阳市三个区县 2012~2017 年烟（粉）尘排放量趋势变化

表 4-3　资阳市三个区县 2012~2017 年主要废气污染物排放量

年份	行政区划	二氧化硫/吨			氮氧化物/吨				烟（粉）尘/吨			
		工业	生活	合计	工业	机动车	生活	合计	工业	机动车	生活	合计
2012	资阳市	6 423.00	1 671.00	8 094.00	2 577.53	5 214.82	261.38	8 053.73	4 225.69	335.12	110.00	4 670.81
	雁江区	3 108.00	839.00	3 947.00	1 274.71		139.96	1 414.67	1 454.76		16.00	1 470.76
	安岳县	1 169.00	282.00	1 451.00	446.00		44.00	490.00	995.46		22.00	1 017.46
	乐至县	366.00	538.00	904.00	109.15		51.85	161.00	344.22		46.00	390.22

续表

年份	行政区划	二氧化硫/吨			氮氧化物/吨				烟（粉）尘/吨			
		工业	生活	合计	工业	机动车	生活	合计	工业	机动车	生活	合计
2013	资阳市	6 085.34	1 671.00	7 756.34	2 654.79	5 267.69	261.38	8 180.86	4 278.67	317.52	110.00	4 706.19
	雁江区	3 108.00	839.00	3 947.00	1 348.97		139.96	1 488.93	1 712.81		16.00	1 728.81
	安岳县	1 169.00	282.00	1 451.00	446.00		44.00	490.00	1 034.56		22.00	1 056.56
	乐至县	366.00	538.00	904.00	109.15		51.85	161.00	319.76		46.00	365.76
2014	资阳市	6 107.16	1 647.19	7 754.34	1 943.90	5 064.68	261.38	7 269.96	5 763.93	304.81	130.00	6 198.74
	雁江区	3 108.00	839.00	3 947.00	641.13		139.96	781.09	2 522.29		21.00	2 543.29
	安岳县	1 192.82	258.19	1 451.00	445.98		44.00	489.98	1 015.00		27.00	1 042.00
	乐至县	365.89	538.00	903.89	109.13		51.85	160.98	328.93		51.00	379.93
2015	资阳市	6 590.23	2 548.00	9 138.23	2 058.08	4 808.10	427.18	7 293.36	6 677.09		152.00	6 829.09
	雁江区	3 320.60	800.00	4 120.60	500.24	1 350.50	131.25	1 981.99	3 061.08		46.70	3 107.78
	安岳县	1 170.21	740.00	1 910.21	438.67	979.20	107.39	1 525.26	1 018.90		38.21	1 057.11
	乐至县	539.30	648.00	1 187.30	122.24	1 172.80	54.23	1 349.27	351.05		19.30	370.34
2016	资阳市	2 899.64	2 611.00	5 510.64	929.40	4 784.00	426.00	6 139.40	4 431.33	313.00	1 536.00	6 280.33
	雁江区	1 242.68	1 166.00	2 408.68	349.98		188.00	537.98	2 791.31		686.00	3 477.31
	安岳县	1 106.76	974.00	2 080.76	505.18		160.00	665.18	1 085.10		277.00	1 362.10
	乐至县	550.21	471.00	1 021.21	74.24		78.00	152.24	554.92		573.00	1 127.92
2017	资阳市	2 863.00	2 611.00	5 474.00	609.00		426.00	1 035.00	2 180.00		1 524.00	3 704.00
	雁江区	901.00	1 172.00	2 073.00	258.00		189.00	447.00	533.00		690.00	1 223.00
	安岳县	1 351.00	972.00	2 323.00	209.00		159.00	368.00	179.00		560.00	739.00
	乐至县	611.00	467.00	1 078.00	142.00		78.00	220.00	1 468.00		274.00	1 742.00

根据图 4-14，总体来看，资阳市 2017 年的二氧化硫排放较 2012 年平均下降了 32%，雁江区 2017 年的二氧化硫排放较 2012 年平均下降了 47%，乐至县在 2012~2017 年的二氧化硫排放量没有大幅波动，一直维持在 1 000 吨左右，而安岳县的二氧化硫排放量在 2014 年后逐年增加，2017 年的二氧化硫排放较 2012 年平均增加了 60%，超过雁江区的二氧化硫排放量，达到 2 323 吨。

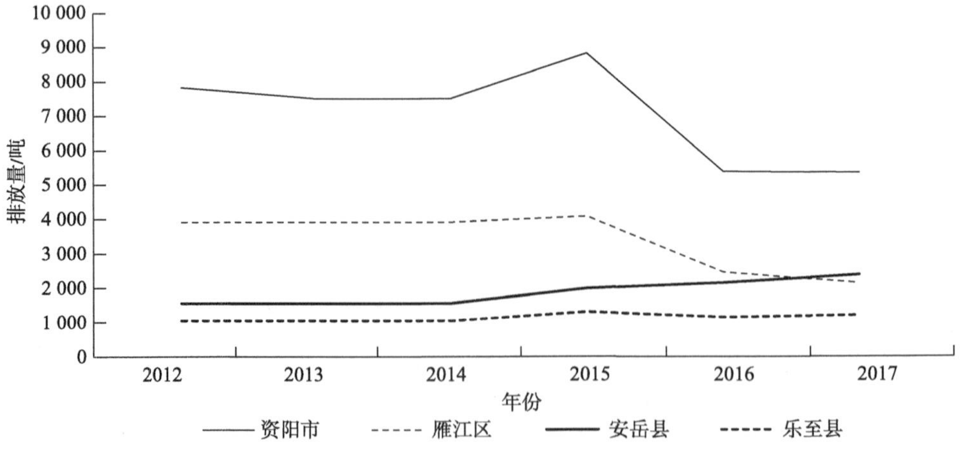

图 4-14　资阳市三个区县 2012~2017 年二氧化硫排放量趋势变化

根据图 4-15，三个区县的氮氧化物排放量在 2015 年均出现波动增加。总体来看，自 2012 年来，氮氧化物排放量逐年下降，资阳市 2017 年的氮氧化物排放较 2012 年平均下降了 87%，其中雁江区 2016 年的氮氧化物排放较 2012 年平均下降了 61%，2017 年雁江区的氮氧化物排放量仅为 447 吨。与雁江区的排放趋势相似，2012~2014 年，安岳县的氮氧化物排放量相对稳定，2015~2016 年出现小幅度波动反弹，2017 年的氮氧化物排放量较 2012 年平均下降 25%，仅为 368 吨。乐至县在 2012~2014 年，氮氧化物排放量没有大幅波动，2015 年出现小幅波动，到 2017 年缓慢回落至 220 吨。

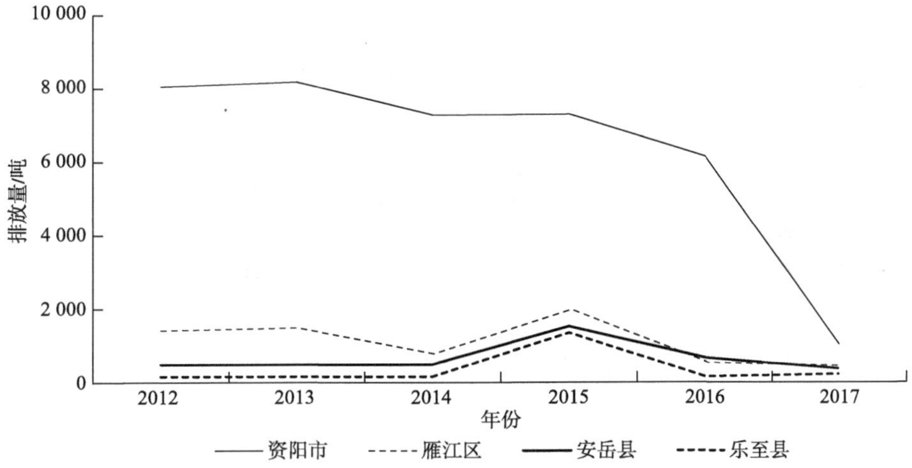

图 4-15　资阳市三个区县 2012~2017 年氮氧化物排放量

根据图 4-16，将二氧化硫、氮氧化物、烟（粉）尘同时纳入考察范围，发现资阳市的大气污染物排放量中，雁江区所占比重最大，安岳县其次；三个区县的大气污染物排放量在 2012~2014 年相对稳定，自 2015 年大幅下降，其中雁江区承担了最多的大气污染物减排任务，安岳县和乐至县的大气污染物排放量尽管有小幅波动，但整体排放总量变化范围较小。

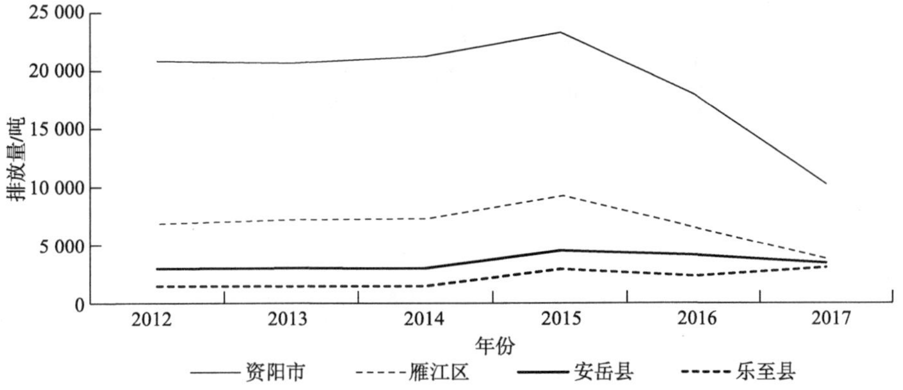

图 4-16　资阳市三个区县 2012~2017 年大气污染物排放量

根据图 4-17，将二氧化硫、氮氧化物、烟（粉）尘同时纳入考察范围，可以发现三大区县的工业大气污染源排放较生活污染源排放更多。2012~2017 年，三大区县工业大气污染物排放量总体下降，其中雁江区工业大气污染物排放量呈先增后降态势，乐至县工业大气污染物排放量逐渐增加，而安岳县工业大气污染物排放量在 2012~2016 年未发生明显变化，从 2017 年开始下降。2012~2017 年，安岳县生活大气污染物排放量逐渐增加，乐至县生活大气污染物排放量则表现为先增后减，雁江区生活大气污染物排放量从 2016 年开始增加。

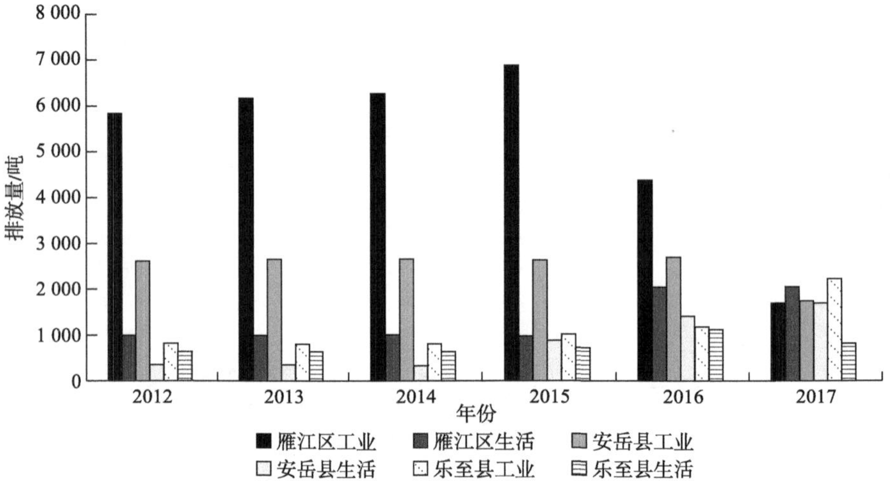

图 4-17 资阳市三个区县 2012~2017 年工业和生活大气污染物排放量

（二）地表水环境质量

通过分析（图 4-18）可以发现，雁江区在 2012~2017 年，化学需氧量、氨氮等主要水污染物的排放总量出现先增后减的趋势。对比 2012 年，雁江区 2017 年的主要水污染物的总排放量变化不大，但化学需氧量在 2013~2015 年排放明显增加，而氨氮在 2012~2017 年变化不大（表 4-4）。

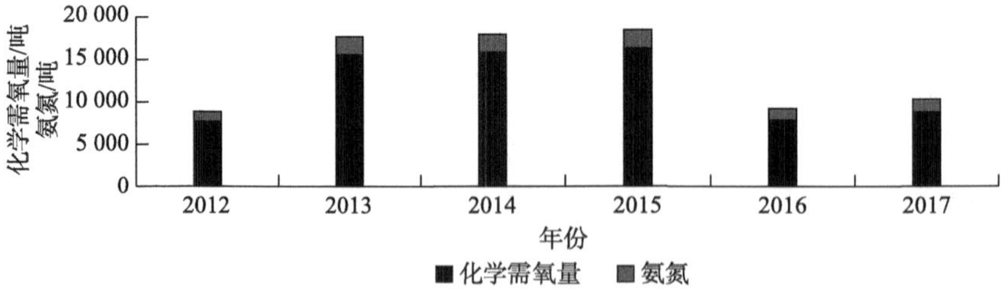

图 4-18 雁江区 2012~2017 年主要水污染物排放总量

表 4-4 资阳市三个区县 2012~2017 年主要水污染物排放量

年份	行政区划	化学需氧量/吨	氨氮/吨
2012	资阳市	27 679.646	3 487.058 5
	雁江区	7 721.018	1 101.668

续表

年份	行政区划	化学需氧量/吨	氨氮/吨
2012	安岳县	7 560.996	942.150 6
	乐至县	3 473.377	408.292 6
2013	资阳市	60 682.410 2	7 749.781 3
	雁江区	15 613.078 7	2 018.511 4
	安岳县	17 061.217	2 253.256 2
	乐至县	10 095.526 5	1 180.03
2014	资阳市	59 816.484	7 640.770 9
	雁江区	15 863.393	2 060.517 6
	安岳县	16 694.718	2 192.405 6
	乐至县	9 518.065 3	1 111.230 8
2015	资阳市	59 517.403	7 729.539
	雁江区	16 310.4	2 136.259
	安岳县	16 614.34	2 218.4
	乐至县	8 838.44	1 062.35
2016	资阳市	18 485.457 2	2 646.175 8
	雁江区	7 875.231	1 326.405 1
	安岳县	7 639.179 9	992.879 9
	乐至县	2 971.046 3	326.890 8
2017	资阳市	17 973	2 710
	雁江区	8 845	1 434
	安岳县	5 792	860
	乐至县	3 336	416

通过分析（图 4-19）可以发现，安岳县在 2012~2017 年，化学需氧量、氨氮等主要水污染物的排放总量呈现先增后减的趋势，与 2012 年相比，安岳县 2017 年的水污染物排放量均有下降，其中化学需氧量排放表现出大幅降低。

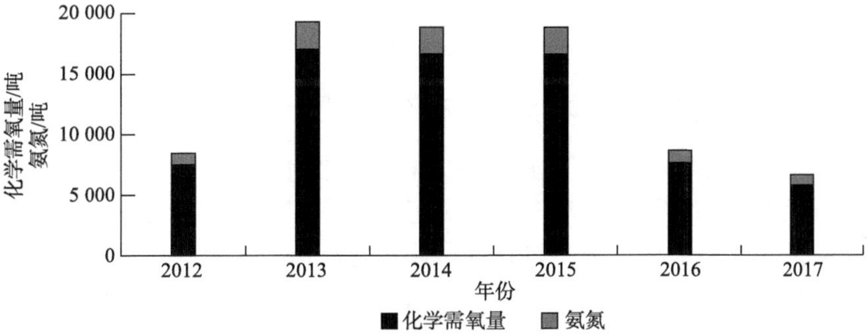

图 4-19　安岳县 2012~2017 年主要水污染物排放量

通过分析（图 4-20）可以发现，乐至县在 2012~2017 年，化学需氧量、氨氮等主要水污染物的排放量均出现先增后减的趋势。与 2012 年相比，乐至县 2017 年主要水污染物的排放量变化不大，但化学需氧量在 2013~2015 年的排放明显增加。

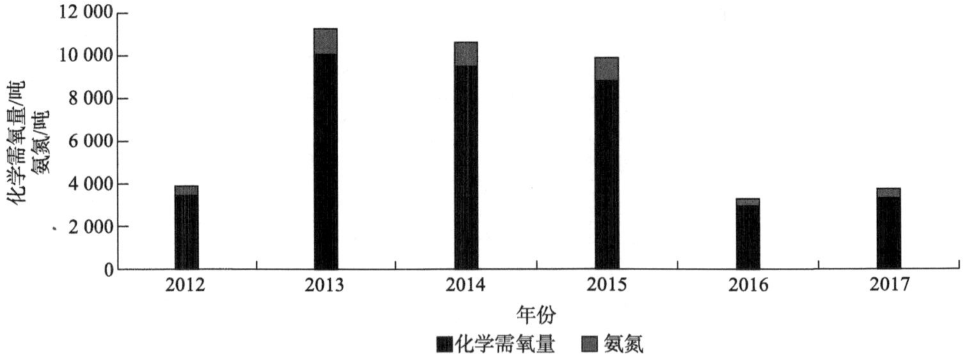

图 4-20 乐至县 2012~2017 年主要水污染物排放量

（三）植被生态环境质量

由数据分析发现（图 4-21），资阳市三个区县的总和绿化覆盖面积逐年增加，其中以雁江区和乐至县最为突出，雁江区绿化覆盖面积由 2012 年的 1 600 公顷增加到 2017 年的 1 841 公顷，乐至县绿化覆盖面积由 2012 年的 257 公顷猛增至 2017 年的 1 453 公顷，而安岳县近年绿化覆盖面积几乎没有变化，维持在 560 公顷左右。

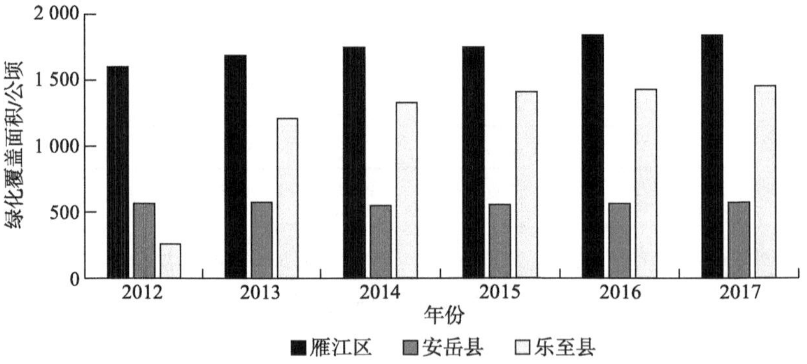

图 4-21 资阳市三个区县 2012~2017 年绿化覆盖面积

（四）资阳市县域生态环境状况评价结果

从上文图表中可以看出，在 2012~2017 年的六年间，资阳市的大气环境、水环境与植被环境等方面的生态环境状况逐渐向好。近年来资阳市的森林覆盖率逐年增加，目前已超过了 40%。三个区县中，雁江区作为资阳市主城区，工业快速发展，但在发展的过程中，并没有忽略对生态环境的保护，大气污染物排放和主要水污染物都没有出现大幅增长，而且绿化面积进一步增加（雁江区 2017 年森林覆盖率为 37.88%），该区生态环境整体呈现波动提升的演化趋势。

雁江区作为主城区，区域生态环境的质量很大程度上影响着资阳市经济与社会的发展，考虑到实际发展中，雁江区比安岳县和乐至县有更高强度的工业发展与能源消耗，该区域的生态环境协同治理难度会在未来逐步增大，同时，该区域内沱江水环境质量下降趋势得到遏制但尚未根本扭转，且雁江区的生产与生活污水直排污染问题较为突出，农业面源污染防治也任重道远。此外，随着雁江区的快速发展，该区域人口密集程度不断增多，生产生活活动持续加剧，城区大气污染日渐严重，面临着更大的大气环境压力，因此该区域大气环境综合治理、联防联控长效机制尚需固化完善，将产业结构调整和大气环境治理有机结合在一起，能进一步改善雁江区大气污染的现状。

安岳县近年来大力开展生态文明建设，生态环境质量明显提高，水环境质量持续改善，该县大力倡导生态损失补偿成为常态，并建立了资阳市首个“生态复绿”示范基地。该县 2017 年森林覆盖率达到 43.2%，但大气污染物排放治理收效不明显，在 2015 年甚至出现大气污染严重反弹。目前安岳县的大气污染防治总体形势依然严峻，二氧化硫排放量相对其他大气污染物较为突出，这与该区域工业生产中的较高二氧化硫污染排放强度有关，因此安岳县的工业大气污染防控迫在眉睫。安岳县在大力发展农业的同时，更应该做好生态环境的保护，助推安岳县的绿色可持续发展。

乐至县全县环境质量持续向好，与雁江区和安岳县相比，生态环境质量具有明显优势。近年来，该县生态质量持续提升，2017 年该县森林覆盖率达到 50%。但该县针对烟（粉）尘排放治理收效不明显，在 2015 年甚至出现严重反弹，该县的工业生产中排出的大量烟尘，对周边大气、土壤环境与人民生产生活带来严重危害。因此，在以后的发展过程中，需要重点加强区域生态保护，积极保护大气环境。

通过对资阳市县域大气环境空气质量、地表水环境质量、植被生态环境质量进行分析后，发现人为因素在西部地区生态环境建设中具有重要影响，人为破坏行为如乱砍滥伐、修路、开矿、过度放牧、过度垦殖、过度樵采、只灌不排、大水漫灌等均会对西部地区生态文明建设带来严重威胁。目前该区域生态环境绿色程度较高，但是生态文明建设意识淡薄，公民生态意识有待提高。

四、煤矿区绿色嬗变——甘肃省祁连山案例

祁连山高林满地，郁郁葱葱，唯有腹地生长着一片低低矮矮的云杉。然而，光看眼前这片光景，谁也想不到，多年前这块新绿处却是黑黢黢的一片。这里便是甘肃天祝藏族自治县千马龙煤矿的旧址，在 40 多年的采矿史中，深埋于地下的煤炭源源不断地被开掘，矿区与煤炭是当时唯一的风景。

天祝藏族自治县属于甘肃武威市，坐落在祁连山东端和河西走廊之间，是内蒙古高原、青藏高原与黄土高原的交汇地带，地貌以山地为主。

千马龙煤矿位于天祝县西南炭山岭镇千马龙沟，从 20 世纪 70 年代开始逐渐得到开发。最初，是由当地村民自行组织，集体开采；1984 年，兰州煤矿设计院进行煤矿设计并完成初稿，1986 年开始煤矿建设，并于 1991 年建成，同年开始组织开采。千马龙煤矿原属县办国有企业，在 2006 年改制为有限责任公司，名称变更为天祝县千马龙煤炭开

发有限责任公司，属民营企业（王占东，2019）。千马龙煤矿曾经是天祝县的支柱企业。

然而，千马龙矿区处于祁连山自然保护区古城保护站内，矿区面积 1.023 5 平方千米，99.4%的面积都处于自然保护区实验区，长期以来煤矿的大量开采对祁连山自然生态环境造成了严重的破坏，祁连山局部生态破坏问题十分突出（王占东，2019；杨鹏元，2018）。祁连山是我国西部重要的生态安全屏障，被誉为河西走廊“生命线”和“母亲山”，其生态破坏问题不容忽视。2017 年 2 月，党中央和国务院相关部门组成的中央督察小组就祁连山自然保护区生态环境问题展开专项调查，通过调查核实，甘肃祁连山国家级自然保护区生态环境破坏问题突出。主要问题包括长期大规模的探矿采矿活动所造成的祁连山保护区内水土流失、局部植被破坏、地表塌陷，同时当地政府生态环境突出问题整改不力，生态环境整治和修复不利（新华社，2017）。同年 7 月，中办、国办就甘肃祁连山国家级自然保护区生态环境破坏问题下发措辞严厉的通报，称保护区违法违规开发矿产资源问题严重，千马龙煤矿的九成区域在祁连山保护区实验区范围内，依规必须退出（任卫东等，2019）。

按照整治整行动安排，2017 年 8 月，天祝县拆除了千马龙煤矿上部矿区，共 3 万吨，恢复约 10.82 公顷治理面积。2018 年 3 月 4 日，通过反复协商，企业在煤矿关闭退出协议书上签字。次日起，根据恢复治理方案，省煤田地质局 149 队同时进行煤矿拆除、清运、覆土，开始拆除地面设施设备。3 月 14 日，选煤楼被爆破，完成拆除。5 月 15 日，密闭井硐，封堵井口，并拆除了风机、风机房、看护房、监控室、轨道等设施，同时切断了矿区内水、电等设施供应。截至 2018 年 5 月 24 日，千马龙矿区内的地面设施设备拆除完毕，覆土复绿工作顺利完成。据统计，拆除了 667 间房屋共 23 280 平方米，以及 25 145 平方米地坪、590 米石砌拦挡墙及围墙；拆除了风机 4 座、轨道 500 米、集装箱 11 组；清理垃圾共 3.58 万立方米；覆土面积为 9.8 万立方米，总共种植了 4.2 万棵松树、播撒了 1 200 千克草籽，拉设围栏 8 013 米；总共恢复 462 亩治理面积（王占东，2019；杨鹏元，2018；张泽三和马开良，2018）。

同年，天祝县开展“回头看”工作，对矿区及周边范围内的各种垃圾进行了全面的大扫除，包括居民生活垃圾、沿途及矿区范围内的弃用水泥柱、弃用彩钢板等；拆除了矿区范围内设置的多余标识牌，进行彻底清理和规范；同时还清理排查了矿区范围内废弃地面建筑，将北侧山坡牧民搭建的房屋以及施工队设置的彩门彻底拆除、清理。2019 年 5 月，天柱县对已绿化区域进行了补植复栽，覆土面积共 1 275 立方米，种植了 9 700 棵松树。

“绿水青山就是金山银山”，在全面落实各项生态环境问题整治整改要求后，千马龙煤矿“由黑转绿”，完成了它的“绿色嬗变”。如今，昔日的矿区早没有了踪影，矿井口被深深地掩埋在土壤之下，种植的 3 万多棵松柏树苗郁郁葱葱，在蓝天白云下欣然生长，与远处天然林毗邻，成为一片绿色的海洋。

“就在一年前，这里还是机器轰鸣、车水马龙，采矿区、生产区、办公区、生活区星罗棋布，到处都是各种建筑和设施。如今，深黑色的矿区已被满眼的绿色取代，谁还能看出这里曾经是一个规模宏大的矿区呢？”天祝县国土资源局炭山岭国土资源所工作人员张德元回忆道（杨鹏元，2018）。

目前，该区域生态环境绿色程度恢复较好，主要在于天祝县能够认真贯彻并实施生态文明建设理念，强制实施国家对祁连山等生态脆弱区域的生态环境整治要求。

第四节　发展路径

西部地区县域的生态环境治理是块难啃的硬骨头，地方政府在推进县域绿色发展的政策路径中将重要困难和工作纳入考虑，加强统筹、扎实推进生态环境体制机制改革，建立健全地方政府生态职能，落实地区生态环境保护督察制度，加强生态文明建设的制度和文化建设。例如，通过增强人民生态文明意识、提高社会生态治理能力、强化政府生态服务功能、提升地方生态经济实力，进一步提升西部地区县域生态文明建设水平。

一、明确政府职能，深化生态治理

西部地区县域要高标准地实现生态治理目标，需要科学明确政府职能。政府需要进一步规范明确职能定位及其职责分工，对县域经济的生态发展方向进行规划设计，把握资源环境开发保护整体的情况。首先，以横向职能的整合和纵向监管的强化为抓手，提高政府生态治理能力。整合碎片化的生态环境保护职责，改变目前地方政府在生态治理中的职能交叉重复、多头治理的现状，把分散的污染防治和生态保护职责统一起来，明确职责分工和约束文件，从而有效推动各级地方政府和部门对生态职能的积极履行。其次，西部地区政府应当结合当地县域的生态环境和基础，综合考虑治理目标、资源环境、人居环境等，采取因地施策的办法，扎实做好生态治理绩效考核工作，因地制宜发展太阳能、风能等可再生能源，针对矿产、土地等资源要坚持有偿使用原则，建立健全生态环境保护责任追究和环境损害赔偿制度。最后，西部各地区县级政府应对生态治理水平及绿色经济的各维度发展水平进行评估，确保生态环境质量持续提升。

二、转变执政理念，提高服务能力

转变政府执政理念，树立好“保护生态环境就是保护生产力、改善生态环境就是发展生产力”的理念。政府要明确自身在生态环境保护和治理中的位置，作为生态管理和生态治理的关键行动者，要充分履行生态责任，充分发挥其在生态文明建设中的核心作用，从单一主体的生态治理模式转变为多元主体参与的生态治理模式。此外，政府还应制定有效的生态政策和机制框架，法律作为强化政府生态责任最为强有力的手段，应纳入西部地区县域生态治理当中，从而强化生态治理。在生态治理的服务方面，政府要引导推动环境服务公司开展综合环境服务，创新投资运营机制，加强政策扶持和激励，强化市场监管和环保执法，转变生态执政理念方式方法和思维模式，整合社会资源。例如，推动建立排污者付费、第三方治理的治污新机制，切实提高西部地区生态环境质量。

三、加强生态教育，培植生态意识

目前西部地区人民的生态文明意识是制约该地区生态文明建设的短板之一，因此加强生态文明教育，是西部地区县域推进生态治理的基础，主要针对自然资源过度开发、大气工业污染等问题。西部地区县域政府在推进生态治理时，要引导、促进社会各界参与生态治理共建共享，如举办丰富的环保公益宣传活动，从而引发社会广泛关注，使生态文明理念融入市民生活，环保理念深入人心。着力培育生态文化，构建生态文化体系，营造生态文明建设良好社会的氛围，以自然资源为载体，深入挖掘其生态、经济、社会、文化、教育等价值，将生态理念融入社会组织文化建设中。例如，推动互联网与生态文明建设深度融合，大胆探索、先行先试，提高生态环境工作保护透明度，向公众推行创新再生资源回收模式、环保技术科普讲座、环保技术商务接洽会等。

参 考 文 献

任卫东，谭飞，王博，等. 2019-11-16. 绿色的启示——西部地区生态问题典型个案再调查. http://www.xinhuanet.com/politics/2019-11/16/c_1125240164.htm.

王浩，任明珠. 2019-07-02. 七年，水土流失面积减少二十一万平方公里. 人民日报.

王占东. 2019-06-20. 保护祁连山生态 昔日的天祝千马龙煤矿已经成为绿色山川. http://gansu.gansudaily.com.cn/system/2019/06/20/017209254.shtml.

魏丽娜，樊庆云，岳彩英. 2018. 额尔古纳河流域内蒙古段水环境污染特征. 环境与发展，30（1）：36-39.

新华社. 2017-07-21. 中办国办就甘肃祁连山国家级自然保护区生态环境问题发出通报. 人民日报.

杨鹏元. 2018-06-22. 祁连山自然保护区生态环境问题整治整改系列报道之二 消失了的“千马龙”. http://wwrb.gansudaily.com.cn/system/2018/06/22/016989779.shtml.

张泽三，马开良. 2018-11-28. “千马龙”的绿色嬗变. http://ww.gansudaily.com.cn/system/2018/11/28/017092160.shtml.

第五章　开放发展：西部县域对外开放合作

第一节　发展现状

一、对外开放的重大意义

西部地区是中国与欧洲国家联系的重要交通要道，外贸经济自然拥有巨大的发展潜力。改革开放以来，随着中国区域协调发展战略的不断推进，东部沿海地区先进技术不断向中西部地区扩散，西部地区发展不断突破并取得了历史性的成就，在全国经济发展中的贡献不断加强。尤其在对外开放中，西部地区在全国的对外开放合作战略中更是发挥着支撑作用。

县域作为我国行政单位的重要组成部分，在带动乡村经济发展，实现乡村振兴目标中的地位至关重要，成为提升国家总体经济实力的重要突破口。西部县域经济作为统筹西部城乡发展的基点，在实现国家区域经济协调发展、维护社会稳定中的作用不容忽视。在当前经济全球化和区域经济一体化背景下，通过对外贸易往来可以更好地融入世界经济，更大程度地提升国家综合竞争力和国际地位、掌握国际话语权。在当前日益激烈的竞争和自身发展现实需求的环境下，西部县域扩大对外开放已经成为必然趋势。

扩大西部县域开放是构建西部各省全方位、多层次、宽领域开放格局的重要内容之一。党的十七大提出要提高国家整体的开放型经济水平，在拓展对外开放广度的同时拓展对外开放深度。县市作为我国行政区划的中间层次，具有比较完备的管理职能和管理手段，相对于省市也具有更大的自主性。在实践中，对外开放对于县域经济增长的影响，一般是先通过融合国家和地区发展的比较优势，再根据县域的发展现状补充县域发展要素的短板，有的是以直接的方式，有的是以间接的方式，通过政策辅助、文化扶持等多样化的路径加以实现（李永才，2018）。县域城镇连接广大乡村、面向千百万农民，是县域政治、经济和文化中心，是国家政权结构中的重要一环，是精准扶贫的主战场，是实现全面小康的基础，是维护国家稳定的基石。因此，把县域城市规划好、建设好、发展好，尤其是合理规划西部县域的对外开放，意义重大。所以，加快县城建设步伐，充分利用西部县域与欧洲国家的交通优势，有利于进一步推进全县城镇化战略的实施，增强西部县城的吸引力、聚集力和辐射力，对西部县域经济的发展有着极大的带动作用，并进一步缩小地区发展差距；也有利于塑造西部地区对外开放形象，为西部地区招商引资、对外开放提供平台和窗口。

扩大西部县域开放是落实科学发展观，实现西部县域经济又好又快发展的客观要求。由于任何一个区域的资源都是有限的，每个区域都有自己的相对优劣势。例如，西部县域具有不沿江、不沿海、不沿交通干线，经济规模小，资源短缺、发展迟缓等相对明显的劣势（王洁，2006）。但同时，西部县域在农业资源、水电资源、山林资源、矿产资源、旅游资源等方面具有相对明显的优势。经典理论指出，物质资本、人力资本、知识资本、自然资本和国际资本是对经济社会发展起重要作用的五大资本（王亚华和胡鞍钢，2007）。前四项资本均由一个地区自身的资源禀赋和发展基础决定，唯独国际资本是不确定的。而善用这种不确定的外来资本，通过技术、知识和经验的转移渠道，能够促进地区经济快速发展。地区的科学发展、和谐发展、率先发展均离不开对外开放，因此，西部县域开放是提升西部地区综合经济实力乃至国家整体国际竞争力的重要动力。

以云南、内蒙古、新疆、西藏等为代表的省区边界线长的西部地区，具有先天的发展对外贸易的便利条件。在“一带一路”倡议引领下，西部地区将面临新一轮对外开放，因此，西部边境地区应紧抓对外开放新机遇，通过对外贸易，提升西部地区产业发展水平，实现地区经济的“提质提量”。同时还应重点加强与南亚、中亚地区的合作交流，进一步提升地区开放程度，促进西部快速融入世界发展的格局中。

扩大西部县域对外开放是吸收发达地区先进的科学技术和管理经验，加快西部县域科技进步、实现区域协调发展的需要。就国家层面而言，中国与发达国家相比，教育科技的总体水平依然存在一定程度上的差距，有些方面依然比较落后；就地方层面而言，中国区域间的发展水平严重失衡，发达地区和欠发达地区之间的教育科技水平差距也相对较大，如明显的东、中、西部之间的发展差距。而通过扩大西部县域对外开放的策略，引进优势企业和充裕的外来资金，以及先进的科学技术和丰富的管理经验，结合西部县域本身的文化特色优势，将走出去与引进来相结合，能够加速经济发展步伐。一方面，外来企业能够对本地企业发挥学习效应，本地公司学习外国公司的先进管理经验，改变传统的管理模式，丰富管理经验和提升管理水平，影响将深远而持久；另一方面，通过扩大县域开放有利于缓解就业压力。因为一般而言，以县域为单位的小城镇是周边农村地区劳动力流动或转移的主要地点，考虑到大城市的生活成本及就业压力，发展县域经济能够激励农村人口选择就近择业与就地转移。

二、对外开放的历史进程

（一）1949 年以前的对外开放

中国西部地区的开发源远流长，尤其是早期对中亚地区的开放。秦统一中国以来，西部地区一直被视为重点开发区域，尤其是黄河中游，将其视为重要的经济、政治、文化中心。例如，汉武帝时期的“丝绸之路”实现了欧亚大陆交流的繁荣和畅通；隋唐时期的“张掖互市”大力促进了河西地区与中原及西部其他区域的贸易联系（秦永章，2003）；宋朝以后，西部地区生态环境恶化严重、民族间冲突频发（吕朝辉，2015），“丝绸之路”的进一步发展受到影响，同时海上丝绸之路的繁荣也将中国的贸易从西部向东南沿海转移；从鸦片战争到中华人民共和国成立前夕，在内忧外患的时期，西部地区的发展步伐明显开始落后。

（二）1949年以后至改革开放前的对外开放

1949年中华人民共和国成立，东南沿海地区集中了全国主要的工业和交通基础设施，而西部地区基本处于与世隔绝的状态，经济、贸易极为落后。1973年1月，《关于增加设备进口，扩大经济交流的请示报告》首次被批准，此报告明确提出拟以工业建设为开端，将国家大型建设项目、投资及外贸逐步向重点工业区与东南沿海地区集中，此举意味着国家的外贸及经济建设中心依然在东南沿海，而西部地区依然较为滞后。再加上在计划经济体制下，各地区、行业及各个部门的管理呈现出垂直化、条块化分割的特征（孙发锋，2011），从而经济体之间的纵向联系相对较弱，而区域之间的市场分割更是减少了要素流动性，更加剧了区域之间的不平衡发展，西部的开放更为滞后。

（三）改革开放以来的对外开放

改革开放将国家战略重点转移到经济建设上来，东部地区凭借先天的区位优势，成为改革开放政策的重点区域，因而形成东西部发展的巨大差异。十一届三中全会后，沿海沿江的东、中部地区对外开放进展很快，成效很大；相对而言，西部及民族聚居地区的对外开放工作起步较晚，发展缓慢。为有效改变这种缓慢且不均衡的发展状况，国家先后在政策上采取了一系列的政策措施。例如，1987年4月，中共中央、国务院在发布《关于民族工作几个重要问题的报告》中强调指出，新疆、西藏、云南等少数民族省区和其他一些沿海少数民族聚居地区，具有对外开放的优越的自然环境和地理位置条件，又因为其具有丰富的地下、地上的自然资源和独特的自然旅游文化资源，通过进一步搞好对外开放，就有可能把某些地区的劣势变成某些优势，促进民族经济的健康快速发展。同年，国家民族事务委员会等十几个部委再次联合就我国发展边境贸易的情况问题进行了调研，并向国务院办公厅提出《关于积极发展边境贸易和经济技术合作、促进边疆繁荣稳定的意见》。

1991年4月，国务院办公厅正式批准该意见，推动了我国边境贸易的顺利健康发展。1992年，国家再次提出实施沿边经济贸易开放发展战略，国务院办公厅发布了一系列的文件，并陆续批准了珲春、黑河、绥芬河、满洲里、伊宁、二连浩特、博乐、畹町、塔城、河口、凭祥、瑞丽、东兴等13个国家级城市为沿边经济贸易开放试点城市，加上现在的辽宁丹东，共被国务院批准在辽宁省设立了14个国家级边境贸易区和经济技术合作区，并分别给予了一些相关优惠政策。1996年1月，国务院办公厅发出《国务院关于边境贸易有关问题的通知》，对于边境贸易的管理及其形式、税收等若干有关问题进一步做出具体的规定，强调国家要“积极支持边境贸易和边境地区对外经济合作的发展”。在党的十六大之后，国家进一步地加大了对实施“走出去”发展战略的政策支持力度。在这些国家对外优惠政策的引导和支持下，少数民族及其周边地区的对外开放的步伐明显加快，周边区域的经济和技术的合作更趋深入和活跃，边境贸易迅速的发展，逐步使该地区变成了推动我国对外开放的重要前沿阵地。

2001 年中国正式加入了世界贸易组织，意味着中国将进一步扩大对外贸易的规模和范围，因此西部地区的贸易的广度和强度也在中国积极参与国际分工中得到进一步发展。尤其与西部周边地区的国家形成更为密切的贸易合作，西北（以独联体诸加盟国、东欧、巴基斯坦、西亚诸国为开放对象）、西南（以英属印度、尼泊尔、泰国、缅甸、老挝、越南、孟加拉为经济贸易重点）沿线的贸易合作极大地带动了西部地区经济发展的贸易水平（王允武，1993）。具体如新疆多方位的贸易商道的形成；云南便利化的贸易口岸、贸易通道建设；广西依托边境大中小城镇，加强中越之间的贸易往来；西藏集边贸与旅游为一体的多样化贸易格局；甘肃正在致力于建设和打造丝绸之路沿线经济带的“黄金段”，提出“双向开放、东联西出”的发展战略，将从该省经济和特色产业的发展和实际需求出发，利用各种节会的平台，采取“走出去”的途径和方式积极开展台资招商服务活动，做好在甘肃台资企业的招商服务，着力于提升陇台企业之间的贸易合作水平。

2013 年，习近平总书记在出访中亚和东南亚等国家期间，提出共建“丝绸之路经济带”和“21 世纪海上丝绸之路”的倡议。自“一带一路”提出以来，中国已经陆陆续续与近 150 多个国家和地区签署了相关的合作协议，如蒙古国的“草原之路”、哈萨克斯坦的“光明之路”、沙特的“2030 愿景”等，均是建立在“一带一路”的框架之下。目前诸如中老铁路、中泰铁路、匈塞铁路项目建设稳步加快推进，中俄双边能源合作不断深化等。而中欧班列的建设作为推进“一带一路”的重要旗舰项目，从中欧班列首次开行以来，到 2019 年 4 月 22 日累计开行了 14 691 列，联通了俄罗斯和中国 62 个主要城市，连接了欧洲 15 个地区和国家的 51 个主要城市，铺行的中欧班列路线已经达到 68 条。现在我们应该可以说从中国任何一个城市，都已经可以通过三个出口即西边的阿拉善口、东部的满洲里、中部的新疆二连浩特，直接运输出去，经过整个中亚，或经过欧洲白俄罗斯、俄罗斯，到达整个欧洲任何一个地区和国家，极大地促进西部县域及周边地区的对外开放。

在成立的中新（重庆）集团作为战略性的互联互通物流示范城市建设项目的框架下，2017 年 8 月，重庆、广西、贵州、甘肃 4 省（区、市）正式签署“南向通道”（“陆海新通道”的英文名称前身）互联互通框架合作协议，建立联席会议机制。如今，“陆海新通道”的框架合作协议覆盖范围已经进一步扩展至重庆、广西、贵州、甘肃、青海、新疆、云南、宁夏、陕西 9 个周边省（区、市）。截至 2019 年 9 月底，西部地区陆海新通道的铁海国际联运、跨境高速公路和新加坡跨境高速铁路三种互联互通物流的组织运输形式均已基本实现了常态化运行，目的地已基本覆盖了新加坡、日本、澳大利亚、德国等全球 90 个国家和发达地区的 190 个主要港口。2020 年 5 月 17 日，中共中央、国务院印发《中共中央 国务院关于新时代推进西部大开发形成新格局的指导意见》，也强调以共建“一带一路”为引领，加大西部开放力度，重视沿边地区的开放发展，在西部大开发战略实施的 20 年中，西部县域在对外开放方面也取得了一系列的成就。

三、对外开放的发展现状

西部大开发战略的提出 20 年来，特别是十八大以来，在党中央领导班子的正确领导下，西部大开发地区直辖市和县域在加快发展实体经济、改善民生、脱贫攻坚和加强生态资源环境保护等各个阶段和领域都取得了重大历史性的成就，在推动和促进我国西部地区协调、可持续发展等方面的贡献明显。目前我国西部大开发地区吸收外资的规模快速增长，实际上仅仅只是西部地区对外开放经济发展水平显著大幅提升的一个微小缩影。

随着“一带一路”等沿线国家发展政策的深入实施，西部地区正逐步从原先对外开放的重要经济腹地逐步走向对外开放的前沿。2017 年，“一带一路”项目为西部地区带来的贸易总额为 1 434.2 亿美元，较 2016 年增长 15.6%，西部地区占全国与“一带一路”沿线地区和国家的进出口贸易总额的 10.0%[①]。这也表明，“一带一路”沿线地区和国家对于促进西部区域对外贸易十分重要。而新疆对“一带一路”沿线地区和国家进出口和外贸额的增长占西部国家和地区的比重最高，接近 20%；广西、四川、重庆和云南的外贸额占比也都达到 10%以上。2017 年，中国西部区域对“一带一路”沿线地区和国家的贸易商品主要集中于家用电机、电气设备及其相关零件和工业用锅炉、机器、机械器具及其零件，两者的合计总额占西部地区对“一带一路”沿线地区和国家外贸进出口额的 43.5%。

（一）地区经济发展迅速

改革开放以来，西部少数民族地区的部分县域和集体经济虽有了飞速的增长和发展，但与同一时期全国的经济平均水平相比却仍然还存有很大差距。当前我国的区域经济发展水平差距依然较大，区域发展平衡分化的现象逐渐显现。区域经济发展不平衡、不充分问题依然比较突出。西部是欠发达地区，因而西部地区的县域是影响新时代中国经济不平衡、不充分发展的核心构成部分，发展西部县域经济是新经济时代破解当前我国经济社会主要矛盾的关键所在，是全面推进和建成现代化小康社会的重点、难点。虽然西部地区县域的经济较之于东部县域经济有较大的差距，但是在西部地区内部，县域地区经济发展不平衡的局面同样较突出。

2019 年中国经济增长的预期目标是 6%~6.5%，而西部各省级行政区除内蒙古外均达到甚至超过国家整体的经济增长目标，其中四川、陕西、云南、贵州和西藏的地区生产总值增速均超过 6.5%（表 5-1）。从经济总量来看，四川省在西部各省级行政区中排名第一，全国第六，宁夏、青海、西藏等省区总体地区生产总值排名落后。但从人均量来看，西部各省级行政区并未呈现出明显的差异，总体人均地区生产总值为 4 万~6 万元，重庆、内蒙古和陕西在全国排名中较为靠前，但甘肃排名落后。总体而言，西部各地区之间也存在严重的发展不平衡问题，部分地区无论是经济规模，还是发展程度均较为落后。

---

① 资料源于东方财富网、Wind 数据库。

表 5-1 中国西部地区各省级行政区经济基本情况（2019 年）

地区生产总值排名	省级行政区	地区生产总值/亿元	地区生产总值增速	人均地区生产总值/万元	人均地区生产总值排名
6	四川	46 615.82	6.7%	5.62	18
14	陕西	25 793.17	7.5%	6.73	12
17	重庆	23 605.77	6.3%	7.68	9
18	云南	23 223.75	8.1%	4.84	24
19	广西	21 237.14	6.0%	4.35	28
20	内蒙古	17 212.5	5.2%	6.81	11
22	贵州	16 769.34	8.3%	4.68	25
25	新疆	13 597.11	6.2%	5.55	19
27	甘肃	8 718.3	6.2%	3.32	31
29	宁夏	3 748.48	6.5%	5.50	20
30	青海	2 965.95	6.3%	4.96	23
31	西藏	1 697.82	8.1%	5.04	22

资料来源：国家统计局

在西部地区，既有经济实力较强的区域中心城市周边的县（或县级市），又有具有一定经济基础和发展潜力的县（或县级市），也还有大量欠发达的或刚脱贫的县（或县级市）。近年来，在西部大开发及“一带一路”倡议下，西部主要城市结合自身特征，积极抓住发展机遇，形成主要城市带动周边县、市率先发展的趋势。如表 5-2 所示，重庆、成都、西安等 3 个国家中心城市，及其经济卫星城市（如绵阳属于“成德绵经济带”）；昆明、乌鲁木齐、兰州等“一带一路”沿线的省会城市；遵义、百色（平果）、渭南（韩城）等交通便利城市（或县）；榆林（神木）、鄂尔多斯（准格尔旗）、包头等资源型城市（或县）；怀仁和西昌等具有特色产业的县（或县级市）（如怀仁的茅台，西昌的航天城）。由此可见，通过具有一定政策优势的区域中心城市，能够建立起与周边县市或资源丰富地区联通的交通枢纽，以发挥地方特色科技与文化，提升西部地区整体发展水平，所以西部县域层面的发展潜力巨大。

表 5-2 中国西部地区主要城市经济情况（2019 年）

全国排名	城市	地区生产总值/亿元	所属省级行政区	城市特征
5	重庆	23 605	重庆	直辖市、国家中心城市
7	成都	17 012	四川	国家中心城市、经济大省省会
24	西安	9 321	陕西	国家中心城市、省会
31	昆明	6 475	云南	“一带一路”重要节点、省会
50	南宁	4 506	广西	沿海省份省会
54	榆林	4 136	陕西	资源城市
56	贵阳	4 039	贵州	省会
66	鄂尔多斯	3 605	内蒙古	资源城市
69	乌鲁木齐	3 493	新疆	“一带一路”重要节点、省会
70	遵义	3 483	贵州	河港城市、特色产业
78	柳州	3 128	广西	“一带一路”重要节点
89	包头	2 957	内蒙古	资源城市

续表

全国排名	城市	地区生产总值/亿元	所属省级行政区	城市特征
94	绵阳	2 856	四川	国家科技城
96	兰州	2 837	甘肃	“一带一路”重要节点、省会

资料来源：《中国城市统计年鉴》

《中国西部地区县域发展监测报告 2019》提供的县域发展监测数据显示：2018 中国西部地区百强县市中，四川 29 个、云南 14 个、贵州 12 个、内蒙古 11 个、新疆 11 个、陕西 9 个、重庆 6 个、广西 5 个、宁夏 2 个、青海 1 个（图 5-1）。2019 中国西部地区百强县市前 10 位县市分别为内蒙古准格尔旗、伊金霍洛旗，陕西神木市，贵州仁怀市、盘州市，四川西昌市，新疆石河子市、库尔勒市，云南安宁市，陕西府谷县。其中，云南安宁市和陕西府谷县首次成功进入西部十强。监测结果表明，中国西部地区百强县市经济的规模竞争力继续进一步扩大，经济发展活力进一步增强，高质量的城镇化发展有序推进。特别是完善社会保障和促进改善基本民生服务等方面的工作成效显著，为城镇化发展和全面建成小康社会奠定了坚实基础，是西部国家和地区百强县跨越时代、快速发展的优秀杰出代表。

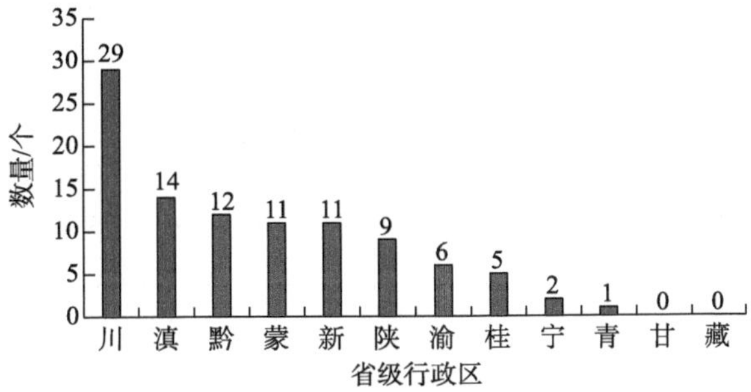

图 5-1　2019 年中国西部百强县市分布情况

（二）外资吸引力和贸易力度不断扩大

2018 年中国西部区域外商投资数据显示，重庆、成都和西安等 3 个国家中心城市，无论是从全国的外商投资水平来看，还是相对西部城市，在吸引外资方面都具有明显的竞争力优势；而南宁、昆明、贵阳等作为“一带一路”沿线省会城市，也能够吸引一定的外商投资，但是，乌鲁木齐、兰州、喀什等“一带一路”沿线重要城市并未上榜。而防城港、钦州和贵港均为北部湾海港城市，对外商投资的吸引力相对较弱（表 5-3）。可见，中国西部地区利用外资较多的城市，或具有一定规模的经济基础，或拥有便利的交通或丰富的自然资源。

表 5-3　中国西部地区外商投资主要城市（2018 年）

全国排名	城市	利用外资/亿美元	所属省级行政区	类型
4	重庆	102.73	重庆	国家中心城市
7	成都	70.20	四川	国家中心城市
10	西安	63.54	陕西	国家中心城市

续表

全国排名	城市	利用外资/亿美元	所属省级行政区	类型
31	鄂尔多斯	22.12	内蒙古	北方资源城市
38	贵阳	15.89	贵州	内陆省份省会
45	南宁	13.69	广西	沿海省份省会
74	昆明	8.50	云南	边境省份省会
89	防城港	6.35	广西	港口城市
91	钦州	6.19	广西	港口城市
94	桂林	5.91	广西	旅游城市
98	贵港	5.50	广西	港口城市

注：根据梅森智库发布的《2019 年中国地级及以上城市外资吸引力研究报告》整理

近年来，随着交通状况的改善，铁路运输的发展对西部的贸易具有一定的影响效果，“中欧班列西部通道”等具体措施，对沿线区域贸易发展具有重要影响。2018 年中国西部地区贸易数据显示，四川、重庆、广西、陕西等地贸易规模相对较大，进出口增速较快（表 5-4）。这一定程度上归功于重庆—德国杜伊斯堡班列、成都—波兰罗兹班列对四川、重庆与陕西等省市的加工贸易的重要推动作用。另外，作为中国与东盟经贸往来的重要窗口，云南与广西在中国西部对外贸易方面也处于重要地位，2018 年，云南的进出口增速近 25%。

表 5-4　2018 年西部地区贸易情况

省级行政区	进出总额/亿元	进出口增速
四川	5 948	29.2%
重庆	5 223	15.9%
广西	4 107	5.0%
陕西	3 514	29.3%
云南	1 973	24.7%
新疆	1 326	−4.7%
内蒙古	1 034	9.9%
贵州	501	−9.2%
甘肃	395	21%
宁夏	249	−27%
西藏	48	

资料来源：《每日经济新闻》数据，由作者整理

城市层面的贸易显示，重庆、西安和成都作为国家中心城市、省会城市（或直辖市）以及“一带一路”的重要节点，整体的贸易水平较高，在 2018 年全国外贸百强城市中位居前 20（表 5-5）。而其他如单一的交通便利城市、省会城市或资源城市，则贸易竞争力相对较弱。在全国外贸百强城市中，西部城市数量占比 16%，总体水平依然有待提高，

但广西有 5 个城市进入百强，充分体现了海港城市的贸易优势。

表 5-5　2018 年中国外贸百强城市中的西部城市

全国排名	城市	所属省级行政区	类型
13	重庆	重庆	国家中心城市、直辖市、“一带一路”重要节点
14	西安	陕西	国家中心城市、省会城市、“一带一路”重要节点
18	成都	四川	国家中心城市、省会城市、“一带一路”重要节点
35	崇左	广西	中越边贸城市
42	包头	内蒙古	资源城市、交通便利城市
45	防城港	广西	海港城市
54	鄂尔多斯	内蒙古	重要资源城市
60	绵阳	四川	科技城、交通便利城市
72	金昌	甘肃	交通便利城市
76	嘉峪关	甘肃	“一带一路”重要节点
78	南宁	广西	省会城市、交通便利城市
79	柳州	广西	交通便利城市
89	乌鲁木齐	新疆	省会城市、“一带一路”重要节点
91	昆明	云南	省会城市、中国与东盟贸易重要城市
93	贵阳	贵州	省会城市、交通便利城市
95	北海	广西	海港城市

资料来源：对“2018 年中国外贸百强城市排名”进行整理所得

总体而言，对于中国西部地区，无论是利用外资还是对外贸易，均存在着严重的不平衡。中国西部区域内的不平衡状况，远超东部与中部地区。经济资源与对外开放主要集中在成都、重庆、西安等 3 个国家中心城市。另外，部分区域经济带（如成都平原经济带）与“一带一路”重要沿线城市也成为吸引外资与对外贸易的重要窗口。但是，以上数据也表明中国西部地区的开放政策、资源与平台主要集中在省会城市等“点”，“虹吸效应”非常明显，其他地区在获取对外开放方面严重滞后。

（三）外贸基础设施建设不断强化

截至 2017 年底，西部省市已经建成的属于自己的综合保税区有 20 个，其中有 9 个是边境/跨境经济合作区，6 个是沿边重点开放试验区，4 个是出口加工区，2 个是保税港区（表 5-6）。从对外贸易的基础设施建设的平台数量上看，西部区域的对外开放水平已初步形成一定的规模，与全国的对外贸易平台建设数量相比，西部地区的沿边重点开放试验区占据主导地位，综合保税区建设具有一定规模，边境/跨境经济合作区的建设较为全面。但从建设的具体位置来看，其布局极不均衡，除了省会、国家中心城市外，其他西部县市均没有相对应的贸易口岸或海关的设置，抑或是其他贸易开放平台的设置。许多地方的综合保税区口岸基础设施的建设仍然比较滞后，远不能完全满足沿边地区面向“一带一路”沿线地区和国家扩大开放的国际物流需求。

表 5-6　西部地区外贸平台数量和分布情况

平台建设	全国/个	西部地区/个	具体地点分布
自由贸易试验区	11	3	中国（重庆）自由贸易试验区、中国（四川）自由贸易试验区、中国（陕西）自由贸易试验区
综合保税区	78	20	重庆西永、江津、贵州遵义、贵阳、贵安、西安、西安航空基地、西安高新、成都高新、乌鲁木齐、喀什、阿拉山口、兰州新区、昆明、红河、银川、满洲里、南宁、广西凭祥、鄂尔多斯
保税港区	14	2	广西钦州、重庆两路寸滩
出口加工区	27	4	呼和浩特、北海、绵阳、陕西西安
沿边重点开放试验区	7	6	广西东兴、凭祥、云南瑞丽、勐腊（磨憨）、内蒙古满洲里、二连浩特
边境/跨境经济合作区	19	9	内蒙古满洲里、二连浩特、广西东兴、凭祥、云南临沧、河口、瑞丽、畹町、磨憨–磨丁（跨境）

资料来源：卢伟（2019）

西部自由开放地区企业整体的自由贸易管理便利化的水平在近几年呈明显的快速上升或者弱化趋势，同时，省际贸易便利化的水平快速提升也差异明显。但是，西部沿海自贸区的监管不是特别完善，存在水运、铁路、航空、海关等多方面的监管相对独立，过于繁杂的货物转运、检测、检疫手续将会加大贸易成本，通关手续办理程序的简化及通关标准化的程度等还有待进一步提高，出口相关货物退税的时间相对较长，进出口相关货物的退税合规程度和成本相对较高。西部自贸区在积极鼓励企业技术创新、鼓励多元化服务，以及积极鼓励对外贸易投资等方面的相关税制改革安排还比较滞后。自由贸易资金账户的功能有限，账户中的自由贸易资金对于企业来说“易进难出”。

第二节　存 在 问 题

根据贸易引力模型、要素禀赋理论、新生产要素理论等国际贸易理论，中国西部区域各地区在发展对外贸易方面应具备以下几种条件：或具备开放边贸的稳定条件；或具备规模生产能力；或拥有便利交通条件。而中国西部地区吸引外资还需要为外商营造盈利的外部环境，如一定规模的本地市场、丰富的自然或人力资源、较为完备的产业配套等条件（万丽娟等，2011；朱廷珺和孙睿，2016；毛中根和杨荷，2019；卢伟，2019）。根据以上进行分析，西部区域县域对外开放还面临以下困难。

一、经济实力较弱，不均衡问题突出

中国西部地区范围广阔，既包括广西、云南、新疆等沿海或边贸重要省区；又包括四川、贵州、重庆、陕西等内陆人口或经济大省（区、市）；还包括宁夏、甘肃、青海、西藏、内蒙古等生态脆弱型与交通条件较差的地区。西部各省（区、市）之间、省会与省内边缘县（市）条件差异巨大，不平衡远超东西部。同时，对外开放的平台与资源也集中于少数地区（赵燕和张成虎，2015；卢伟，2019）。

一方面，西部地区县域实体经济的发展不均衡。西部地区县域实体经济之所以能够引起国家的重视和社会高度关注，是因为西部地区县域实体经济的内在差异性。与东部

中部相比，西部地区县域经济发展不均衡程度更为严重。区域中心城市附近与边远区域社会发展的差异更为明显。另一方面，强县弱县间的经济发展实力内在差距进一步拉大。我国的县域实体经济虽然在近几年得到了较快的增长和发展，但是西部地区部分县域存在经济、社会、文化的多方面发展滞后现象。

二、资本技术不足，高层次人力资源短缺

西部与其他地区的经济差异，使人力资源等要素的流出，人力资源投入的不足、人才的短缺等深层次的客观因素更加凸显出来。在人力资源与创新投资方面，由于大部分的高校或科研机构位于大中城市，如大、中专或普通高校。而根据国家专利局的数据，国家专利的主要来源是高校与科研机构，这导致了各个地区的创新能力的直接差距。另外，高校能够集中人才优势，从而国家的科研经费也自然而然倾向于流向高端人才集聚的大中城市，致使西部县域在科技、资金与人才资源方面进一步短缺，从而影响该地区县域的经济与贸易发展质量。

在分税制的财政体系下，下级单位如县、乡所持有的财政比例相对较少，其财力在应付基本的公共服务开支后所剩无几。这造成西部县域在工资待遇和事业单位留人待遇方面缺乏吸引力，人才流失严重。

三、自然条件复杂，生态环境与基础设施薄弱

长期以来西部欠发达县市在基础设施方面的落后现状，虽然在短期内得到改善，但是与经济发展较好的地区相比，仍存在较大的差距。在城镇化的过程中，也出现了一些不合理的规划建设，影响西部县域经济发展的质量，如一些县市没有考虑当地发展现状及现实承载能力，盲目扩建或搞开发区；部分地区盲目引入有损地区环境保护和地区长远发展的项目，严重影响当地经济发展质量。

四、经济布局不合理，缺乏长远规划

部分欠发达的县市，大多以发展农业加工为主，而县域整体经济的结构仍然主要处于资源型工业化发展的初级阶段，资源型农产品加工制造企业的规模较小，处于资源型工业化初级阶段的产业结构不足以支撑县域经济的高效率发展。

从特色主导产业看，部分县虽然主张以特色来发挥产业优势，但是仍然难以摆脱“小而全”的状态，分散化的产业布局导致难以明确特色产业而缺乏竞争优势；而部分县虽明确特色产业，但是缺乏经验或是产业发展不够成熟，导致整体的产业布局不能够优劣互补，无法形成一定规模来带动县域整体的经济发展。再加上县域本身所存在的人力资本短缺的问题，地方政府缺乏合理布局地方产业结构的能力，导致地区分散化经营的问题更为严重。而长期以来，以地区经济增长为目标的地方官员锦标赛模式的晋升制度也导致县域经济的低效率发展，分散化的工业布局及不合理的产业规划降低了县域经济的发展效率。

第三节 案例分析

一、通关时间与覆盖区域——四川省青白江自由贸易区“安智贸”试点情况

（一）“安智贸”项目简介

“安智贸”，全称中欧“安全智能贸易航线试点计划”。该计划由中国和欧盟海关联合发起，基于世界海关组织《全球贸易安全与便利标准框架》，致力于建设安全便利的国际贸易运输渠道。项目包括以下措施：

（1）海关间数据交换。

（2）互认监管结果：发货方进行过出关检验后，收货方原则上不进行再次检验。

（3）应用集装箱安全设备：通过使用特定设备给每个集装箱标记唯一电子编号，实现双边统一管理，信息实时共享。同时，要求设备提供商为参与项目的进出口企业免费提供产品。作为补偿，将贸易商和海关的使用数据反馈给提供商。

第一，在企业自愿原则基础上，经双方审核选定参与企业名单。对企业的审核主要集中在厂房、资产、安全制度方面。

第二，执法互助。双方海关通过建立合作谅解备忘录确定行动框架，采用专家直接对话，关务点对点对接，海关政策相互协调的工作方式提供支持。

中欧“安智贸”项目于 2007 年 11 月 19 日在中国深圳、英国菲利克斯托和荷兰鹿特丹之间的海运航线正式启动。覆盖成都前，已经有大连、天津、青岛、上海、宁波、厦门、深圳、广州、重庆、乌鲁木齐 10 个海关参与，累计开通 168 条海陆空航线。覆盖欧盟国家包括英国（现已脱离）、荷兰、匈牙利、波兰。

在试点“安智贸”项目前，青白江自贸区的国际班列已经初具规模，至 2017 年底已经开行超过 1 000 列（图 5-2）。

图 5-2　成都国际班列驶出青白江自贸区

资料来源：四川日报

（二）试点概况

成都于2019年2月28日加入“安智贸”项目试点城市，成都—罗兹铁路线路成为青白江自贸区首条“安智贸”线路。3月30日，项目正式启动。TCL王牌电器（成都）有限公司为首家试点企业。根据“安智贸”项目协议，TCL公司的产品在成都通关后，波兰海关将立即接收到通关信息，中国海关查验过的货物，波兰海关通常不进行复核，从而实现数据交换、监管与执法互认。新华网报道，2018年成都至罗兹班列开行571列，占中欧班列（成都）开行总量的36%。线路纳入“安智贸”项目不仅进一步加深了成都与波兰的经贸关系，也提高了青白江自贸区整体的运行效率。

为了推动“安智贸”项目顺利进行，成都海关与波兰罗兹海关建立“点对点”直接合作机制，开创了内陆城市发展关际合作的先河。与此同时，成都海关发挥后发优势，认真学习兄弟城市经验，与乌鲁木齐海关在班列开行、集拼集运等领域，与南宁海关在海铁联运通关等领域均达成常态化合作机制，促进了四川自贸试验区青白江片区平行进口车、跨境电商等货物的便利化通关。成都海关相关负责人表示，青白江自贸区拥有了“安智贸”试点线路，对自贸区优化通关服务、提高通关效率奠定了基础。接下来，成都海关将以此为契机，博采众家之长，充分吸取兄弟城市海关在“安智贸”实行过程中的经验教训，不断提升中欧班列（成都）的国际竞争力。

（三）成效与不足

目前“安智贸”项目最大的成效在于对通关手续的高度简化，以及由此带来的通关时间减少。从长远看还有利于淘汰过多的中间商，从而使国际贸易链得到精简。传统国际贸易链中，主要参与者包括生产商、进口商、出口商、报关行、承运商、理货人、中间商、货站经营者（港口、机场等）、综合经营者、仓储业经营者和分销商。而通关手续的复杂程度直接影响到其中报关行和货站经营者的工作负担，进而影响其他参与者的等待时间和工作效率。“安智贸”项目的巨大优势在于“一次通关，一次报验”。货物所需要办理的手续不变，但原来必须在进口海关与出口海关两地进行核查，现在通过双方信息共享，相当于直接省去一半时间和手续费用，这对于进出口企业尤其是电商和生鲜领域的进出口企业无疑益处巨大。此外，“安智贸”项目的实施也会产生鲶鱼效应。中国和欧盟作为世界重要的经济体，双方经济战略合作所能覆盖的商品分布极为广泛，同时由于市场规模庞大，一方面会吸引各领域其他企业加入项目，另一方面也会促使其他国家建立类似项目以维持竞争力。从长远看，这有利于形成良性竞争，减少贸易壁垒。

作为一种尚未成熟的合作机制，“安智贸”仍存在一些不足之处。首先是大大加重了海关的工作负担，尤其是前期的标准互认工作。中欧间贸易商品种类多数量大，牵涉到的质量标准领域广泛内容复杂，每多开放一个口岸所需要付出的时间成本和经济成本都十分沉重，只能通过不断加深合作逐渐熟悉对方运行模式和执行标准来逐渐解决。其次是要求双方政治关系长期稳定发展。由于恢复双边核查只会让企业付出更多的时间和经济成本但不会彻底切断贸易，因此中断“安智贸”项目就成为双边关系遇冷时一个合适的政策工具。此外，信息共享，一次通关本身也意味着对于合作方检验能力的高度信任，本身就需要双边的政治互信作为基础。因此，参与企业难免不敢产生长期乐观预期，不敢深度参与项目。最后，目前项目要求集装箱安全设备供应商免费供应产品，补偿仅仅是海关和进出口企业的使用数据，这当然减轻了进出口企业的负担，但从长远看，安全设备企业不能得到足够补偿，也不利于双方海关实现更高效率的信息贡献。

（四）总结

《中共中央 国务院关于新时代推进西部大开发形成新格局的指导意见》指出，西部地区应当“加快内陆开放型经济试验区建设，研究在内陆地区增设国家一类口岸”。“安智贸”项目实现了中欧间各个国家和地区之间海关机构的紧密合作。货物通关时能一次通关，一次报验，而不需经过不同国家、不同海关多次报关、多次通验，并且对每个集装箱及箱内货物进行全程监控，总体实行情况值得期许，为内陆地区建设国家一类口岸提供了有利的实践经验。成都作为首个开展海关关际合作的内陆城市，在项目实施过程中也积累了宝贵的实践经验。目前“安智贸”项目的主要困难在于推广和平衡参与方利益。需要各界人士积极合作，互相学习，互利互惠，推动成都对外贸易不断开创新局面。

二、加强区域连接、构建专门化全产业链——北部湾城市群广西六市进出口贸易发展经验

（一）地区概况

北部湾城市群是由国务院于 2017 年 1 月 20 日批复同意建设的国家级城市群。规划覆盖范围包括广西壮族自治区沿海城市（南宁、北海、钦州、防城港、玉林、崇左），广东省两广交界附近城市（湛江、茂名、阳江）和海南省北部城市（海口、儋州、东方、澄迈、临高、昌江）。

城市群总面积 11.66 万平方千米（陆地），拥有 4 234 千米的海岸线。截至 2015 年末，城市群共有常住人口 4 141 万人，地区生产总值为 16 295 亿元，两者占比分别为全国的 3.01%和 2.25%。广西纳入城市群的六座城市与其在 2006 年规划建设的北部湾经济区覆盖区域相同，广西六市在城市群建设中也承担着重要任务。南宁被选为城市群核心城市，负责对外开放合作平台建设、带动周边城镇发展等一系列职能。南宁、北海、钦州和防城港组成的南北钦防发展轴为城市群服务业和制造业发展主体。

广西六市对外加工贸易相关措施概括如下。

（1）加速北部湾经济区一体化进程：统一市场准入，共建共享信用信息平台，建立北部湾知识产权、技术成果交易市场。

（2）构建综合交通运输网络：航空方面，提升南宁机场国际化水平，实现与东盟国家主要城市航线全覆盖。同时建设海上（中国—东盟港口城市合作网络建设二、三期项目）、陆上（凭祥—同登—河内和东兴—芒街—下龙—河内高速公路，南宁—凭祥—同登—河内和防城港—东兴—芒街—下龙—海防—河内铁路）两条东盟通道。

（3）依托完善边境合作相关平台，大力发展海洋经济：产业集群协同发展方面，

建设中国—东盟产业合作园。海洋经济方面，由广西牵头建立一系列海洋科学领域的研究机构东盟，包括海上丝绸之路研究院、中国—东盟海洋合作研究中心、海产品质量检测中心。

（4）设立功能专业互补的各类对外经济开发区：海关特殊监管区，包括出口加工区（北海）、保税港区（钦州）、综合保税区（南宁、凭祥）。经济合作创新区，包括产业园区（玉林、防城港、崇左）、国家开发开放试验区（东兴）。

（二）试点效果

边民互市贸易由穿岸而过变为落地加工，企业用工状况得到改善。原有的边境贸易受边境管制存在“短、平、快”的特点：商品种类易携带，商品成交额低、可交易时间短。边境贸易因此存在数量不够，质量不高的问题。中国—东盟双边各类经济开发区的建立成为改变这一现状的破局点：税收优惠、集聚效应和进入许可吸引外资落地建厂，生产管理方面对双边人员需求同时上升，反过来促进边境管理趋向人性化和精细化，加强双方人员流动，从而扩大贸易规模。以东兴国家重点开发开放试验区为例，该区自2017年起开始大力引进外籍劳工。至2018年11月底，共有117家企业获得外籍劳工“用工资格证”，23家劳务公司获得覆盖外籍务工人员的“劳务服务经营证”，有效期内的“务工证”共2 466本，务工人次达到116 300，边境地区招工难、用工贵的问题得到极大缓解，获得大量企业赞誉（李陶钧，2019）。

进出口贸易用时显著降低。一方面，跨境交通运输网络的建设缩短了交通距离；另一方面，综合保税区等经济合作组织的建立极大简化了通关手续。中欧“安智贸”项目在双方边检结果互认方面的实践经验为保税区“两关一检”的实施提供了很好的参照。钦州港海关还通过推出预配舱单，货物还处在运输阶段时企业就可以申报，海关部门则将单证审核和税费征收等工作前置，货物在前置阶段确认没有问题后，运抵港口就能装船，为企业节省了近24小时的通关时间。

（三）存在问题

目前城市群的主要问题是海洋经济建设进度不尽如人意，协调省级层面及更高层次的合作机构尚有欠缺。海洋经济建设的主要短板在于联合科研机构迟迟无法建立。前文提及的盟海上丝绸之路研究院、中国—东盟海洋合作研究中心自2017年规划提出以来至今仍未开工。主要原因可能是双方在研究成果的知识产权上存在较大分歧。尤其是水文资料等重要信息不便于探讨共享问题。省级层面以上合作虽然一直在各省乃至东盟国家之间积极进行，但目前还没有一个常驻机构进行统一协调。现有机构中功能最为接近的是北部湾经济合作组织，但该组织立足于各参与城市之间的直接交往，无法承担更高级别交流的牵头工作。从长远看，科研机构的缺位不利于海洋经济寻找到长期增长点，高层次常驻机构的缺位不利于解决双边贸易中的系统性问题，在今后的建设工作中应当予以填补。

（四）总结

城市群成立后，参与城市群的广西六市进出口贸易额取得重大突破。2017年全年实现进出口贸易额 3 319.4 亿美元，相比 2016 年（1 518.67 亿美元）增长 118.57%，出口 1 540.46 亿美元，相比 2016 年（561.52 亿美元）增长 174.34%。广西北部湾经济区早在 2006 年就已成立，之前 11 年进出口贸易一直处在不温不火状态。在并入城市群后出现井喷式增长的原因，可以归结为经济区所提出的各类改革举措在并入城市群以后得以快速落地。这一现象再度凸显了高层次合作的重要性。当前经济形势下对外开放已经不能再局限于释放原有不足所压抑的需求，还要通过更深层次、更多元的开放来创造需求，北部湾城市群和广西北部湾经济区的实践表明了对外开放、合作共赢的广大前景，值得其他地区参考借鉴。

第四节 发展路径

2013 年 9 月，中国提出了“一带一路”构想，试图通过打造欧亚经济带，促进世界经济的增长与中国西部地区的发展。2017 年 10 月，十九大明确提出“人民日益增长的美好生活需要和不平衡不充分的发展之间的矛盾”是社会主要矛盾，缓解沿海与内地的经济差距，成为中国经济改革的重要目标之一，这也为深化“西部大开发”与“产业优化升级”提出了新的要求。2019 年 12 月，2020 年中央经济工作会议再次提及稳定外资与促进外贸发展，完善“一带一路”配套设施建设（既包括基础设施等硬件方面，也包括制度建设等软件方面），继续深化对外开放，坚持脱贫攻坚与生态环境保护并举，发展实体经济与加快创新驱动等方面的内容。2020 年 5 月，中央发布了《中共中央 国务院关于新时代推进西部大开发形成新格局的指导意见》，对“一带一路”与西部开放提出了具体的要求和措施。中国西部地区，特别是西部县域，怎样更好地把握“深化西部开发开放”与“一带一路”等经济机遇期，以促进自身经济的发展？

一、西部对外开放的政策展望

西部大开发战略的深化实施后，国内强化了对资源与环境的重视，中国西部地区开始对以往外资主要分布的资源开发型行业进行规范化。2008 年后，随着中国沿海地区的土地与劳动力成本的上升，加工贸易成为中国西部地区吸引外商投资的重要方面，甚至成为西部地区对外经济差异的重要影响因素。如四川、重庆、陕西在加工贸易方面的快速增长，外贸带动外资，取得明显的发展；而西部其他地区在外贸和外资方面均有待加强（卢伟，2019）。而中国西部地区在吸引外资与对外贸易方面高度相关，即对外贸易增长较快的地区，吸引外资也较为明显（王少平和封福育，2006；万丽娟等，2011）。

近年来，除了国家规定的开放平台，如自由贸易试验区、综合保税区等，西部地区大部分地区在对外开放的政策方面也逐渐趋同（卢伟，2019）。根据 2014 年 11 月，中央政府发布的《国务院关于清理规范税收等优惠政策的通知》，各地方政府不再以不合理的税收优惠与土地政策吸引外资。再加上近年来西部地区也出现的劳动力工资普遍上涨的现象，使劳动力成本较为敏感的行业的外商投资与商品贸易受到部分影响。西部各地区只能通过改善交通与物流状况、提升技术与人力资本、完善产业配套与服务等其他途径吸引外资（毛中根，2019）。结合地方政府吸引外资和对外贸易的影响因素分析，西部区域县域对外开放有待改善的方面如下。

（一）交通与物流发展模式还需创新

虽然“西部大开发”与“一带一路”使西部地区的交通状况得到了明显改善，但是，由于西部部分地区（特别是西部的部分欠发达县市）受自然环境恶劣与基础设施薄弱等不利情况的影响，交通与物流等建设仍然严重滞后，直接造成人口与企业的分散化与碎片化，既不利于资源与产业的集聚效应，也不利于吸引外资与对外贸易。并且，除重要区域中心外，中国西部县（县级市）的人口密度小、自然条件较差的部分地区，基础设施投资的边际收益递减情况非常明显。在财政资源不足的情况下，部分县市通过巨额举债方式进行基础建设，更加引起了严重的地方债务负担与财政恶化。这说明传统型的单纯依靠援建、政府城投公司贷款等方式进行基础建设的方式需要转变。

由于中国制造业长期集中在东部沿海地区，产业链向西转移也并非一朝一夕。因此，改善西部地区投资与外贸环境，特别是西部县域对外开放环境，则需要进行模式创新与制度创新。例如，四川省成都市青白江区的自由贸易区“安智贸”试点政策、北部湾城市群合作开发模式等。

（二）产业布局合理性有待进一步提升

西部地区对外贸易的规模碎片化、产业结构不合理也是其中一个重要原因，如西部地区采掘业占比较大，生产与服务业发展较为滞后，在资源有限的情况下，市区、县城与其他区域存在严重的资源争夺，地方博弈造成产业雷同化与合作困难。同时，西部地区生产率与产业特色还有待改善。从整体上看，西部地区加工贸易与东部地区相比，也存在差距，特别是西部县域存在贸易短板，县域间的产业互补与产业合作也有待提升。

西部县域具有独特的自然资源禀赋及文化特点，而这些都将成为支撑县域经济发展的基础。由于县域的范围较小，从而极大地降低了资源整合的难度，也更容易形成具有县域特色的产业文化。因此，需要结合实际，因地制宜，而不是一味地模仿，更应注重发挥县域经济的比较优势。在培育和发展县域特色产业的同时，也应当借鉴大中城市成功的特色产业形成经验。例如，在县域工业方面，在接受大中城市产业转移任务的同时，应当注重工业项目的规模和环境承载能力，尤其对于倾向于特色资源开发的县域，应转变县域经济工业化发展的方式，注重资源开发的工程技术含量。总体而言，各个县域单位应当基于比较优势的原则，依照地方实际情况，适当形成农业生产或加工、矿产资源的开发或利用、工业技术运用、旅游资源开发等具有地方特色的产业模式，通过特色产业带动县域的贸易发展。

（三）对外合作配套设施和服务能力有待改进

相对于东部与中部地区，西部地区的市场化程度还相对较弱。作为对外合作的基础，交通可达性、通商口岸的建设等硬件基础方面，金融服务体系、商贸资讯服务机构等软环境设施方面，与东部，乃至中部存在一定的差距。特别是在西部县域特色贸易通关政策方面，由于企业对通关制度的理解及应对能力有限，很大幅度上依赖于通关服务代理企业，不利于国际贸易的长期良性发展，政策服务模式还需不断探索。

加强西部重点开放区域的跨境通道建设以及城际之间的交通可达程度，从而降低西部地区出口企业发展以及产品进口贸易的物流运输成本。构筑以线串为起点、由点及面的西部均衡发展的开放经济格局。同时，将西部符合条件的区域纳入海关、检验检疫等物流功能建设规划中，优化西部地区国际物流布局，使西部地区南向城市和通道逐渐发展形成西部地区重要的开放型国际经济物流走廊，构筑以线串为起点、由点及面的西部均衡发展的开放经济格局。

探索更为规范化和便利化的贸易通关政策，不断优化国际营商环境势在必行。在国家层面，支持西部地区自贸区的税收制度改革创新，综合考虑有效运用自贸区税收减免和财政补贴等一系列优惠措施，降低自贸区内企业经营成本，形成具有国际市场竞争力的自贸区税制改革发展环境（卢伟，2018）。深入推进通关改革政策，加强自贸区国际贸易的“单一窗口”①建设，实现一点接入、共享共用、免费申报。例如，广西与菲律宾和新加坡之间的点对点式通关政策建设，强化了国际通关合作，促进了国家之前的信息互换、监督互认和执法互助。同时，推进跨境运输的便利化，进一步探索铁路航空联运及多式联运“一单制”②创新机制，依托“渝新欧”等中欧国际班列探索和构建陆上自由贸易结算管理规则，建立和完善自贸区适应内陆商品转口贸易和商品加工进出口贸易的便利化结算管理机制。

（四）充分发挥西部强县的带动作用

当前，人口的自然集聚使西部地区百万人口级别的县级行政区不断涌现，但人口优势还未转化为经济优势，也未能充分发挥其对周边区域的带动作用。要充分发挥强县的带动作用，需要做好以下两个方面：第一，可以在同一省份内，实施强县与欠发达县的“一对一”扶持政策，如人才、产业、技术等方面的扶持计划，加大新型产业经济合作，发展新型现代特色经济主导产业，壮大新型民营经济综合实力。第二，强化优秀强县对欠发达县的治理经验传播，如借鉴成德绵全面推进深化创新驱动改革的试验核心单位和区域多年探索的创新经验，结合当地特色，统筹推进科技、管理、品牌、组织、商业模式创新，探索营造大众创业、万众创新的经济政策和社会制度创新环境。

还要进一步强化重庆、成都、西安、昆明、南宁、乌鲁木齐等西部区域经济建设重点城市在外贸开放要素建设中的龙头引领和支撑带动作用。

二、“一带一路”倡议与西部县域对外开放战略的转变

（一）“一带一路”与西部经济群建设

2013 年 9 月，中国提出“一带一路”经济蓝图，试图通过政策沟通、设施联通、贸

① 参与国际贸易和运输的各方，通过单一的平台提交标准化的信息和单证以满足相关法律法规及管理的要求。

② 针对铁路运输与海路运输、公路运输等不同运输方式之间物流单据形式不统一、信息不共享、缺乏融资功能、不能跨境互认等问题，国际陆港公司、银行和法院等相关部门，在“一带一路”国际多式联运全程物流服务模式的基础上，探索的贸易融资新规则，实施“国际物流+金融创新”合作。

易畅通、资金融通、民心相通等途径，与多国共造互联互通的欧亚经济带。“一带一路”沿线共 53 个国家、94 个城市，约 44 亿人，经济总量高达 21 万亿（美元）。“一带一路”在中国境内分别为向南通道和向西通道，贯穿中国西部大部分地区，对中国西部地区的经济发展具有重要的战略意义。由于中国西部地区内的巨大差异，特别是西部地区长期以来在对外开放与模式创新方面较为滞后的情况下，完全均衡的发展模式显然还不太现实。根据不平衡发展理论，在经济资源有限的情况下，中国西部地区可以通过“点→线→面→整个区域”的路径，优先发展西部重点经济带（经济群），即先通过重点区域、重点口岸、重要交通节点，促进产业的集聚效应，再形成区域经济扩散效应（郑长德，2017），达到共同发展的目标。

2018 年 11 月，中央发布了《中共中央 国务院关于建立更加有效的区域协调发展新机制的意见》，明确了优先发展成渝经济带、关中平原经济带。通过经济带之间的经济与贸易的发展促进更广阔范围的发展，如关中平原经济带南下与成渝经济带相连，可以促进起沿途的宝鸡、汉中、广元、绵阳、德阳等城市的经济联系；同理，成渝经济带既可通过长江，向东加强与长三角地区的经济联系，又可南下与黔中经济区融合。在此基础上，大力发展新疆、云南、广西等口岸建设，可以极大地改善物流和通关能力，促进边贸的发展；还应根据《中共中央 国务院关于新时代推进西部大开发形式新格局的指导意见》，充分发挥经济带的合作交流功能。

（二）西部县域开放的战略转变

1. 完善西部区域开放的总体规划

在国家“一带一路”的总体布局下，中国西部地区如何才能融入这一伟大战略，并推动当地经济的发展？首先，各地区、各层级需要进行科学合理的规划，做到地区规划与国家规划衔接，县域规划与地区规划衔接（薛伟贤和顾菁，2016）。在国家政策层面，可以推动海关总署在西部“一带一路”重要地区推行国际贸易“单一窗口”标准化与智能化建设，提高效率。在交通与物流方面，可以加大重要区域的路网建设。例如，推进中欧通道的通行能力并降低运输成本；推进澜沧江—湄公河国际航运、中越红河水运通道、中缅陆水联运通道；加快口岸设施的基础建设；打造一批具有多式联运功能的大型综合物流基地。

西部县域是西部地区组成的基础，既包含经济基础较好的城市周边区域，也包含远离经济中心的欠发达地区。对此，应分类制定发展规划。经济基础与交通状况较好的区域，可在一定程度上加大加工贸易与外商投资的扶持力度；在积极吸纳东部沿海转移产业的同时，充分发挥比较优势，做到东西经济的互补，并形成良好的互动效应和集聚效应。自然条件较差但人口密度大的区域，可以通过改善交通状况，降低物流成本，促进劳动力等要素流动等途径，打造具有本地特色与比较优势的产业，如特色农业；并通过加大重点农产品产区的冷链物流工程建设，鼓励东部农产品出口企业整合西部地区资源，提高深加工水平；还可以通过技术培训等方式，改善地区的人力资源，促进区域整体劳动力水平的提升，见图 5-3。自然条件差且人口密度较小的县市，应在条件允许的情况下，应逐步实行人口集中政策，减少因人员分散而引起的基础建设投资增加与经济效应下降。对于重要边贸地区，可以通过改善通关条件，加强人员交流等政策促进贸易的发展。

图 5-3　职业培训与人力资源提升

资料来源：城口新闻网

2. 创新开放模式与支持跨境电商

改善基础设施是促进西部经济发展与对外开放的重要举措。但是，作为西部经济的重要基础，县市还可以从开放模式等方面进行大量创新，如借鉴并创新外资融资模式。借鉴东部开放经验，从微观项目与企业角度出发，通过项目融资、经营模式创新、国有经济改革等方式促进融资创新与模式创新，如 BOT（build-operate-transfer，建设–经营–转让）项目融资模式、TOT（transfer-operate-transfer，转让–经营–转让）融资模式、PPP（public-private partnership，政府和社会资本合作）模式、外资并购模式。BOT 项目融资模式，即建设→经营→转让模式；这种模式允许外资直接参与基础设施建设，在外资经营一定的年限后，转让给当地政府或国有公司；既能缓解基础建设投资的融资约束，又能学习国外的管理模式。TOT 融资模式，即转让→经营→转让模式；这种模式将建设完成的项目以一定期限经营权有偿转让给外资，并由其进行管理，期限结束后由政府或国有公司收回，这种模式能缓解基础建设的资金流情况，也能改善管理和经营效率。PPP 模式，即政府部门（或国有公司）与私营部门、外商资本合作，共同参与基础建设并提供服务，充分发挥各方优势（毛中根和杨荷，2019）。外资并购模式，即鼓励外资参与部分国有企业改制和股权转让，属于国企改革内容范畴。

互联网经济与物流网络的发展，极大地缩小了不同地区之间的认识差异与交流障碍，通过互联网宣传、通过互联网促销，甚至通过互联网进行经济模式创新也成为可能（图 5-4）。

图 5-4　跨境电子商务

资料来源：成都在线

3. 加强制度建设与改善投资环境

要改变西部各地区之间的差异，还应着眼于制度与商业环境建设。加大对外开放也不仅仅是促进加工贸易一种方式。加大对外开放，还应在制度与投资环境方面进行改革。2010 年 4 月，国家发布了《国务院关于进一步做好利用外资工作的若干意见》，鼓励在中西部地区对外资银行开放业务。但是，近年来西部地区在金融开放方面严重滞后于其他地区。中国银行保险监督管理委员会数据显示，截至 2019 年 6 月，西部仅有成都、重庆、乌鲁木齐和昆明 4 个城市拥有外资银行分行，详见表 5-7。外资和贸易较为活跃的西安、南宁等城市均无外资银行分行，极大地限制了外商活动与融资约束。鉴于此，可以通过金融开放的方式促进外商投资，大力支持重点城市和口岸的外资银行进入，如西安、喀什、南宁、贵阳等，为进一步对外开放创造条件。

表 5-7　西部地区外资银行情况

城市	外资银行	来源
成都	第一商业银行	中国台湾
重庆	加拿大丰业银行	加拿大
乌鲁木齐	哈比银行	巴基斯坦
昆明	马来亚银行	马来西亚
	泰京银行	泰国

资料来源：作者根据中国银行保险监督管理委员会数据整理

参考文献

李陶钧. 2019-01-11. 广西东兴国家重点开发开放试验区带动明显. https://fcg.loupan.com/html/news/201901/3680203.html.

李永才. 2018. 中国县域经济开放度与增长研究. 吉林大学博士学位论文.
卢伟. 2019. 如何加大西部开放力度——基于外贸的视角. 经济研究参考，2921（1）：22-30，47.
吕朝辉. 2015. 当代中国陆地边疆治理模式创新研究. 云南大学博士学位论文.
毛中根，杨荷. 2019. 推进西部地区高水平开放的对策建议. 开放导报，203（2）：28-31.
秦永章. 2003. 元明清时期甘宁青地区多民族格局的形成及其演变. 中国社会科学院博士学位论文.
孙发锋. 2011. 从条块分割走向协同治理——垂直管理部门与地方政府关系的调整取向探析. 广西社会科学，（4）：109-112.
万丽娟，陈爽，石蕊. 2011. 20 西部地区 FDI 贸易效应中存在的问题及对策. 重庆大学学报（社会科学版），（5）：21-24.
王洁. 2006. 后发优势与后发劣势——新世纪西部地区经济发展战略分析. 长春师范学院学报，（8）：98-102.
王少平，封福育. 2006. 外商直接投资对中国贸易的效应与区域差异：基于动态面板数据模型的分析. 世界经济，（8）：25-32.
王亚华，胡鞍钢. 2007. 从五大资本比较看中国经济追赶美国. 经济社会体制比较，（1）：29-35.
王允武. 1993. 加快民族地区边贸发展的法律思考. 西北第二民族学院学报（哲学社会科学版），（2）：15-20.
薛伟贤，顾菁. 2016. 西部高新区产业选择研究——基于“一带一路”建设背景. 中国软科学，（9）：73-87.
赵燕，张成虎. 2015. 西部地区经济重心与对外贸易重心空间演化路径研究——基于 1999~2013 年区域面板数据分析. 西藏大学学报，（3）：62-70.
郑长德. 2017. 开放带动：“一带一路”建设与西部地区的经济发展. 南开学报（哲学社会科学版），（3）：45-54.
朱廷珺，孙睿. 2016. “一带一路”沿线西部省份开放型经济运行效率研究. 经济经纬，33（2）：7-12.
Fujita M，Krugman P，Venables A J. 2011. The spatial economy：cities，regions，and international trade. MIT Press Books，1（1）：283-285.
Head K，Head L K，Ries J. 2001. Overseas investment and firm exports. Review of International Economics，9（1）：108-122.
Xu B . 2010. The sophistication of exports：is China special? China Economic Review，21（3）：482-493.

第六章　共享发展：西部县域民生改善

与其他区域相比，西部地区自然地理条件复杂，民族人口聚居区多且经济发展相对滞后，因此西部地区民生改善的任务更重。我国全面建设小康社会及精准扶贫等一系列方针政策的落地，极大改善了西部地区特别是农村居民的民生状况。2013~2017 年，西部地区农村居民人均可支配收入由 7 436.6 元增加至 10 828.6 元，累计增幅达 45.6%。从县域层面观察，西部地区各县（市、区）之间民生状况的差异依然明显，西部县域民生改善依然存在基础设施建设、公共服务供给等方面的问题。在新时代西部开发开放的有利发展环境中，应积极总结西部有关地区县域民生改善的成功经验，探索在全面建成小康社会基础上进一步促进西部县域民生改善的路径和措施。

第一节　发展现状

一、非农就业

第一，2017 年西部各县级行政区非农产业从业人员数的中位数是 52 810 万人，即若不考虑少量数据缺失的地区，在 903 个西部县级行政区中有半数地区非农从业人员数少于 5.28 万人，这些多为人口较少或非农经济发展水平相对较低的地区，居民收入构成中工资性收入可能总体较低。分省级行政区观察，重庆的县域非农就业规模总体最大，其次是四川和贵州，且这三个省级行政区的县级行政区之间非农就业规模差异较为明显；其他各省级行政区的县级行政区非农就业规模差异不大，西藏、青海、新疆的县域非农就业规模最小（图 6-1）。

第二，2017 年，西部县域非农产业从业人员数最多的五个县级行政区是四川简阳市、重庆江津区、新疆莎车县、四川双流区和新都区，非农从业人员分别约为 98.1 万人、86.6 万人、70.0 万人、63.9 万人和 62.1 万人（表 6-1）。非农产业从业人员数是劳动年龄人口、非农经济发展情况及劳动参与情况等的综合反映，排名前 5 位中，四川有 3 个地区，也是四川人口与经济现状的体现。2017 年末四川常住人口达到 8 302 万人，城镇化率达到 50.79%；简阳市、双流区常住人口分别达到 104.8 万人和 139.9 万人，新都区常住人口虽较少（90.1 万人），但其城镇化率达到 68.2%，较简阳市的 43.7%高 24.5 个百分点。

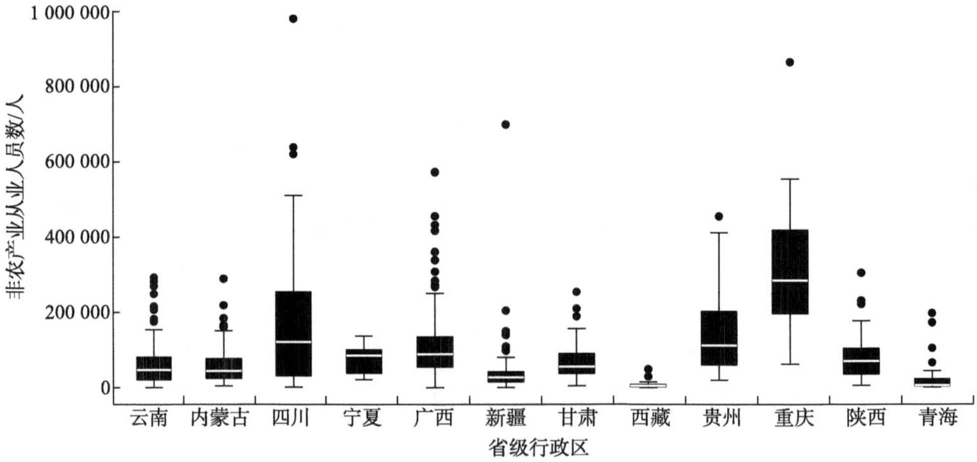

图 6-1　西部各省级行政区县域非农产业从业人员数箱形图

表 6-1　2017 年西部县域非农产业从业人员数排名前 50 位

排名	所在省级行政区	县级行政区	非农产业从业人员/人	排名	所在省级行政区	县级行政区	非农产业从业人员/人
1	四川	简阳市	980 598	21	四川	三台县	413 500
2	重庆	江津区	865 688	22	贵州	七星关区	411 911
3	新疆	莎车县	699 482	23	贵州	黔西县	410 153
4	四川	双流区	639 260	24	四川	隆昌市	404 400
5	四川	新都区	620 689	25	四川	南部县	389 317
6	广西	桂平市	572 569	26	重庆	忠县	386 260
7	重庆	开州区	555 000	27	四川	宣汉县	380 898
8	重庆	云阳县	522 099	28	四川	金堂县	379 800
9	四川	仁寿县	511 453	29	贵州	播州区	377 604
10	重庆	綦江区	488 397	30	四川	富顺县	376 521
11	四川	中江县	459 785	31	四川	大竹县	374 515
12	广西	博白县	455 550	32	四川	射洪县	373 144
13	贵州	盘州市	455 501	33	四川	都江堰市	367 998
14	重庆	合川区	454 507	34	重庆	垫江县	366 770
15	重庆	永川区	436 115	35	四川	仪陇县	363 100
16	广西	灵山县	432 477	36	广西	北流市	361 109
17	四川	崇州市	432 400	37	四川	达川区	356 400
18	四川	渠县	420 000	38	四川	江油市	355 400
19	重庆	大足区	419 283	39	四川	营山县	354 691
20	广西	平南县	417 133	40	四川	宜宾县	354 100

续表

排名	所在省级行政区	县级行政区	非农产业从业人员/人	排名	所在省级行政区	县级行政区	非农产业从业人员/人
41	四川	阆中市	353 311	46	贵州	正安县	338 329
42	四川	资中县	350 400	47	重庆	荣昌区	325 886
43	四川	郫都区	339 673	48	四川	邛崃市	311 760
44	广西	宾阳县	339 454	49	广西	陆川县	308 746
45	四川	泸县	339 397	50	陕西	长安区	305 483

注：云南陆良县、西藏那曲县（2017 年 7 月国务院同意西藏自治区撤销那曲地区和那曲县，设立地级那曲市和色尼区，以原那曲县的行政区域为色尼区的行政区域）、新疆乌鲁木齐县、新疆温泉县、广西江洲区共 5 个县级行政区数据缺失

第三，2017 年非农产业从业人员数排名西部前 50 位的县级行政区分布不均衡，最多的是四川，共有 26 个，占四川县级行政区总数的 18.57%（以《中国县域统计年鉴 2018》中 903 个西部县级行政区为准）。拥有前 50 位县级行政区第二多的是重庆，共有 10 个，占重庆县级行政区总数的 38.5%。可见，四川县级行政区数量和人口数量较多、重庆县域非农经济发展状况好分别是两个省级行政区县域非农就业规模较大的主要原因。广西、贵州分别有 7 个和 5 个县级行政区进入前 50 位，分别占各自县级行政区总数的 8.6%和 6.4%；陕西和新疆各 1 个，分别占各自县级行政区总数的 1.2%（图 6-2）。四川是西部人口最多且经济规模最大的省级行政区，2017 年四川地区生产总值约 3.7 万亿元，排名西部第一；2017 年重庆市地区生产总值为 1.9 万亿元，第二和第三产业增加值占比达到 93.4%，排名西部第一。县域非农就业是居民收入的重要来源，四川和重庆县域非农就业规模较大也是两个省级行政区民生状况的体现。

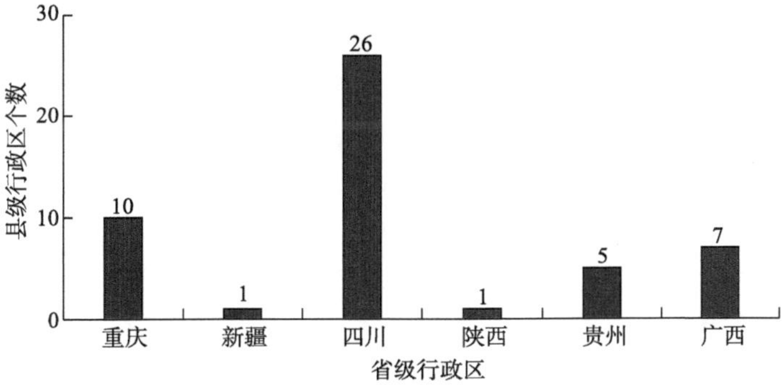

图 6-2　西部各省级行政区中非农产业从业人员数排名西部前 50 位的县级行政区个数

第四，2017 年非农产业从业人员数排名西部前 10 位的县级行政区中，重庆綦江区第二产业从业人员数占非农产业从业人员数比重最大，为 61.6%；新疆莎车县第三产业从业人员数占非农产业从业人员数比重最大，为 93.7%；其他各县级行政区第二产业从业人员数占非农产业从业人员数比重在 35%~50%（图 6-3）。可见，尽管这些县级行政区非农产业从业人员规模都较大，但非农就业结构的差异仍然明显。

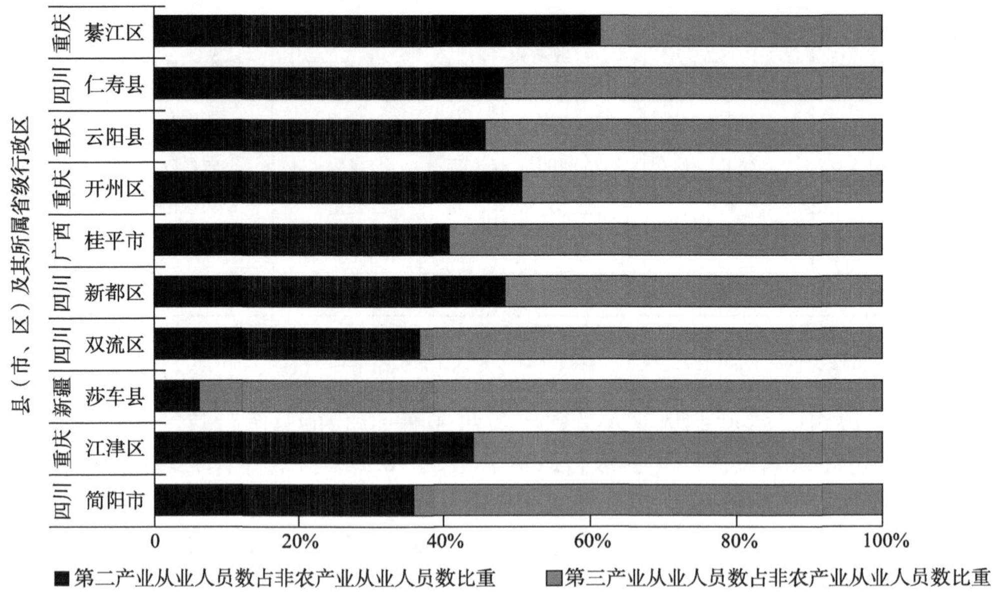

图 6-3　西部县域非农产业从业人员数排名前 10 位的县级行政区非农就业结构

二、居民储蓄

第一，2017 年西部各县级行政区居民人均储蓄存款余额的中位数是 19 983 元（人均指标按照户籍人口计算），即若不考虑少量数据缺失的地区，在 903 个西部县级行政区中有半数地区居民人均储蓄存款余额少于 19 983 元。各省级行政区县域居民人均储蓄存款余额总体差异不大，广西、贵州的县级行政区之间的居民储蓄差异较小，西藏县域居民储蓄总体较少（图 6-4）。

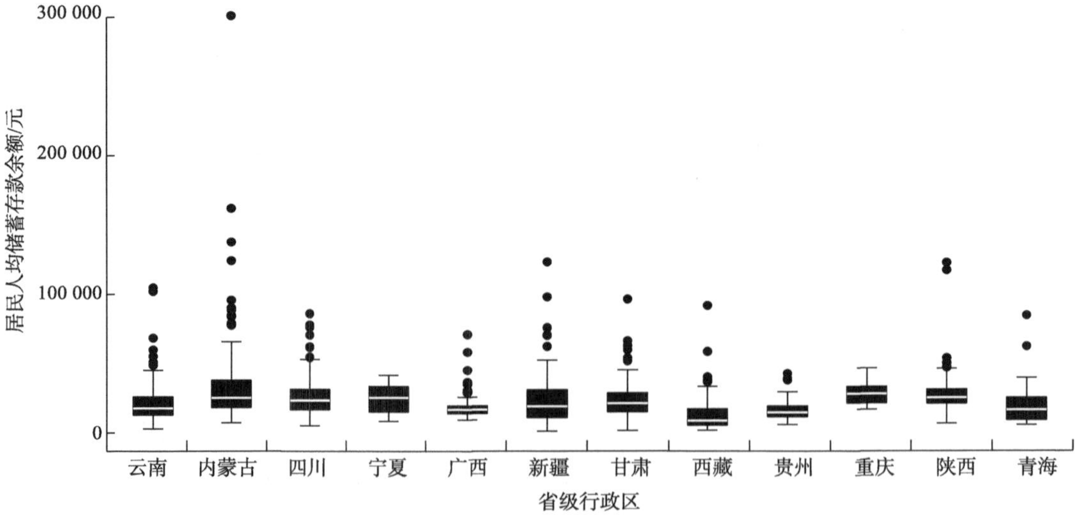

图 6-4　西部各省级行政区县域居民人均储蓄存款余额箱形图

第二，2017 年，西部县域居民人均储蓄存款余额最多的 5 个县级行政区是内蒙古的东胜区、二连浩特市、伊金霍洛旗、阿拉善左旗和新疆的奎屯市，居民人均储蓄存款余额分别约为 30.1 万元、16.2 万元、13.8 万元、12.4 万元和 12.4 万元（表 6-2）。一般情况下，居民储蓄存款余额与居民收入存在正向关系，排名前 5 位中内蒙古有 4 个地区，表明内蒙古县域居民储蓄和收入情况相对较好。2017 年内蒙古居民人均可支配收入为 2.62 万元，排名西部第一，高于全国的 2.60 万元。2017 年居民人均储蓄存款余额排名西部前 50 位的县级行政区分布不均衡，最多的是内蒙古，共有 13 个，占内蒙古县级行政区总数的 15.48%。其次拥有前 50 位县级行政区较多的是四川和西藏，分别有 10 个和 9 个，分别占其县级行政区总数的 7.14%和 12.33%。甘肃、云南、陕西、青海、广西分别有 6 个、5 个、3 个、2 个和 2 个，分别占其县级行政区总数的 7.89%、4.17%、3.45%、5.13%和 2.47%（图 6-5）。

表 6-2　西部县域居民人均储蓄存款余额排名前 50 位

排名	所在省级行政区	县级行政区	人均储蓄/元	排名	所在省级行政区	县级行政区	人均储蓄/元
1	内蒙古	东胜区	300 933	26	新疆	昌吉市	70 818
2	内蒙古	二连浩特市	162 060	27	四川	双流区	70 792
3	内蒙古	伊金霍洛旗	137 750	28	新疆	伊州区	70 245
4	内蒙古	阿拉善左旗	124 476	29	云南	安宁市	68 573
5	新疆	奎屯市	123 537	30	甘肃	肃北蒙古族自治县	66 409
6	陕西	府谷县	122 946	31	内蒙古	霍林郭勒市	65 894
7	陕西	神木市	117 487	32	甘肃	西峰区	62 917
8	云南	瑞丽市	104 899	33	新疆	乌鲁木齐县	62 392
9	云南	呈贡区	102 129	34	青海	德令哈市	62 361
10	新疆	北屯市	98 009	35	四川	新津县	62 320
11	甘肃	敦煌市	96 336	36	四川	都江堰市	61 845
12	内蒙古	准格尔旗	95 682	37	云南	思茅区	60 018
13	西藏	巴宜区	91 740	38	甘肃	肃州区	59 912
14	内蒙古	集宁区	90 179	39	西藏	达孜县	58 722
15	内蒙古	锡林浩特市	88 456	40	广西	凭祥市	58 389
16	四川	温江区	86 014	41	内蒙古	临河区	56 269
17	内蒙古	鄂托克旗	84 693	42	云南	大理市	55 355
18	青海	格尔木市	84 573	43	四川	峨眉山市	54 818
19	内蒙古	额济纳旗	83 867	44	四川	康定市	54 534
20	内蒙古	海拉尔区	79 023	45	甘肃	临夏市	54 112
21	四川	新都区	77 922	46	陕西	韩城市	53 944
22	内蒙古	满洲里市	77 780	47	四川	广汉市	53 167
23	四川	郫都区	76 319	48	新疆	阿克苏市	52 440
24	新疆	五家渠市	75 842	49	甘肃	阿克塞哈萨克族自治县	51 902
25	广西	东兴市	71 162	50	四川	崇州市	51 869

注：贵州水城县、贵州万山区、西藏江达县、西藏洛扎县、西藏安多县、西藏日土县、西藏革吉县、陕西甘泉县、甘肃和政县、新疆精河县、新疆温泉县、广西邕宁区、广西临桂区、新疆阿拉山口市数据缺失

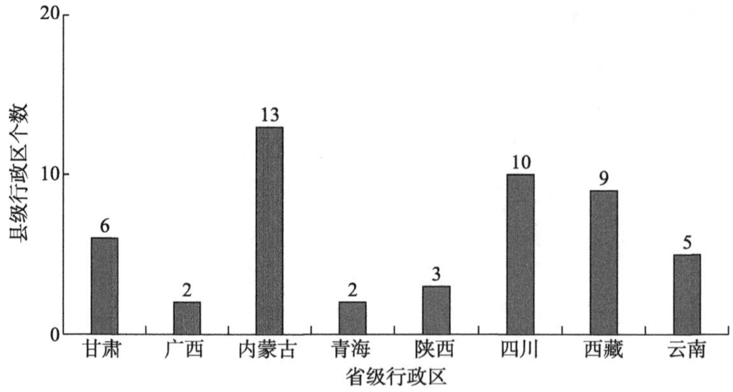

图 6-5　西部各省级行政区中居民人均储蓄余额排名西部前 50 位的县级行政区个数

三、公共财政支出

第一，2017 年西部各县级行政区公共财政支出收入比的中位数是 6，即若不考虑少量数据缺失的地区，在 903 个西部县级行政区中有半数地区公共财政支出是公共财政收入的 6 倍。公共财政支出多于公共财政收入，可能是政府在公共服务领域加大投入或财政收入能力不足等的体现，西部地区县域经济发展总体滞后，且近年来基础设施和公共服务供给不断加强都是可能的原因。分省级行政区观察，西藏、青海的县域公共财政支出收入比相对最高，且县级行政区之间公共财政收入支出有较明显差异。这两个省级行政区地处青藏高原之上，各方面公共服务成本颇高，自然地理条件和历史原因作用下县域财政收入远无法满足需要。重庆的县域公共财政支出收入比相对最低，且县级行政区公共财政支出收入比差异不大，表明重庆市县域财政收入能力相对较强（图 6-6）。

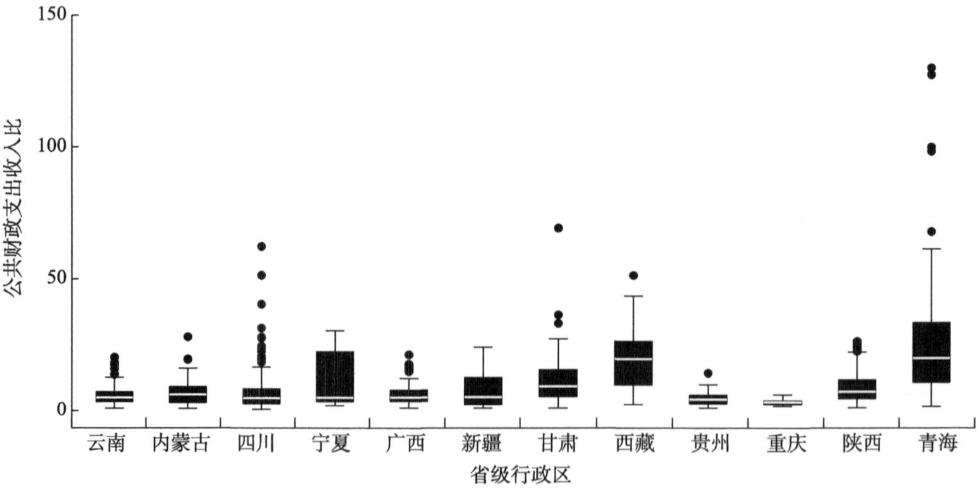

图 6-6　西部各省级行政区县域公共财政支出收入比箱形图

第二，2017 年，西部县域公共财政支出收入比最高的 5 个县级行政区是青海的杂多县、囊谦县、称多县、玛多县和甘肃碌曲县，公共财政支出收入比分别约为 130.04、127.48、99.94、98.44 和 69.31（表 6-3）。排名前 5 位中青海有 4 个地区，是青海经济发展相对滞后以及县域财政收入能力不足的反映。2017 年青海地区生产总值为 2 624.83 亿元，在西部仅高于西藏的 1 310.92 亿元；同年青海地方一般公共预算收入仅为 246.2 亿元，在西部也仅高于西藏的 185.83 亿元。2017 年西部各省级行政区中，公共财政支出收入比排名西部前 50 位的县级行政区最多的是西藏，共有 20 个，占西藏县级行政区总数的 27.40%。排名第 2 位的是青海，共有 12 个，占青海县级行政区总数的 30.77%。四川、甘肃、陕西、宁夏和内蒙古分别有 7 个、5 个、3 个、2 个和 1 个县级行政区进入前 50 位，分别占各自县级行政区总数的 5.0%、6.58%、3.49%、1.67%和 1.23%（图 6-7）。可见，西藏和青海县域公共财政支出收入比总体最高，青藏高原上县域公共财政支出需求和公共财政收入压力之间存在明显的矛盾。

表 6-3　西部县域公共财政支出收入比排名前 50 位

排名	所在省级行政区	县级行政区	公共财政支出收入比	排名	所在省级行政区	县级行政区	公共财政支出收入比
1	青海	杂多县	130.04	26	青海	久治县	31.48
2	青海	囊谦县	127.48	27	四川	德格县	31.37
3	青海	称多县	99.94	28	西藏	浪卡子县	31.07
4	青海	玛多县	98.44	29	青海	甘德县	30.79
5	甘肃	碌曲县	69.31	30	宁夏	西吉县	30.46
6	青海	曲麻莱县	68.01	31	西藏	聂拉木县	29.57
7	四川	壤塘县	62.37	32	宁夏	隆德县	28.03
8	青海	泽库县	61.40	33	内蒙古	四子王旗	27.98
9	四川	石渠县	51.30	34	四川	若尔盖县	27.94
10	西藏	康马县	51.29	35	西藏	洛扎县	27.92
11	青海	治多县	50.92	36	四川	红原县	27.61
12	西藏	定结县	43.50	37	甘肃	舟曲县	27.37
13	青海	班玛县	43.12	38	西藏	边坝县	27.16
14	西藏	萨嘎县	41.86	39	西藏	白朗县	26.93
15	西藏	班戈县	40.88	40	西藏	那曲县	26.79
16	四川	阿坝县	40.36	41	西藏	错那县	26.75
17	青海	达日县	39.60	42	西藏	安多县	26.54
18	西藏	巴青县	37.24	43	陕西	绥德县	26.26
19	西藏	索县	36.83	44	陕西	淳化县	26.26
20	甘肃	东乡族自治县	36.35	45	西藏	仲巴县	26.16
21	青海	河南蒙古族自治县	33.46	46	西藏	措勤县	26.03
22	西藏	尼玛县	33.16	47	甘肃	张家川回族自治区	25.31
23	甘肃	临潭县	33.12	48	西藏	革吉县	25.27
24	西藏	南木林县	33.09	49	陕西	佳县	25.17
25	西藏	申扎县	32.64	50	四川	新龙县	24.53

注：西藏堆龙德庆区、岗巴县、扎囊县、比如县、聂荣县数据缺失

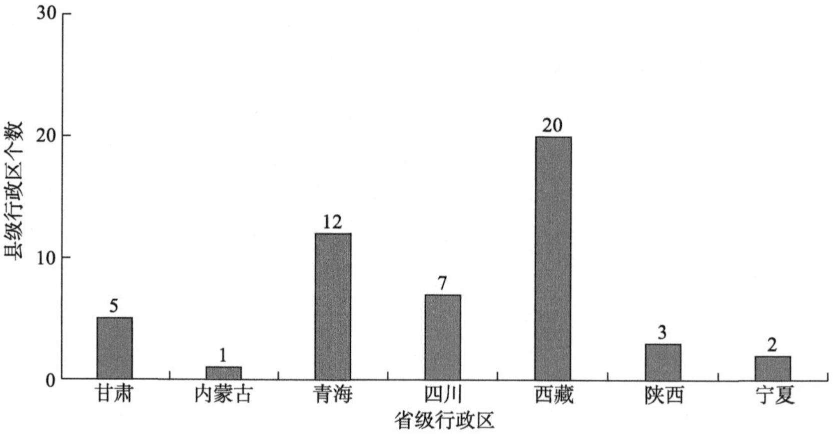

图 6-7　西部各省级行政区中公共财政支出收入比排名西部前 50 位的县级行政区个数

第三，2017 年，西部县域公共财政支出收入比最低的 5 个县级行政区是四川的邛崃市、新都区，内蒙古的乌审旗，以及四川的都江堰市、甘孜县，公共财政支出收入比分别约为 0.48、0.64、0.83、0.93 和 0.94（表 6-4）。排名前 5 位中四川有 4 个地区，表明四川经济发展和财政收支的良好状况，且其中 3 个地区是成都市所辖。2017 年四川地方一般公共预算收入 3 577.99 亿元，排名西部第一；同年成都市地区生产总值达到 1.39 万亿元，占四川地区生产总值的 37.6%，成都市地方一般公共预算收入 1 275.5 亿元，占四川省地方一般公共预算收入的 35.6%。2017 年西部各省级行政区中，公共财政支出收入比排名西部后 50 位的县级行政区最多的是四川，共有 15 个，占四川县级行政区总数的 10.71%。排在其后的是新疆和内蒙古，各有 9 个，分别占其县级行政区总数的 10.47%和 10.71%。贵州、陕西、云南、甘肃、广西分别有 6 个、4 个、3 个、1 个和 1 个县级行政区进入后 50 位，分别占各自县级行政区总数的 7.69%、4.60%、2.50%、1.32%和 1.23%（图 6-8）。可见，四川、新疆和内蒙古对县域民生改善的公共财政支撑能力较强。

表 6-4　西部县域公共财政支出收入比排名后 50 位

排名	所在省级行政区	县级行政区	公共财政支出收入比	排名	所在省级行政区	县级行政区	公共财政支出收入比
1	四川	邛崃市	0.48	11	四川	黑水县	0.99
2	四川	新都区	0.64	12	贵州	安龙县	1.00
3	内蒙古	乌审旗	0.83	13	新疆	铁门关市	1.00
4	四川	都江堰市	0.93	14	四川	峨眉山市	1.01
5	四川	甘孜县	0.94	15	内蒙古	西乌珠穆沁旗	1.02
6	云南	呈贡区	0.94	16	内蒙古	托克托县	1.07
7	内蒙古	商都县	0.97	17	内蒙古	准格尔旗	1.07
8	四川	松潘县	0.97	18	内蒙古	伊金霍洛旗	1.08
9	甘肃	环县	0.98	19	陕西	南郑区	1.09
10	贵州	兴义市	0.99	20	广西	临桂区	1.15

续表

排名	所在省级行政区	县级行政区	公共财政支出收入比	排名	所在省级行政区	县级行政区	公共财政支出收入比
21	新疆	石河子市	1.16	36	内蒙古	霍林郭勒市	1.36
22	陕西	志丹县	1.19	37	贵州	仁怀市	1.37
23	陕西	神木市	1.22	38	内蒙古	锡林浩特市	1.37
24	贵州	龙里县	1.23	39	四川	温江区	1.39
25	内蒙古	东胜区	1.25	40	陕西	黄陵县	1.41
26	云南	安宁市	1.25	41	四川	简阳市	1.44
27	陕西	吴起县	1.26	42	云南	澄江县	1.45
28	贵州	开阳县	1.28	43	新疆	霍尔果斯市	1.50
29	新疆	五家渠市	1.29	44	贵州	瓮安县	1.50
30	四川	绵竹市	1.31	45	新疆	阿拉尔市	1.51
31	四川	大邑县	1.31	46	四川	蒲江县	1.52
32	新疆	吉木萨尔县	1.33	47	新疆	北屯市	1.53
33	新疆	昌吉市	1.34	48	四川	郫都区	1.53
34	陕西	麟游县	1.34	49	四川	新津县	1.54
35	四川	石棉县	1.35	50	新疆	伊州区	1.55

注：西藏堆龙德庆区、岗巴县、扎囊县、比如县、聂荣县数据缺失

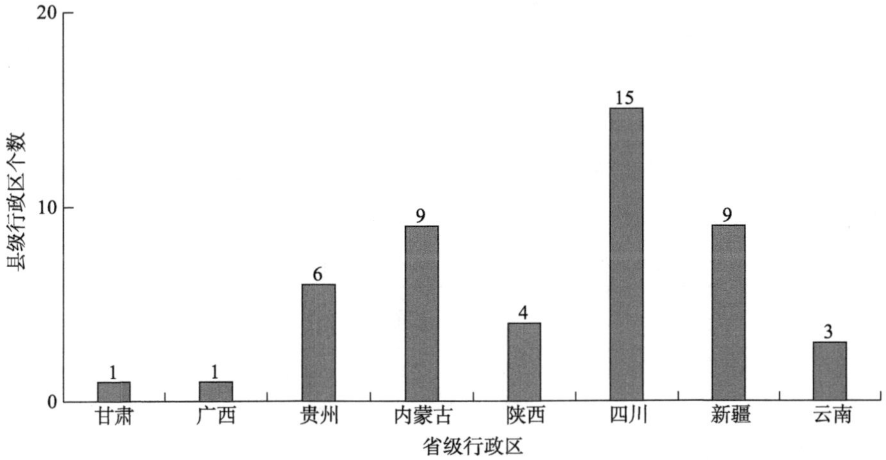

图 6-8 西部各省级行政区中公共财政支出收入比排名西部后 50 位的县级行政区个数

第四，2017 年西部各县级行政区人均公共财政支出的中位数是 9 022 元，即若不考虑少量数据缺失的地区，2017 年在 903 个西部县级行政区中有半数地区人均公共财政支出低于 9 022 元。分省级行政区观察，西藏、青海的县域人均公共财政支出相对最高，且县级行政区之间人均公共财政支出有明显差异。这两个省级行政区人口规模相对较小，2017 年西藏和青海年末人口数分别为 337 万人和 598 万人，位列西部倒数第一和倒数第二位。其次是新疆、内蒙古和宁夏，这几个省级行政区的县域人均公共财政支出较其他省级行政区高（图 6-9）。

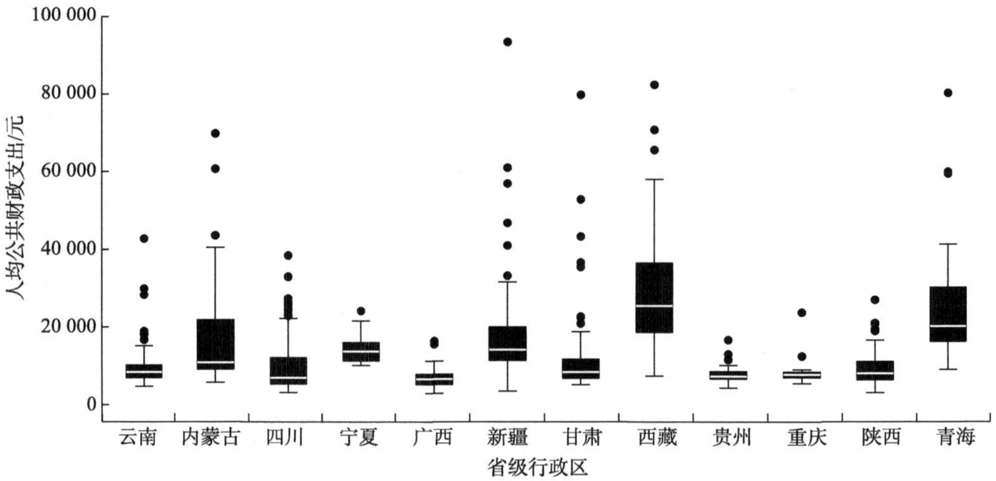

图 6-9 西部各省级行政区县域人均公共财政支出箱形图

第五，2017 年，西部县域人均公共财政支出最高的 5 个县级行政区是新疆塔什库尔干塔吉克自治县、西藏亚东县、青海玛多县、甘肃肃北蒙古族自治县和西藏岗巴县，人均公共财政支出分别约为 93 450 元、82 432 元、80 280 元、79 798 元和 70 853 元（表 6-5），均远高于西部 903 个县级行政区人均公共财政支出的平均数 13 154 元。2017 年西部各省级行政区中，人均公共财政支出排名西部前 50 位的县级行政区最多的是西藏，共有 20 个，占西藏县级行政区总数的 27.40%。排在其后的是内蒙古，共有 9 个，占内蒙古县级行政区总数的 10.71%。青海、新疆、甘肃、四川和云南分别有 6 个、6 个、5 个、3 个和 1 个，分别占其县级行政区总数的 15.38%、6.98%、6.58%、2.14%和 0.83%（图 6-10）。可见，西藏县域人均公共财政支出总体最高，内蒙古和青海的县域人均公共财政支出高于西部其他地区。

表 6-5 西部县域人均公共财政支出排名前 50 位

排名	所在省级行政区	县级行政区	人均公共财政支出/元	排名	所在省级行政区	县级行政区	人均公共财政支出/元
1	新疆	塔什库尔干塔吉克自治县	93 450	12	西藏	普兰县	58 124
2	西藏	亚东县	82 432	13	西藏	康马县	57 600
3	青海	玛多县	80 280	14	新疆	霍尔果斯市	56 959
4	甘肃	肃北蒙古族自治县	79 798	15	西藏	达孜县	55 259
5	西藏	岗巴县	70 853	16	西藏	日土县	54 568
6	内蒙古	二连浩特市	69 893	17	西藏	双湖县	54 532
7	西藏	墨脱县	65 687	18	西藏	聂拉木县	53 271
8	新疆	伊吾县	60 976	19	甘肃	阿克塞哈萨克族自治县	52 861
9	内蒙古	额济纳旗	60 703	20	西藏	札达县	50 577
10	青海	天峻县	59 911	21	西藏	错那县	46 900
11	青海	海晏县	59 484	22	新疆	吉木乃县	46 793

续表

排名	所在省级行政区	县级行政区	人均公共财政支出/元	排名	所在省级行政区	县级行政区	人均公共财政支出/元
23	西藏	定结县	45 678	37	内蒙古	伊金霍洛旗	37 723
24	西藏	洛扎县	45 651	38	西藏	申扎县	37 277
25	西藏	米林县	43 997	39	甘肃	碌曲县	36 663
26	内蒙古	阿拉善右旗	43 579	40	西藏	吉隆县	36 569
27	甘肃	肃南裕固族自治区	43 292	41	内蒙古	鄂托克旗	35 643
28	西藏	萨嘎县	43 114	42	甘肃	玛曲县	35 474
29	云南	德钦县	42 736	43	内蒙古	新巴尔虎左旗	35 134
30	西藏	仲巴县	41 316	44	西藏	朗县	33 506
31	青海	祁连县	41 305	45	新疆	民丰县	33 240
32	新疆	乌恰县	40 962	46	四川	得荣县	33 051
33	西藏	堆龙德庆区	40 605	47	四川	乡城县	32 929
34	内蒙古	新巴尔虎右旗	40 507	48	青海	河南蒙古族自治县	32 329
35	内蒙古	苏尼特左旗	38 627	49	内蒙古	鄂托克前旗	32 052
36	四川	稻城县	38 482	50	青海	曲麻莱县	31 943

注：新疆阿拉山口市数据缺失

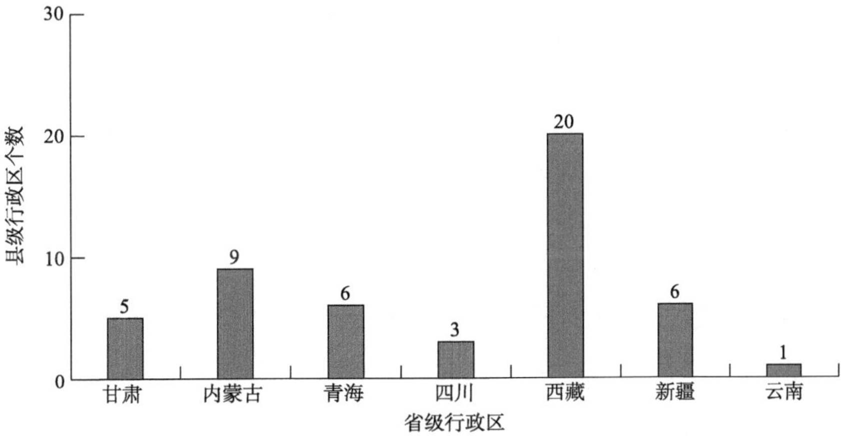

图 6-10 西部各省级行政区中人均公共财政支出排名西部前 50 位的县级行政区个数

四、公共服务

第一，2017 年西部各县级行政区每万人医疗卫生机构床位数的中位数是 42 床，即若不考虑少量数据缺失的地区，在 903 个西部县级行政区中有半数地区每万人医疗卫生机构床位数不足 42 床。社会医疗卫生服务是事关民生根本的最重要的公共服务之一，人均医疗卫生机构床位数是社会医疗卫生服务力量的反映之一。与其他区域相比，西部地区公共服务供给数量仍然不足，公共服务水平依然有待提高。分省级行政区观察，宁夏、广西的县级每万人医疗卫生机构床位数总体偏低且县级行政区间差异较小，西藏县域每万人医疗卫生机构床位数总体较低但内部区域差异较大（图 6-11）。

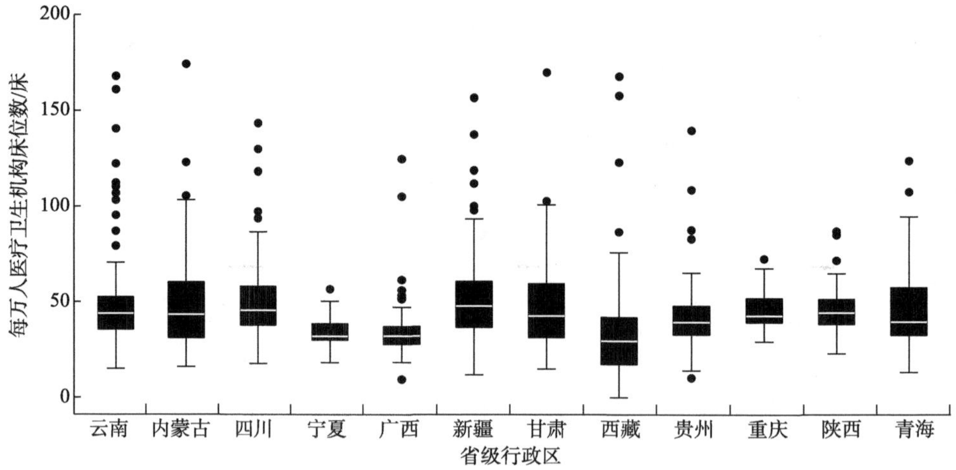

图 6-11 西部各省级行政区县域每万人医疗卫生机构床位数箱形图

第二，2017 年，西部县域每万人医疗卫生机构床位数最多的 5 个县级行政区是内蒙古东胜区、甘肃肃北蒙古族自治县、云南开远市、西藏噶尔县、云南思茅区，每万人医疗卫生机构床位数分别约为 174 床、170 床、168 床、168 床和 161 床（表 6-6）。2017 年西部各省级行政区中，每万人医疗卫生机构床位数排名西部前 50 位的县级行政区最多的是内蒙古、新疆和云南，各有 9 个，分别占其县级行政区总数的 10.71%、10.47% 和 7.50%。四川、青海和甘肃各有 5 个，分别占其县级行政区总数的 3.57%、12.82%和 6.58%。西藏、贵州和广西分别有 3 个、3 个和 2 个，分别占其县级行政区总数的 4.11%、3.85%和 2.47%（图 6-12）。可见，总体来说，青海、内蒙古和新疆县域医疗卫生服务相对较好。

表 6-6 西部县域每万人医疗卫生机构床位数排名前 50 位

排名	所在省级行政区	县级行政区	每万人医疗卫生机构床位数/床	排名	所在省级行政区	县级行政区	每万人医疗卫生机构床位数/床
1	内蒙古	东胜区	174	11	新疆	北屯市	138
2	甘肃	肃北蒙古族自治县	170	12	四川	温江区	130
3	云南	开远市	168	13	广西	右江区	125
4	西藏	噶尔县	168	14	青海	海晏县	124
5	云南	思茅区	161	15	西藏	墨脱县	123
6	西藏	巴宜区	158	16	内蒙古	海拉尔区	123
7	新疆	奎屯市	157	17	云南	大理市	122
8	四川	康定市	143	18	新疆	和田市	119
9	云南	安宁市	141	19	四川	马尔康市	118
10	贵州	碧江区	140	20	云南	楚雄市	112

续表

排名	所在省级行政区	县级行政区	每万人医疗卫生机构床位数/床	排名	所在省级行政区	县级行政区	每万人医疗卫生机构床位数/床
21	新疆	伊吾县	112	36	四川	都江堰市	97
22	云南	临翔区	110	37	内蒙古	霍林郭勒市	96
23	贵州	凯里市	109	38	云南	个旧市	95
24	青海	格尔木市	108	39	青海	同德县	95
25	云南	景洪市	107	40	四川	石棉县	94
26	内蒙古	乌兰浩特市	106	41	甘肃	临夏市	94
27	广西	金城江区	105	42	新疆	石河子市	93
28	内蒙古	磴口县	103	43	青海	德令哈市	91
29	云南	芒市	103	44	甘肃	华池县	91
30	甘肃	西峰区	103	45	新疆	伊宁市	90
31	甘肃	肃南裕固族自治区	101	46	内蒙古	临河区	90
32	新疆	喀什市	100	47	新疆	阿拉尔市	88
33	内蒙古	牙克石市	100	48	青海	贵德县	88
34	新疆	和布克赛尔蒙古族自治县	98	49	贵州	七星关区	88
35	内蒙古	陈巴尔虎旗	98	50	内蒙古	锡林浩特市	87

注：西藏墨竹工卡县、新疆阿拉山口市数据缺失

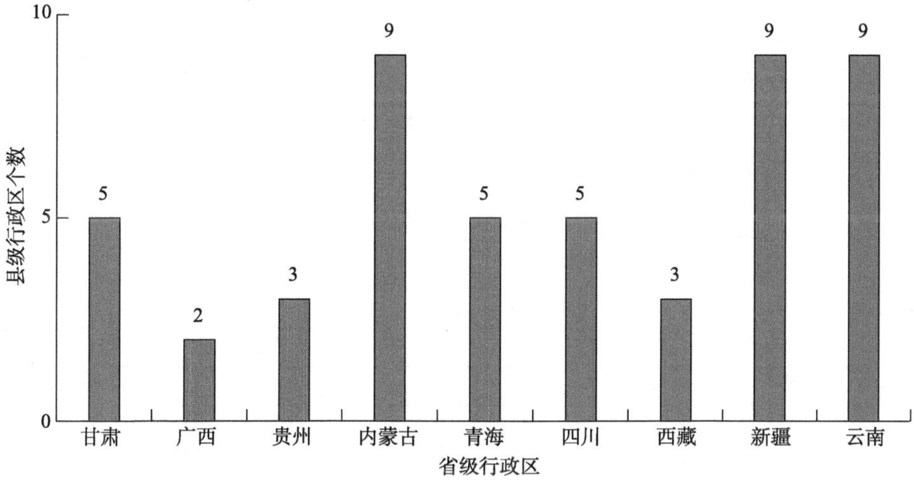

图 6-12　西部各省级行政区中每万人医疗卫生机构床位数排名西部前 50 位的县级行政区个数

第三，2017 年西部各县级行政区每万人各种社会福利收养性单位床位数的中位数是 11 床，即若不考虑少量数据缺失的地区，在 903 个西部县级行政区中有半数地区每万人各种社会福利收养性单位床位数不足 11 床。分省级行政区观察，西部各省级行政区县域每万人各种社会福利收养性单位床位数差距不大，但宁夏、广西各县级行政区之间每万人各种社会福利收养性单位床位数差异较小（图 6-13）。

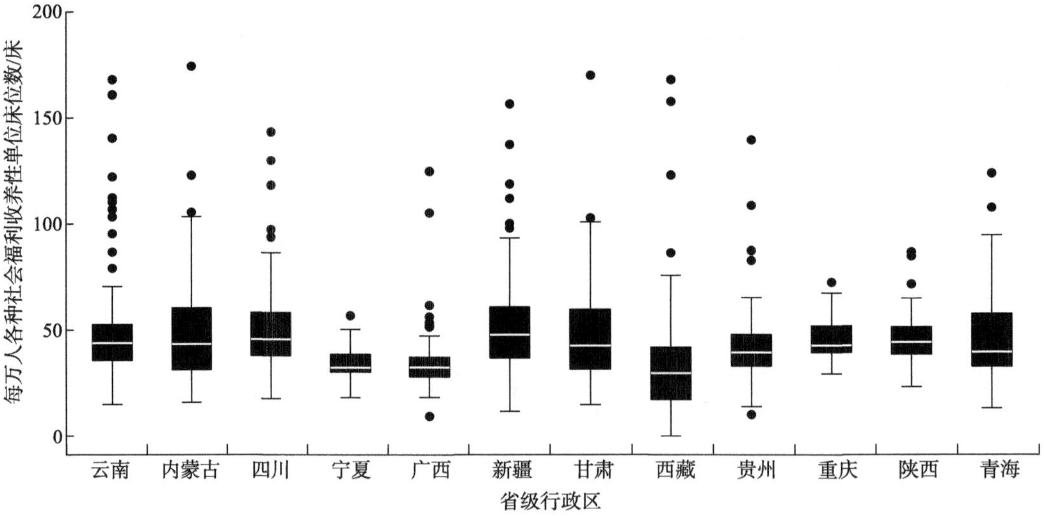

图 6-13 西部各省级行政区县域每万人各种社会福利收养性单位床位数箱形图

第四，2017 年，西部县域每万人各种社会福利收养性单位床位数最多的 5 个县级行政区是内蒙古东胜区、西藏噶尔县、青海治多县、新疆伊吾县和四川色达县，每万人各种社会福利收养性单位床位数分别约为 161、157、142、140 和 138（表 6-7）。2017 年西部各省级行政区中，每万人各种社会福利收养性单位床位数排名西部前 50 位的县级行政区最多的是四川，共有 13 个，占四川县级行政区总数的 9.29%。排在其后的西藏、青海和陕西，分别有 10 个、9 个和 8 个，分别占其县级行政区总数的 13.70%、23.08%和 9.20%。内蒙古、新疆分别有 4 个和 2 个，甘肃、广西、贵州、重庆各有 1 个（图 6-14）。可见，总体而言，青海和西藏县域每万人各种社会福利收养性单位床位数相对较多，这与青藏高原上两个省级行政区人口规模较少有关。

表 6-7 西部县域每万人各种社会福利收养性单位床位数排名前 50 位

排名	所在省级行政区	县级行政区	每万人各种社会福利收养性单位床位数/床	排名	所在省级行政区	县级行政区	每万人各种社会福利收养性单位床位数/床
1	内蒙古	东胜区	161	13	贵州	赤水市	107
2	西藏	噶尔县	157	14	青海	玉树市	106
3	青海	治多县	142	15	陕西	平利县	103
4	新疆	伊吾县	140	16	四川	西充县	100
5	四川	色达县	138	17	内蒙古	扎兰屯市	99
6	新疆	北屯市	138	18	青海	班玛县	97
7	青海	称多县	132	19	西藏	曲松县	96
8	四川	壤塘县	127	20	四川	盐边县	96
9	广西	浦北县	118	21	陕西	黄龙县	93
10	陕西	宁陕县	113	22	四川	盐亭县	93
11	内蒙古	西乌珠穆沁旗	111	23	陕西	佛坪县	91
12	西藏	桑日县	110	24	四川	芦山县	91

续表

排名	所在省级行政区	县级行政区	每万人各种社会福利收养性单位床位数/床	排名	所在省级行政区	县级行政区	每万人各种社会福利收养性单位床位数/床
25	青海	甘德县	90	38	西藏	萨嘎县	81
26	西藏	错那县	88	39	陕西	石泉县	80
27	西藏	措勤县	88	40	青海	曲麻莱县	80
28	西藏	墨脱县	87	41	甘肃	民勤县	80
29	陕西	白河县	86	42	四川	北川羌族自治县	78
30	内蒙古	鄂托克前旗	86	43	青海	尖扎县	78
31	西藏	朗县	85	44	四川	青川县	77
32	青海	玛多县	85	45	西藏	贡嘎县	76
33	青海	久治县	85	46	陕西	留坝县	75
34	四川	射洪县	84	47	四川	犍为县	73
35	西藏	米林县	84	48	四川	金川县	73
36	四川	乐至县	83	49	重庆	璧山区	73
37	四川	大邑县	82	50	陕西	略阳县	72

注：新疆阿拉山口市、四川越西县、贵州施秉县、云南彝良县、西藏那曲县、安多县、申扎县、双湖县以及甘肃康县、西和县、迭部县数据缺失

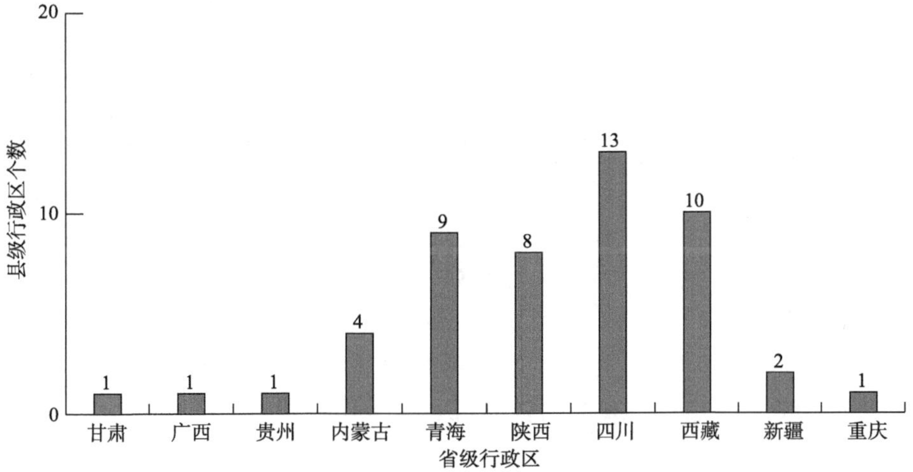

图6-14　西部各省级行政区中每万人各种社会福利收养性单位床位数排名西部前50位的县级行政区个数

五、精准扶贫

西部地区贫困多发，2014 年底，国务院扶贫开发领导小组发布的全国共 832 个贫困县中，西部共有 568 个，占比 68.3%。其中，内蒙古 31 个、广西 33 个、重庆 14 个、四川 66 个、贵州 66 个、云南 88 个、西藏 74 个、陕西 56 个、甘肃 58 个、青海 42 个、宁夏 8 个、新疆 32 个。习近平总书记于 2016 年 7 月 20 日在银川主持召开东西部扶贫协作座谈会并发表重要讲话，强调西部地区特别是民族地区、边疆地区、革命老区、连片特

困地区贫困程度深、扶贫成本高、脱贫难度大，是脱贫攻坚的短板，进一步做好东西部扶贫协作和对口支援工作，必须采取系统的政策和措施。

在各项扶贫开发政策作用下，包括西部地区在内的我国贫困人口大幅度减少，2017年西部地区农村贫困人口减少至 1 634 万人，贫困发生率降至 5.6%。据《中国农村贫困监测报告（2018）》，2012~2017 年，西部地区扶贫重点县农村减贫幅度超过 60%的省级行政区包括：重庆减少 83.5%，四川减少 75.9%，青海减少 75.5%，内蒙古减少 74.6%，陕西减少 69.9%，甘肃减少 68.1%，贵州减少 67.8%，广西减少 65.8%，云南减少 65.5%，宁夏减少 63.9%。

在多方面的努力下我国贫困人口不断减少，贫困发生率持续下降，西部各地区因地制宜，采取各种措施脱贫攻坚，如内蒙古加大新农村、新牧区基础设施建设，“三到村三到户”精准扶贫、金融扶贫、教育、健康扶贫等项目取得显著成效，2017 年内蒙古贫困发生率降至 2.7%，比全国低 0.4 个百分点。重庆以实施精准脱贫攻坚战为统揽，突出精准，聚焦深度，统筹发力，全面提升攻坚能力，全面提高脱贫质量。2017 年重庆 14 个国家扶贫开发工作重点区县的农村贫困人口减少至 17 万人，贫困发生率降至 2.0%。四川以增加贫困群众收入为核心，以培育发展富民产业为主攻方向，创新体制机制，推进精准扶贫、精准脱贫，2017 年贫困发生率降至 3.1%。贵州大力开展扶贫“扶贫大比武”等脱贫攻坚专项行动，加大扶贫投入，落实民生保障。2017 年贵州 66 个贫困县和 50 个扶贫开发重点县贫困人口分别减少至 252 万人和 200 万人，分别较 2016 年减少 94 万人和 79 万人。新疆以南疆四地州深度贫困地区为主战场，采取更加集中的支持、更加有力的举措、更加精细的工作，强有力推进脱贫攻坚。2017 年底新疆贫困发生率降至 9.9%，贫困地区农村贫困人口降至 64 万人，比 2016 年减少 16 万人。

截至 2020 年 5 月 17 日，832 个贫困县中有 780 个县已经宣布脱贫摘帽，剩下西部 7 个省区里面还剩下 52 个贫困县①。对此，国务院扶贫开发领导小组要求开展挂牌督战，督促县、村落实好作战方案；协调有关部门加大工作指导和政策支持，督促各地狠抓工作、责任落实，及时解决制约完成脱贫攻坚任务的突出问题，确保剩余贫困人口如期脱贫、贫困县全部摘帽。

第二节 存在问题

一、基础设施仍是短板

自然地理条件复杂及人口居住相对分散是西部地区民生改善过程中不得不面对的两个现实情况，这导致如道路交通、供水供电、垃圾处理等方面的基础设施建设以及基本公共服务集中高效供给的难度大。与东部及较发达地区相比，西部地区的基础设施总体明显落后，这一情况在农村地区更为突出。交通问题是制约西部地区县域发展的瓶颈，

① 国务院就确保如期完成脱贫攻坚目标任务有关情况举行发布会，http://www.cpad.gov.cn/art/2020/5/18/art_2241_501.html.

不少县域内道路质量差，路网密度和通达水平低。

西部地区交通基础设施薄弱的一大影响是物流成本高，直接给居民生产生活带来不利影响。西部一些农村地区地理条件复杂、村落住户分散，偏远地区的乡村道路无法满足物流需要，有的村落快递仍无法达到。基础设施特别是交通基础设施薄弱是制约西部民生改善的一项重要原因，在做好生态保护工作的前提下大力推动西部特别是县、乡、村交通基础设施建设，对于西部县域民生改善具有基础性作用（宁荣辉，2019）。

与城市和东部地区相比，西部地区小城镇上的学校、医院、体育场馆、养老院等公共服务设施不仅数量少，而且质量低，公共服务能力弱。一些地处深山或库区一线的乡村自然条件复杂，居民居住分散，交通不便，基础设施和基本公共服务不到位，村民抵御自然灾害能力较弱，一些民生问题还比较突出。例如，四川省古蔺县某村基础设施建设仍显滞后，如存在村小学教学设备差、师资力量弱、医疗设施不齐、通信网络还须进一步建设等问题（唐家州，2018）。

二、增收就业压力较大

西部贫困地区防止返贫及减少相对贫困还存在诸多压力。西部相对贫困地区中一些自然区位条件差的地区洪涝、泥石流、山体垮塌等自然灾害多发，自然灾害造成的直接或间接经济损失巨大，加剧了这些地区脱贫居民的返贫风险。西部一些地区仍存在脱贫人口自主增收意识不强的现象，相对获得技术支持而言，不少居民更希望直接获得资金支持。此外，西部贫困地区产业扶贫根基不牢。一些村没有“村两委”主导的新型农业经营主体，未建成辐射全村、具有带动作用的农民合作组织，群众持续稳定增收面临严峻考验，脱贫群众存在返贫风险。

西部地区少数民族人口众多，少数民族大学生就业问题值得关注。传统计划经济体制下少数民族大学生无须担心毕业就业问题。随着经济体制改革不断深化，劳动力就业市场化机制逐渐建立并日趋完善，少数民族大学毕业生就业也转为双向选择，市场在其中发挥基础性配置作用，少数民族大学生须逐步适应这种变化。并且，地域、文化、经济等因素也对少数民族大学生就业观念产生影响，他们去政府、事业单位就业的意愿依然强烈（白亮和万明钢，2016）。劳动力资源配置方式变化以及相对传统的就业观念，导致西部部分地区少数民族大学生就业问题较为突出。就业是民生之本，少数民族地区经济发展相对落后，稳定包括大学毕业生在内的居民就业则是当地民生保障与改善的一项根本要求。

三、公共服务供给不足

我国县域内看病难、看病贵的问题依然没有得到根本解决。有研究指出，乡镇社区基层医疗机构能力不足，县域内医疗机构（包括县医院）解决疑难杂症的能力不足以及人民群众对医疗服务的需求快速增长等导致县域内看病难。各级医疗机构门诊费、住院费、药品费、因新设备投入使用而造成的检查费增长，且部分县级医疗机构对大处方进行分解、把患者向私立医院转院、重复收费乱收费及过度医疗等现象在不同程度上依然存在，这些都加重了患者负担（廖启，2019）。我国县域医疗卫生服务体系的一些普遍问题在西部地区也同样存在，西部地区特别是农村居民收入相对较低，县域医疗卫生服务供给规模和质量仍有待提高，在此情况下西部县域医疗卫生服务体系不断完善的压力依然较大。

除了部分地区看病难、看病贵问题，西部地区县域基本医疗卫生服务供给仍有待增加。一项针对西藏日喀则地区和四川凉山地区 6 所县级医疗机构、32 所乡镇卫生院等开展的调查研究结果显示：产前保健门诊物品、生产与分娩物品、儿童门诊保健物品及药品三项的整体配置率在县级妇幼健康服务机构分别是 88.74%、81.57%和 58.33%，在乡镇卫生院分别是 62.50%、16.94%和 42.19%；县级妇幼健康服务机构的妇幼健康服务开展率为 51.67%（张晓峰，2018）。

西部农村特别是相对贫困地区经济基础弱，社会事业发展滞后，医疗和养老保障不够充分，在农村空心化和人口老龄化背景下，西部不少地区农村老年人养老保障问题突出。以陕西省某县为例，一项在该县某村的调查研究结果显示，村民新型农村社会养老保险参保率为 70%，呈现缴费“就低不就高”、所有“五保户”中只有 8%缴纳了养老保险、缴费缴够 15 年即终止缴费、因村集体经济“空壳”导致账户集体补助部分为“零”等特点。新型农村社会养老保险是农村老人养老的主要经济来源之一，虽然对保障农村老人基本生活水平、减轻子女负担起到积极作用，但普遍存在集体补贴空缺、缴费年限短、缴费档次低、养老金金额少、没有全面覆盖等问题，对农村老人的生活保障作用有限（何梓嘉，2019）。

西部地区总体属于劳动力输出区域，由此带来的农村空心化问题也直接影响民生福祉。以留守儿童问题为例，这一群体一方面承担着来自家庭经济方面的压力，另一方面又面临着因亲子分离、隔代照料产生的情感和精神方面的压力。在祖辈家庭教育不够充分的情况下，学校成为农村留守儿童教育最主要的阵地，这对西部地区农村学校特别是农村小学提出了更高要求。除了常规文化课程以外，还须关注农村儿童的身体、心理健康等，这对教育资源本就匮乏的西部农村小学来说并非易事。我们于 2017~2018 年在四川某县开展了针对农村儿童发展的问卷调查，结果显示，体力高于同龄平均水平的非留守儿童占比达到 19.6%，留守儿童仅约占 0.5%；76.8%的非留守儿童从未因饥饿无法集中精力听课，而留守儿童则低至 57.4%，因此针对西部地区农村留守儿童全方位的关怀和帮扶力度还须加大。一项针对中西部 6 省区 18 个扶贫开发重点县（区）180 余所农村中小学的调查的结果显示，农村留守儿童约占 29.8%，部分学校超过 50%；大多数学校未采取针对性措施应对贫困学生群体中留守儿童和单亲家庭学生更易出现的一些心理健康问题与问题行为，且专业教师短缺、应试教育模式僵化等问题依然存在（付卫东和曾新，2019）。此外，西部地区县域职业教育依然存在一些问题，一项内蒙古旗县的职业中学调查研究显示，职业中学教育发展存在如职业教育与生产脱节、专业课教师不足、职业教育社会认可度低、财力支撑不足等问题（宋俊清和李春元，2018）。可见，包括农村小学教育和职业中学教育在内的西部县域教育发展依然存在一些急需解决的问题。

西部与中、东部地区经济规模差异悬殊，中、东部地区生产总值、人均地区生产总值、人均可支配收入分别是西部的 4 倍、1.5 倍和 1.4 倍，且西部城镇居民人均可支配收入将近为农村居民的 3 倍（吴明红和陈天楠，2018）。西部地区基本公共服务均等化问题较中、东部地区更为突出，基本公共服务均等化是西部地区民生改善面临的问题之一。我国西部地域广阔，许多地区之间地理条件、发展基础等存在较明显差异，西部民生状况总体仍不够充分，同时民生状况的不平衡问题依然突出，基本公共服务水平的区域差异也十分明显。有研究对秦巴山区四川省广元市 6 个区县和重庆市 5 个区县基本公共服务供给水平进行了比较研究：重庆市 5 个区县的人均教育资源占有数量低于广元市 6 个区县，重庆市 5 个区县的基础设施平均得分远超过广元市，两市医疗卫生方面差距不大（汪亚美，2020）。

第三节　案例分析

一、堆龙德庆区概况

堆龙德庆区位于西藏自治区拉萨市西部，是拉萨市的西大门，离拉萨市中心约 12 千米，由拉萨市原堆龙德庆县于 2015 年为拓宽拉萨市空间、增强拉萨城市功能而转设成立，所辖区域不变。据《堆龙德庆年鉴（2013）》，堆龙德庆地处雅鲁藏布江中游及其支流拉萨河下游，东临拉萨市城关区、林周县，南与曲水县、贡嘎县交界，西与尼木县接壤，北部紧靠当雄县。行政区域面积 2 700 余平方千米，辖区内地形以高原山地为主，地势西北高东南低，中间夹着堆龙河谷宽谷区，平均海拔 4 500 米，属高原性季风气候。2013 年，堆龙德庆总人口约 4.9 万人。

西藏民主改革前，堆龙德庆境内农牧业经营粗放，生产力低下。20 世纪六七十年代初步建立起以社会主义公有制为主体的社会主义经济体系，改革开放后开始由农牧业自然经济向商品经济转型，20 世纪最后十年第二、三产业快速发展。21 世纪以来，在拉萨经济开发区和柳梧新区的牵引带动下，堆龙德庆经济结构由农业生产为主、农牧业并举向以制造业、商贸流通为主导的格局转变。经济发展的同时堆龙德庆社会事业不断进步，民生保障与改善水平不断提高。2018 年 10 月堆龙德庆退出贫困县（区），2018 年 12 月被国家民族事务委员会命名成为第六批全国民族团结进步创建示范区（单位）之一。截至 2019 年，堆龙德庆区辖 2 个街道、4 个镇、1 个乡。

党的十八大以来，堆龙德庆社会经济保持较快发展，从县域层面来说，经济实力处于西藏前列。2017 年，堆龙德庆实现地区生产总值 298 483 万元，较 2013 年增加 78 883 万元，累计增幅达 35.9%（图 6-15）。在此期间，第一产业增加值占比由 2013 年的 6.64% 小幅下降至 2017 年的 6.10%，第二产业增加值占比显著上升，由 2013 年的 73.86%上升至 2017 年的 83.15%，第三产业占比则缩小（图 6-16）。2013~2017 年，堆龙德庆公共财政支出稳步增长，由 95 946 万元增加至 203 024 万元，累计增加 107 078 万元，累计增幅达 111.60%（图 6-15）。

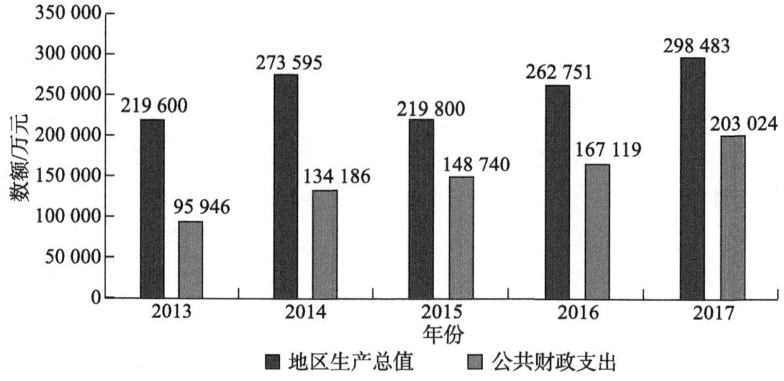

图 6-15 2013~2017 年拉萨市堆龙德庆地区生产总值和公共财政支出

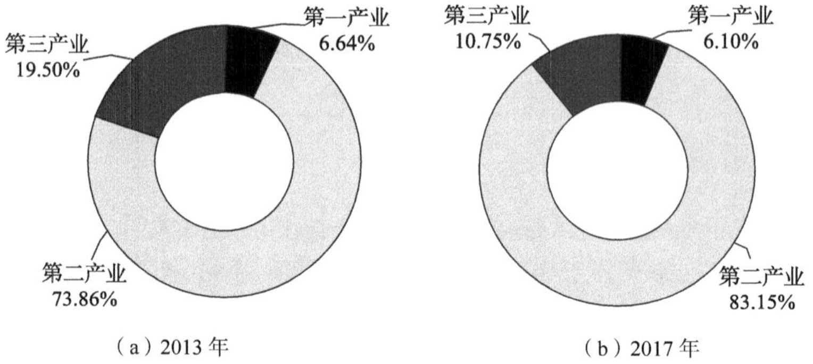

图 6-16 2013 年、2017 年拉萨市堆龙德庆产业结构

2013~2017 年，堆龙德庆非农产业从业人数总体显著增加。其中，第二产业从业人员由 3 407 人增加到 5 498 人，累计增加 61.37%；第三产业从业人员由 14 225 人增加至 24 056 人，累计增加 69.11%（图 6-17）。2013~2017 年，堆龙德庆非农就业结构基本稳定，第二、三产业从业人员占非农产业从业人员比重分别由 19.32%、80.68%调整为 18.60%、81.40%。

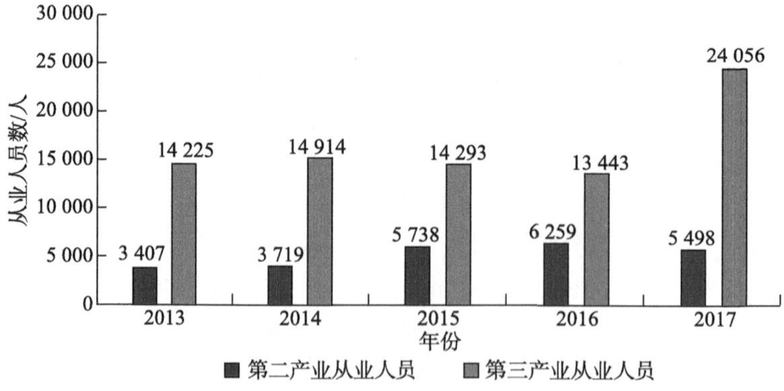

图 6-17 2013~2017 年拉萨市堆龙德庆第二、三产业从业人员数

部分指标值的变化也反映出堆龙德庆民生改善情况。在非农就业规模增大的同时，

堆龙德庆居民人均储蓄明显增加，人均储蓄的变化在一定程度上反映了居民收入的变化。2013~2017 年，堆龙德庆居民人均储蓄存款余额由 18 307.2 元增加至 37 994.4 元，累计增加 19 687.2 元，增幅达 107.54%。同期，教育、医疗等公共服务及社会保障事业继续发展，2013~2017 年堆龙德庆小学在校学生数由 4 008 人增加至 4 349 人，每万人医疗卫生机构床位数和每万人各种社会福利收养性单位床位数分别由 9.2 床、38.2 床增加至 13.2 床、40.6 床（表 6-8）。

表 6-8　2013~2017 年拉萨市堆龙德庆部分民生指标情况

指标	2013 年	2014 年	2015 年	2016 年	2017 年
居民人均储蓄存款余额/元	18 307.2	24 980.8	29 827.4	36 193.2	37 994.4
小学在校学生数/人	4 008	4 145	3 835	4 089	4 349
每万人医疗卫生机构床位数/床	9.2	9.4	9.2	38	13.2
每万人各种社会福利收养性单位床位数/床	38.2	34.6	30.6	40.6	40.6

注：每万人及人均指标按照户籍人口计算

二、堆龙德庆区改善民生的做法与成效

堆龙德庆多措并举促进城乡居民增收，在新型城镇化发展过程中完善基础设施，不断优化城乡人居环境。同时，积极推动教育、医疗事业发展，完善社会保障体系，并且通过扶贫开发和脱贫攻坚显著促进民生改善。

第一，堆龙德庆抓住各族群众最关心的现实问题，不断在发展中补齐民生短板，坚持就业优先战略，推行积极就业政策，通过扩大就业、促进高质量更充分就业等系列措施促进居民增收。居民收入增加有效带动消费，2017 年，堆龙德庆社会消费品零售总额和农村居民人均可支配收入分别达到 10.29 亿元和 14 511 元，分别是 1978 年改革开放初期的 434.76 倍和 84.31 倍（梁梅，2018）。“十三五”期间堆龙德庆城乡收入差距缩小，常住城镇居民和农村居民的人均可支配收入年均增长分别达到 10%以上和 15%以上，达到全国平均水平（卢鑫，2017）。

堆龙德庆利用文旅产业促进居民增收。以区内波玛村为例，其依托“象雄美朵”“德吉藏家”等文化旅游产业发展经济，在当地居住的扶贫搬迁群众收入得以稳步增加。“象雄美朵”生态旅游文化产业园中的“万亩花海”项目通过流转 7 800 多亩土地带动村民年人均增收 6 000 余元；“德吉藏家”项目提升改造安置房发展藏家民俗、民宿旅游产业实现易地扶贫搬迁户居家就业、原地脱贫，从 2018 年 5 月运营起已累计实现营业收入 450 万元，已向波玛村累计分红三次，合计达 31.5 万元（杨璐，2020）。堆龙德庆扎实推进生态资源向旅游经济转化，旅游增收与群众致富共进。

堆龙德庆农牧区集体经济发展也助力居民增收。以那嘎村为例，过去交通不便，居民生活水平较低。2017 年在堆龙德庆区委、区政府的支持帮助下，那嘎村五家合作社和村委会协商成立了那嘎庄园商贸有限公司，进行风干牦牛肉、藏香等特色产品的加工销售和推广等。通过“企业+基地+集体+农牧民”模式，壮大公司和合作社规模，提升品牌影响力，提高市场竞争能力，不断扩大生产规模，带动更多村民增收。公司在发展过

程中，通过各种渠道提高农牧民群众生活水平，2017 年公司 53 万元利润中的 30 余万元给全村 1 680 多位农牧民分红，2018 年在 108 万元利润中将 86.05 万元给全村 1 721 位农牧民分红，实现集体经济发展和农牧民增收双丰收（拉巴桑姆，2020）。

第二，通过新型城镇化发展促进人居环境质量提升。2016 年堆龙德庆围绕基础设施建设等重点领域实施了 115 个基建项目，配合拉萨市有关公路建设项目，实施滨河路、“滨河长廊”景观带和建筑风貌提升改造等项目建设，探索建立乡村公共交通服务体系，投入 3 982 万元建设涉及水利、道路、桥梁等 42 项为民办实事项目[①]。2018 年拉萨市新开辟农村客运班线 17 条，新增农村客运班线车辆 19 辆，堆龙德庆区提前实现行政村班车通达率 100%，有效缓解了当地农牧民群众出行压力（鹿丽娟，2019）。2018 年堆龙德庆区已建成“三纵三横”的市政道路体系，实现全境融入拉萨市城区、区域道路与市区主干道无缝对接。全区乡（镇）、行政村道路通畅率、通达率均达 100%。各行政村均实现宽带、移动通信、广播电视、邮政业务全覆盖（梁梅，2018）。2015 年撤县设区以来堆龙德庆区城镇化进程加快，城市环境治理工作力度加大，保洁中心工作力量明显增加，工作强度显著加大，道路保洁程度和垃圾转运处置率由过去的 50%增加至 2017 年的 85%（王珊，2017）。

第三，优先发展教育事业，稳步完善医疗卫生服务体系，社会保障制度不断健全。

堆龙德庆坚持每年将 20%以上的本级财政收入用于加快教育事业发展，认真落实 15 年免费教育。1978 年改革开放之初，堆龙德庆有 4 所公办小学、1 所普通中学、260 名教师，到 2018 年发展至 7 所公办小学、31 所城乡幼儿园及 706 名教师，中、小学生在校人数从 1986 年的 3 801 名增长至 2018 年的 9 605 名（梁梅，2018）。2016 年堆龙德庆区全力提升中小学、幼儿园标准化建设水平，进一步加强幼儿教育，在全市率先普及学前双语 3 年教育，全面推进义务教育，加强学籍管理，全面控辍保学，实现外来流动人员子女就近就便入学[①]。“十三五”期间，堆龙德庆学龄儿童入学率达到 100%。

堆龙德庆稳步实施乡（镇）卫生院、村卫生室标准化建设，二级甲等医院综合楼和公共卫生应急服务中心建设。推行分级诊疗体系和“先诊疗、后结算”优质医疗服务，全面实施药物“零差价”销售制度，农牧民和僧尼免费体检率达 100%，群众看病难、看病贵的问题得到有效缓解。建立了以大病医疗保险为补充、精准扶贫医疗救助为兜底、覆盖农牧区的多层次医疗保障体系，村级家庭医生签约率达 98%。“十三五”期间，堆龙德庆医疗卫生事业发展取得新进展，每千人口卫生专业技术人员达到 7 人以上，人均预期寿命达到 70 岁（卢鑫，2017）。

社会保障体系逐步完善是民生保障水平提高的重要体现。1997~2018 年，堆龙德庆城镇低保标准从每人每月 130 元增加至每人每月 814 元，累计增长 6.26 倍；2007~2017 年，农村低保 A、B、C 三类标准分别从每年每人 420 元、240 元和 144 元增加至每年每人 3 940 元。2018 年集中和分散供养标准分别为每年每人 12 698 元、5 910 元，分别为 2003 年五保户供养标准的 21.60 倍、10.05 倍。社保各险种参保率由 1997 年的 47.6%上升至 2017 年的 100%（梁梅，2018）。堆龙德庆大力推行低保户规范化动态管理，积极

① 堆龙德庆区经济社会健康发展纪实. 西藏日报（汉），2016-12-23.

开展临时救助工作和城乡医疗救助工作，强化弱势群体服务，加强社会福利院基础设施建设，社保体系日益完善①。“十三五”期间，保障性住房人口覆盖率达到 90%。

第四，堆龙德庆将精准扶贫工作纳入经济社会发展各领域中，坚持区、乡（镇）、村、组四级联动扶贫，举全区之力齐心攻坚①。自精准扶贫精准脱贫工作开展以来，堆龙德庆依靠主导产业发展和产业扶贫项目带动贫困群众增收，通过“订单式”就业培训帮助贫困群众就业。2016 年底，经本级自验，堆龙德庆区 1 324 户 4 430 名“建档立卡”贫困户已全部实现脱贫（涂琼，2017）。

堆龙德庆区以易地搬迁为重点，坚持将易地搬迁工作与城市化、城镇化建设统一谋划，统筹产业发展布局、公共服务能力与易地搬迁点选址，实现搬迁群众既能安居更能乐业。结合区内产业布局，因地制宜、科学规划，确定四处易地搬迁安置点，累计投入资金 2.07 亿元，完成 792 套易地搬迁安置房建设，易地搬迁群众入住率达 100%。统筹推进易地搬迁安置和贫困群众就业工作，加强以岗位开发和劳务输出等方式带动搬迁群众稳定就业，鼓励和扶持搬迁群众自主就业，实现易地搬迁群众每户至少 1 人就业目标。堆龙德庆主动对接，做好兄弟地区、县易地搬迁安置工作。截至 2018 年，完成当雄县 550 户 2 326 名贫困群众、曲水县 228 户 692 名贫困群众搬迁入住和 262 户 571 名那曲高海拔生态搬迁群众入住工作，累计提供就业岗位 850 个（拉巴桑姆，2018）。2018 年那曲市尼玛县荣玛乡千余名牧民搬迁至拉萨市堆龙德庆区古荣乡。在当地政府的大力支持下，安置点重点发展牦牛养殖、绵羊养殖、扶贫综合门面房、牧家特色生活体验区等扶贫项目，带动群众增收致富。2019 年，荣玛高海拔生态搬迁点居民人均收入达 14 992.36 元（詹彦，2020）。

堆龙德庆辖区内的德庆村位于拉萨市中心沿 109 国道向西约 70 千米处，过去该村很多人以行乞为生，村庄破落、村民贫穷。在脱贫攻坚行动中，德庆村两委落实各项惠民政策，针对特殊贫困人口采取各类社会保障兜底措施。德庆村百姓思想观念逐渐转变，“勤劳致富、教育为大”成为村民普遍共识，外出务工、做生意者越来越多。2017 年德庆村正式脱贫摘帽，年人均纯收入达到 1.2 万余元。近年来德庆村不少村民从事运输经营，全村有大型机械车辆、运输车、小型农用车合计 200 余台，工程性收入占村民总收入的 60%左右。如今的德庆村已焕然一新（王泽昊，2020）。

三、堆龙德庆区农牧区民生状况调查分析

堆龙德庆撤县设区后农牧民市民化不断推进，但 2019 年拉萨市常住人口城镇化率仅为 53%（孙靖宇，2019），仍有不少居民生活在农牧区。堆龙德庆农牧区居民的调查分析结果，也可反映堆龙德庆的民生发展状况。基于 2019 年西藏大学珠峰研究院在拉萨市农牧区开展的民生发展调查的资料，使用堆龙德庆调查数据进行民生状况的描述和分析。2019 年在堆龙德庆的调查共取得 112 份家庭户问卷调查数据，分布在 5 个乡共 9 个村②，除其中 2 个村分别调查 14 户外，其他 7 个村各调查 12 户。接受调查的家庭中

① 堆龙德庆区经济社会健康发展纪实. 西藏日报（汉），2016-12-23.

② 2019 年问卷调查开展时堆龙德庆尚未撤镇（乡）设街道（镇）。

每户仅一人接受访问。总体而言，堆龙德庆农牧民生活幸福感很高。接受调查的 112 人中有 105 人表示生活非常幸福，占比 93.8%；表示一般和不幸福的分别有 6 人和 1 人，占比分别为 5.4%和 0.9%。

收入、道路设施、人居环境和社会保障等是民生保障的必要内容，从这些方面来看，堆龙德庆农牧区民生保障情况良好。第一，堆龙德庆农牧民 2018 年家庭收入总体较 2017 年增加。接受调查者中分别有 41 人和 56 人表示 2018 年家庭收入较上年增加和不变，占比分别为 36.6%和 50.0%，仅有 15 人表示家庭收入减少，占比 13.4%。第二，多数农牧民家庭所在村有必要道路设施。接受调查者中有 75 人表示家庭所在地有全程铺装路面的村级公路通达村委会，占比 67.0%；有 35 人表示有部分道路通达，占比 31.3%；仅有 2 人表示没有道路通达，占比 1.8%。第三，多数农牧民家庭主要使用自来水。接受调查者中，有 64 人表示目前家庭主要饮用水来源是公共自来水厂集中供水的自来水，占比 57.1%；有 26 人表示家庭主要使用地表水蓄水设施集中分户供水，占比 23.2%；另有共 22 人表示家庭主要使用自家的水井、自然地表水（溪水或河流）或其他水源，占比 19.6%。第四，电能是农牧民家庭日常做饭、取暖最主要的能源。接受调查者的家庭中，共有 91 个家庭每天或经常使用电能，占比 81.3%；有时或很少使用的家庭分别有 13 个和 3 个，合计占比 14.3%；从不使用电能的家庭有 5 个，占 4.5%。第五，农牧区生活垃圾处理有序。接受调查者中，有 108 人表示政府负责生活垃圾的收集与集中处理，占比 96.4%；有 4 人表示家庭生活垃圾使用其他方式处置，占比 3.6%。第六，有超三成农牧民家庭中有老年人领取社会保障养老金。接受调查者中，合计共有 34 人表示家庭中有 1 个、2 个或 3 个老年人正在领取社会保障养老金，合计占比 30.4%。

农牧民主观满意程度是农牧区民生保障与改善状况最直观和有效的反映。调查数据显示，总体而言，堆龙德庆农牧区民生满意度高，民生发展状况总体较好（图 6-18）。具体而言：第一，分别有 63.4%和 69.6%的农牧民对 2018 年的家庭收入状况和自己工作总体状况表示满意，不满意者分别占 7.1%和 6.3%。第二，有 76.8%的农牧民满意目前家庭房屋的居住状况，不满意者占 8.0%。第三，对目前政府提供的义务教育以及目前本村/乡镇卫生所或医院提供的医疗服务表示满意的农牧民分别占 100.0%和 94.6%，没有农牧民不满意义务教育，仅有 0.9%的农牧民不满意医疗服务。第四，分别有 86.6%和 74.1%的农牧民对出行公共交通工具方便程度以及本村/乡镇的道路状况表示满意，不满意者分别占 0.9%和 11.6%。第五，对发生生产安全事故、自然灾害后政府的应对措施表示满意的农牧民分别有 90.2%和 96.4%，均没有农牧民表示不满意。第六，分别有 94.6%和 87.5%的农牧民对目前家庭饮用水水质、身边可购买食品的安全性表示满意，没有农牧民不满意饮用水水质，有 3.6%对可购买食品的安全性不满意。第七，对政府办事效率、态度表示满意的农牧民分别有 86.6%和 89.3%，分别有 2.7%的农牧民表示不满意。第八，有 96.4%的农牧民表示满意当前家庭主要使用的能源方式，没有农牧民不满意。第九，分别有 93.8%和 72.3%的农牧民满意目前家庭日常垃圾处理及生活污水排放方式，没有农牧民不满意目前家庭日常垃圾处理，有 6.3%的农牧民不满意目前家庭生活污水排放方式。

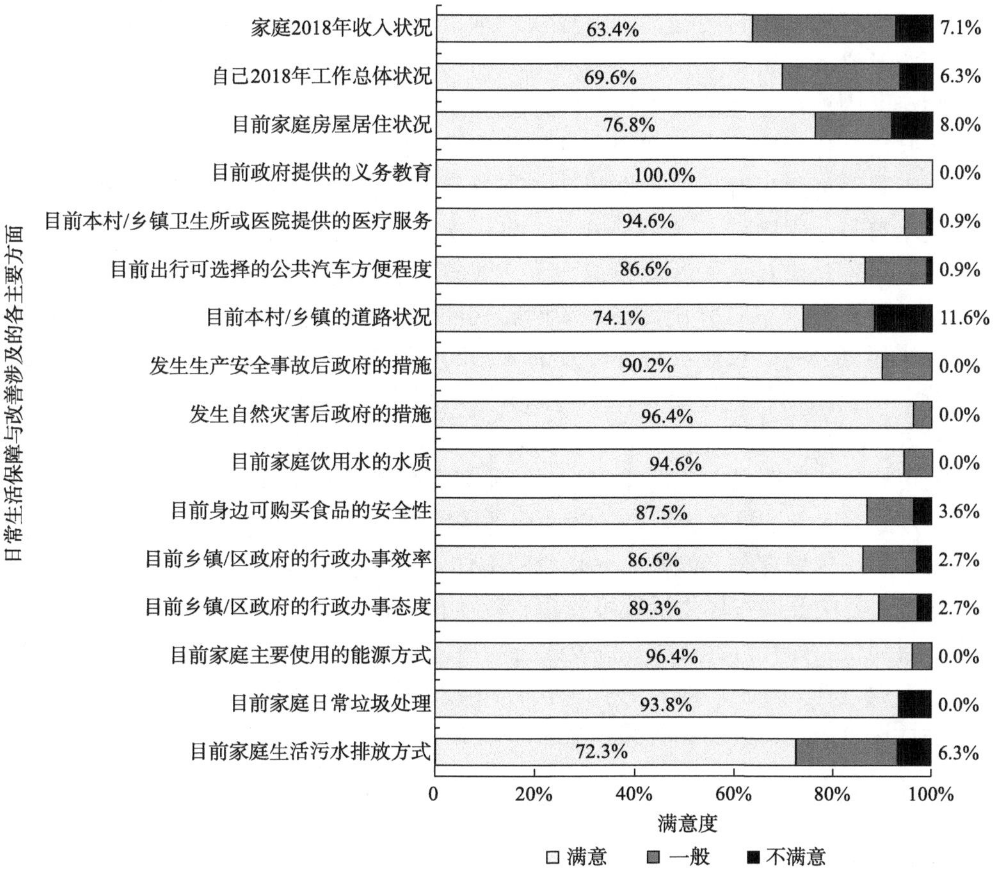

图 6-18　2019 年拉萨市堆龙德庆区农牧民民生满意度

资料来源：西藏大学珠峰研究院 2019 年拉萨市农牧区民生发展调查报告

堆龙德庆农牧民收入、出行、人居环境等条件得到保障，农牧民对日常生活保障与改善涉及的各主要方面均表现出较高的满意度，从 2019 年的调查数据分析结果可以看出，堆龙德庆民生保障状况总体向好；同时，在就业与家庭收入、生活污水排放、乡村道路与交通等方面仍须不断改善。

第四节　发 展 路 径

一、加大基础设施建设力度，优化人居环境

一方面，加大西部地区城乡居民生活基础设施建设力度。继续增加对西部地区城乡污水处理系统、生活垃圾处理等环境基础设施建设投入。大力推进小城镇环保基础设施建设，乡村环境基础设施与农村人居环境整治统筹推进，因地制宜促进当地居民参与。提高西部地区水、电、气、公共交通、信息网络等生活基础设施服务供给水平；充分利用各级资金政策支持，加大对西部农村交通、水电、公共文化服务设施的投入，加快提

升边远地区农村群众出行便捷性，保障饮用水、食品的安全性。增加对西部地区农村物流基础设施及设备的资金支持，完善县域农村物流运输网络；针对特殊农产品，积极推广冷链物流，因地制宜地建设农村电商物流体系（宁荣辉，2019）。继续加大西部地区县域城乡基层文化设施建设，增强公共文化产品供给和服务能力，抓好民族文化的传承和创新，引导乡村居民开展各类文化活动。充分挖掘西部县域历史文化资源，打造地方性文化艺术符号，保障城乡居民全方面、多层次精神文化需求。另一方面，加大西部县域人居环境特别是农村人居环境整治力度。改善人居环境尤其是推动广大农村地区人居环境优化，是党和国家对群众美好生活期盼的回应。西部地区应及时贯彻落实中央农村工作领导小组办公室、农业农村部印发的《2020 年农村人居环境整治工作要点》，强化政策支持、检查激励和宣传引导；结合国务院农村人居环境整治大检查问题整改，推动西部农村人居环境显著改善。可以看出，人居环境建设对于经济高质量发展和满足人民日益增长的美好生活需要具有关键作用。西部地区应继续健全农村人居环境建设制度，科学推动建设规划，多方筹措建设资金，调动当地居民参与环保的积极性。县域进行农村人居环境整治的统一规划部署，鼓励多元化投资主体特别是各种社会资本依法参与项目建设、经营和管理；集中开展农村生活垃圾收集、转运和处置，加大农村生活污水治理力度，推进健康乡村建设，提升村容村貌，持续改善农村人居环境。西部地区应结合县域特点大力发展生态农业，壮大绿色产业，为农村人居环境持续改善注入活力；加大环境保护力度，提高社会环保意识，充分运用各类社会组织，引导群众参与人居环境整治。

二、促进就业增加居民收入，巩固减贫成果

着力稳定和扩大西部地区县域就业，采取有效措施提高城乡居民特别是较低收入群体的收入，巩固已经取得的减贫成效，减少相对贫困。

一是积极扩大和稳定就业。坚持就业优先战略和积极就业政策，通过发展县域经济扩大就业，结合西部地区经济社会发展特点推动就业结构优化。扩大区域中心城镇就业规模，推动当地农村劳动力就近转移就业。应结合县域实际情况促进就业，加强就业政策引导和服务体系建设优化。加强县域就业岗位信息服务，搭建县域劳动力供求信息平台，采取现场咨询、在线答疑等措施帮助符合岗位条件并有就业意愿的人员就业。充分发挥各级各类培训机构的作用，整合各类创新创业资源。以现有培训机构为基础，加强创业培训师资力量培养，扩大培训规模、提高培训质量。加强农民合作社、龙头企业等新型农业经营主体培育，发展县域特色产业，带动当地就业。引导电商企业拓展农村业务，按照规范标准建设或完善电商服务网点，以及乡镇、村级服务网点，加强农村电商人才培养，大力推进贫困劳动力电商创业就业，以推动县域经济稳步发展。

二是积极拓宽西部县域居民增收渠道。坚持将居民收入增长作为衡量经济发展效益的重要标准之一，在经济发展的同时促进城乡居民增收。支持鼓励大众创业、万众创新，搭建县域创业创新服务平台，以创业带动就业，拓宽居民收入渠道。积极推进特色小镇、新型城镇化建设，引导农民就近进入特色小镇产业园就业、创业，吸引社会资本带动周边农民创业就业增收。以新兴产业、特色产业和高附加值产业发展拓宽群众收入渠道，

抓住乡村旅游发展、农村电子商务发展、农村文化产业发展等机遇，培育、做大一批新兴产业。加快农业产业结构调整步伐，依托西部乡土、民族、自然特色发展乡村餐饮、旅游等行业，培育促进农民持续增收的新增长点。规范引导农村土地经营权有序流转，因地制宜制定合理补偿标准，保证转让宅基地农民利益不受损。

三是落实扶贫脱贫成果，降低返贫风险，减少相对贫困。西部地区作为我国脱贫攻坚的主要战场，实现全面脱贫、防止返贫及减少相对贫困的任务重大。应重点监测脱贫不稳定户和边缘易致贫户，包括非贫困县、非贫困村，确保脱贫不留盲区，多管齐下防止返贫。西部地区应充分发挥基层党组织的重要作用，通过多种形式的活动宣传社会主义核心价值观，引导群众养成好习惯、形成好风气。从历史、文化、经济、社会等视角深挖其“等靠要”思想的根源，依靠行政力量和社会资源，深化法治、德治、自治“三治”融合，逐个激发贫困户的脱贫动力。进一步加大“脱贫不脱政策”等政策宣传，推进普惠贫困户和非贫困户的乡村振兴战略。以外源帮扶干部带动本地干部、基层干部，创新扶贫理念，以互联网+、大数据等手段武装扶贫攻坚工作，全力挖掘深度贫困地区脱贫的新模式，寻找当地可持续的脱贫路径。不断完善基础教育软硬件条件，通过网络教学、慕课等方式丰富当地师资和教育力量，阻断贫困的代际传播。通过技能培训和健康扶持，构建教育和医疗财政资金的长效增长机制，提高贫困人口参与产业生产和市场就业的人力资本水平，打破贫困的恶性循环，以开发式扶贫政策解决一般贫困人口的能力性制约（李晓嘉，2019）。开展“精准培训”，以市场为导向，瞄准贫困户的发展特别是培训需求，强化农民夜校的针对性、实用性，积极开展“订单式”的企业定向培训，增强贫困户外出务工的技能，拓宽贫困户外出务工的渠道。以西部县域产业发展实现长效减贫和经济发展，进一步挖掘、培育以及想方设法做大做强当地主导产业，争取形成专业化的产业生态圈。

三、提高公共服务供给水平，提升服务质量

着力推动基本公共服务均等化，采取措施使西部特别是边远地区、县域层面享有更多优质教育、医疗资源，提高西部地区公共服务水平。

一是加大西部县域教育事业发展力度。加快教育发展、提升人力资源开发水平是持续推进西部经济发展、改善民生及防止脱贫居民返贫的关键。实现县域义务教育基本均衡发展的同时，重点缩小西部地区与东、中部地区的教育发展差距，提高西部农村教师待遇，重视西部农村教师队伍建设和素质提升。向西部特别是边缘、相对贫困地区加大公共教育投入，在补西部县域教育事业发展短板方面倾斜性地配置教育资源，切实有效解决“大班额”问题并做好控辍保学工作。以“互联网+教育”“5G 应用”等信息化手段扩大优质教育资源在西部地区特别是县域的覆盖面，提高教育质量，缓解西部农村地区教育资源短缺和师资不足的压力。加大对县域职业教育发展的支持力度，转变部分群众认为职业教育不如普通教育的观念，对不同教育类型各自的作用开展宣传。完善西部地区现代职业教育体系，促进“双师型”教师队伍建设，坚持以就业为导向，建设多元办学格局，推进产教结合，构建新型农村职业教育培训体系（陈树生和徐东，2007）。

二是不断完善西部县域医疗卫生服务体系。推动县域医疗卫生和健康服务机构合理化布局。根据县域常住人口规模、结构与分布情况加速乡镇区域医疗中心建设，提高县级医院综合能力，优化县城医疗资源布局。积极引进和培养医疗人才，形成合理的基层医疗卫生人才结构。对紧缺临床类医学人才或全科医生，可实行定额定向培养；财政安排专项资金用于医务人员进修学习与培训，争取实现全覆盖（廖启，2019）。

三是加强西部县域社会保障与救助工作力度。坚持以人民为中心的发展思想，立足西部地区发展实际，坚决保障困难群众基本生活，不断促进民生改善。民政部门可围绕社会救助兜底脱贫工作，结合当地实际，把保障和改善民生放在突出位置，加大政策倾斜和资金投入力度，健全完善社会保障制度体系，从城乡低保、医疗救助、特困人员供养、临时救助等方面着手，全方位惠民利民。关注困难群体和弱势群体，适当提高救助比例，拓宽救助范围，增加服务内容。多渠道探索救助资金的筹集和利用，加大对社保资金的监管和违法违规处罚力度，保证救助资金惠及最需要的人群。开展精准帮扶，结合县域发展实际统筹用好各类救助资源，建立救助对象精准化的标准和评价体系，完善信息登记系统和监管服务工作；根据村、户的个性化问题精准施策、精准服务。

参 考 文 献

白亮，万明钢. 2016. 西部地区少数民族大学生就业问题研究——基于教育供给侧的分析. 高等教育研究，37（7）：21-26.

陈树生，徐东. 2007. 县域经济与职业教育发展——东、西部地区的比较分析. 教育发展研究，（9）：38-41.

付卫东，曾新. 2019. 十八大以来我国教育扶贫实施的成效、问题及展望——基于中西部6省18个扶贫开发重点县（区）的调查. 华中师范大学学报（人文社会科学版），58（5）：45-56.

何梓嘉. 2019. 经济来源对西部地区农民养老需求影响的实证调研——以陕西省白河县双丰镇双全村为例. 生产力研究，（9）：58-64.

拉巴桑姆. 2018-08-23. 拉萨市堆龙德庆区“四个注重”推动精准脱贫工作. 西藏日报（汉）.

拉巴桑姆. 2020-01-16. 打造最美家园——那嘎村集体经济助民增收记. 西藏日报（汉）.

李晓嘉. 2019. 70 年我国减贫的实践探索及新展望. 人民论坛，（34）：68-70.

梁梅. 2018-12-18. 不忘初心谱新篇牢记使命奔小康——改革开放 40 年堆龙德庆区经济社会发展综述. 拉萨日报.

廖启. 2019. 试论如何解决县域内的看病难看病贵问题. 经济研究导刊，（21）：43，94.

卢鑫. 2017-07-25. “十三五”期间堆龙德庆区将持续推动经济社会长足发展. 拉萨日报.

鹿丽娟. 2019-04-04. 拉萨市缓解城市交通拥堵. 西藏日报（汉）.

宁荣辉. 2019. 贵州省县域农村物流配送问题及策略. 物流工程与管理，41（8）：29-30.

宋俊清，李春元. 2018. 我区西部旗县职业中学发展现状、问题及对策. 内蒙古教育，（24）：18-20.

孙靖宇. 2019-06-11. 拉萨城 正在“长大”. 拉萨日报.

唐家州. 2018. 西部贫困乡村精准脱贫存在的问题及对策思考——以四川泸州古蔺县桂花乡田坝村为例. 农村经济与科技，29（1）：132-134.

涂琼. 2017-10-10. 走出新市民的希望之路——党的十八大以来我市堆龙德庆区发展综述. 拉萨日报.
汪亚美. 2020. 精准扶贫视角下西部地区基本公共服务供给水平测度——基于四川广元市与重庆市部分区县的比较分析. 无锡商业职业技术学院学报，20（1）：28-37.
王珊. 2017-12-07. 堆龙德庆区加强路域环境整治. 西藏日报（汉）.
王泽昊. 2020-04-06. “没人再说我们是乞丐村了”——拉萨德庆村脱贫记. 西藏日报（汉）.
吴明红，陈天楠. 2018. 我国西部生态文明建设进展与面临的挑战. 学术交流，（7）：116-124.
杨璐. 2020-04-20. “花海”“民宿”使群众精准脱贫. 拉萨日报.
詹彦. 2020-04-22. “搬”出新生活. 西藏日报（汉）.
张晓峰. 2018. 西部部分少数民族地区县、乡、村三级医疗机构妇幼健康服务现状调查研究. 重庆医科大学硕士学位论文.

后　　记

西部大开发战略实施 20 年之际，为致敬新时代西部大开发大开放，打响西南财经大学“西部”品牌，中国西部经济研究中心开启年度《中国西部开发开放报告》撰写，结合当年的热点论题，形成年度报告。2019 年，首部年度报告《中国西部开发开放报告 2019：新时代乡村振兴之路》出版，得到社会各界的高度评价。

2020 年 5 月，新华社发布《中共中央 国务院关于新时代推进西部大开发形成新格局的指导意见》，强调强化举措推进西部大开发形成新格局，是党中央、国务院从全局出发，顺应中国特色社会主义进入新时代、区域协调发展进入新阶段的新要求，统筹国内国际两个大局做出的重大决策部署。发展县域经济是推进西部大开发形成新格局的重要抓手。因此，2020 年度报告聚焦西部县域经济高质量发展，形成《中国西部开发开放报告 2020：新时代县域经济高质量发展》。本书从 2019 年 6 月启动撰写工作，经历撰写、修改、定稿、出版等环节，历时一年多。在此期间，形成一些阶段性成果。

本书首先从“扩权强县”激发县域经济新动能、“区域合作”构建县域协同新平台、“一带一路”带来县域开放新机遇、“西部大开发”形成县域新格局四个方面提出西部县域经济的发展机遇。在此基础上，按照“五大发展理念”的框架，分西部县域经济增长动能、西部县域经济结构调整、西部县域城乡融合发展、西部县域生态环境治理、西部县域对外开放合作、西部县域民生改善等六大专题从发展现状、存在问题、案例分析三个方面把脉西部县域经济的发展，最后提出西部地区县域经济的发展路径。

本书是集体研究成果，撰写分工如下：总负责为毛中根；总论为毛中根、伍骏骞；第一章为袁正；第二章为张鹏、李玉淼、唐教成；第三章为卢飞、刘明辉；第四章为苗壮、刘思岑、黄雪梅；第五章为吕朝凤、毛霞、余啸、肖子恒；第六章为杨帆、王昭维。尽管我们做了大量细致的工作，但囿于作者的能力和水平，不足之处在所难免，恳请学界同仁批评指正。

《中国西部开发开放报告》得到西南财经大学各位领导的大力支持和帮助，党委书记赵德武教授、校长卓志教授欣然为报告撰写序，让我们备受感动，深受鼓舞。特此致谢。感谢科学出版社经管分社马跃社长和责任编辑的大力帮助和细心工作。

毛中根

2020 年 7 月于成都